计算机软件工程系列

管理系统模拟与 GPSS/Java

姜海虹　孙　健　于本海　主编

哈尔滨工业大学出版社

内 容 简 介

本书系统地讲述了广泛应用于管理系统的建模与计算机模拟技术中的基本原理和方法,以多种实例介绍关于离散系统模拟模型的建立、程序的编制以及模拟的实现等内容。关于模拟技术中的排队理论、输入数据分析、随机变量的产生、输出结果的分析也做了较全面的讲解。此外本书还对专用模拟语言 GPSS/Java 的运行环境、操作界面做了讲解,并结合大量实例对 GPSS/Java 编程方法及模块语句的使用做了详细介绍。

本书可以作为高等院校信息管理与信息系统专业本科生和研究生的教材,以及管理类、经济类和计算机应用类等相关专业的参考书,同时对于企业的管理者、决策者、各类信息资源开发者及技术骨干,均具有参考价值。

图书在版编目(CIP)数据

管理系统模拟与 GPSS/Java/姜海虹,孙健,于本海主编. —哈尔滨:哈尔滨工业大学出版社,2022.1
ISBN 978-7-5603-9855-6

Ⅰ.①管… Ⅱ.①姜… ②孙… ③于… Ⅲ.①管理信息系统-计算机模拟②GPSS 语言-程序设计③JAVA 语言-程序设计 Ⅳ.①C931.6②TP312.8

中国版本图书馆 CIP 数据核字(2021)第 258680 号

策划编辑 王桂芝
责任编辑 张 荣 林均豫
出版发行 哈尔滨工业大学出版社
社　　址 哈尔滨市南岗区复华四道街 10 号 邮编 150006
传　　真 0451-86414749
网　　址 http://hitpress.hit.edu.cn
印　　刷 哈尔滨市颉升高印刷有限公司
开　　本 787 mm×1 092 mm 1/16 印张 20.25 字数 474 千字
版　　次 2022 年 1 月第 1 版 2022 年 1 月第 1 次印刷
书　　号 ISBN 978-7-5603-9855-6
定　　价 58.00 元

(如因印装质量问题影响阅读,我社负责调换)

◎ 前 言

Preface

计算机模拟技术的迅速发展和广泛应用已使自然科学及应用工程的多种学科中极其复杂的问题迎刃而解。几十年来，管理科学的各个领域也在广泛使用着这一由现代数学方法、管理科学和计算机技术相结合而形成的管理系统模拟技术，这项技术已成为战略研究、系统分析、运筹规划、预测决策、宏观及微观管理等领域的有效工具。这项技术的成功运用，已使那些需要花费大量人力、物力和时间，承担很大风险的许多科研课题或工程设计、实验问题得到了比较满意的解答。

2000年，由清华大学出版社出版了《管理系统模拟与GPSS语言》一书，在该书中对管理系统模拟涉及的模型建立、数据分析等做了全面介绍，并且把离散系统模拟领域中的常用语言GPSS/PC版的使用做了详细介绍，可以让学生由浅入深地了解这种模拟语言在实际管理中的具体应用，为掌握大型模拟语言奠定坚实的基础。

2013年，姜海虹和于本海等老师出版了《管理系统模拟与GPSS》(第2版)，将第一版教材中的GPSS/PC版升级为基于WINDOWS操作系统的GPSS World Student版本，GPSS World Student版与GPSS/PC版相比界面操作更直观，编程设计更方便，尤其是函数的定义和标准数字属性的使用更便于学生理解和掌握。此版教材被收入21世纪高等学校规划教材，并使用至今。

当GPSS遇到最为流行的Java语言，形成GPSS/Java后，其运行效率提高，更重要的是模型界面保持了Java程序的框架，这样用户可以定义、插入和调用Java元素，毕竟Java除了仿真功能之外，在任何方面都要强于GPSS。出于这样的考虑，为了提高教学质量，编者不断与实际结合，决定出版本书。

本书的第1、2章主要阐述了计算机模拟的一些基本概念和基本方法，包括系统模型与模拟、分析系统的基本方法与概念、管理系统模拟的基本原理、模拟模型的基本构成等。第3章介绍了与管理系统模拟密切相关的排队模型理论。第4章讨论模拟输入数据的类型，以及如何估计输入数据的概率分布和分布假设的检验方法。第5、6、8、9章详细介绍了GPSS/Java模拟语言的常用模块和语句，并列举了大量实例介绍如何应用GPSS/Java语言实现系统的模拟。第7章介绍随机数和随机变量的产生以及相关的理论，同时介绍了在GPSS/Java语言中各类随机变量的使用方法。第10章介绍与输出数据分析相关的理论和方法。在每章的讲解之后，都附有相应的习题，以帮助读者巩固、消化所学的内容，同时这部分习题也可以作为实验题目进行练习。

本书第 1~4 章及第 10 章由姜海虹在原教材的基础上进行修订，第 6、7 章由姜海虹编写，第 8 章由姜海虹、孙健、于本海合作编写，第 5、9 章由孙健编写。全书由姜海虹、于本海统稿。

本书适用于信息管理与信息系统、计算机、工业工程、管理科学等专业的本科生、研究生，读者通过本书的阅读和学习能够将自己领域内的问题通过计算机模拟方式解决，以更好地理解和掌握相关领域知识。本书在编写过程中得到了多位计算机模拟协会专家的大力支持，在此表示深深的感谢。

由于编者水平有限，书中难免会出现疏漏及不足，恳请读者批评指正。

编　者

2021 年 9 月

目录

第1章 绪论 ... 1
1.1 什么是计算机模拟 ... 1
1.2 计算机模拟技术解题的方法 ... 2
1.3 模拟技术的地位和作用 ... 13
本章习题 ... 14

第2章 系统、模型与模拟 ... 15
2.1 概述 ... 15
2.2 离散系统模拟的基本方法 ... 20
2.3 模拟语言简介 ... 22
本章习题 ... 25

第3章 排队模型 ... 27
3.1 排队系统的界定 ... 28
3.2 排队系统标记 ... 32
3.3 排队系统的稳态性能指标 ... 33
3.4 马尔可夫稳态模型 ... 36
3.5 数学分析及应用 ... 38
3.6 数学分析与模拟分析关系 ... 39
本章习题 ... 39

第4章 输入数据的分析 ... 41
4.1 概述 ... 41
4.2 数据的采集与处理 ... 43
4.3 数据分布的分析与假设分布族 ... 45
4.4 参数的估计 ... 50
4.5 拟合优度检验(Goodness-of-Fit Tests) ... 51
本章习题 ... 57

第5章 GPSS/Java 及其集成开发环境 ... 59
5.1 GPSS 仿真系统 ... 59

  5.2 GPSS/Java 仿真系统 ……………………………………………………………… 60
  5.3 GPSS/Java 集成开发环境介绍 …………………………………………………… 67

第 6 章 GPSS/Java 常用语句及其使用 ……………………………………………………… 83
  6.1 GPSS/Java 基本模块 ……………………………………………………………… 83
  6.2 与活动实体有关的模块 …………………………………………………………… 85
  6.3 与资源实体有关的模块 …………………………………………………………… 93
  6.4 GPSS/Java 语言的控制语句 ……………………………………………………… 109
  6.5 应用举例 …………………………………………………………………………… 127
  6.6 GPSS/Java 标准输出管理 ………………………………………………………… 132
  本章习题 ………………………………………………………………………………… 134

第 7 章 随机数发生器与函数实体 ………………………………………………………… 136
  7.1 随机数发生器 ……………………………………………………………………… 136
  7.2 产生随机变量的方法 ……………………………………………………………… 140
  7.3 GPSS/Java 语言的随机数发生器 ………………………………………………… 143
  7.4 GPSS/Java 函数实体 ……………………………………………………………… 144
  7.5 应用举例 …………………………………………………………………………… 152
  7.6 模型控制语句 rmult ………………………………………………………………… 156
  本章习题 ………………………………………………………………………………… 159

第 8 章 中级 GPSS/Java 的程序设计 ……………………………………………………… 163
  8.1 标准属性 …………………………………………………………………………… 163
  8.2 GPSS/Java 变量实体 ……………………………………………………………… 171
  8.3 GPSS/Java 保存值实体 …………………………………………………………… 174
  8.4 其他 GPSS/Java 语句模块 ………………………………………………………… 179
  8.5 select 模块 ………………………………………………………………………… 191
  8.6 应用举例 …………………………………………………………………………… 202
  本章习题 ………………………………………………………………………………… 223

第 9 章 GPSS/Java 高级建模技术 ………………………………………………………… 227
  9.1 表实体与队列表实体 ……………………………………………………………… 227
  9.2 动态实体的分裂、装配、匹配与聚集 …………………………………………… 237
  9.3 属性值函数的实现 ………………………………………………………………… 251
  9.4 用户链实体 ………………………………………………………………………… 258
  9.5 设备的抢占 ………………………………………………………………………… 272
  本章习题 ………………………………………………………………………………… 284

第 10 章 输出数据的分析 …………………………………………………………………… 287
  10.1 概述 ……………………………………………………………………………… 287

10.2 输出结果的置信区间 …………………………………………………………… 292
10.3 终止型模拟结果的分析 …………………………………………………………… 293
本章习题 ……………………………………………………………………………………… 296
附录 …………………………………………………………………………………………… 297
    附录 1   自由度为 ν 的 t 分布临界值 $t_{\nu,\gamma}$ ……………………………………… 297
    附录 2   自由度为 ν 的 χ^2 分布临界值 $\chi^2_{\nu,r}$ ……………………………………… 299
    附录 3   GPSS/Java 标准接口汇总 ………………………………………………… 301
参考文献 ……………………………………………………………………………………… 313

第 1 章 绪 论

计算机模拟,顾名思义,就是利用计算机对现有的或还没有的系统进行模拟实验。管理系统的计算机模拟就是利用计算机和设计好的模型对已有的或设想的管理系统、管理策略、管理方法或管理手段进行模拟实验,以便对所设计的方案进行分析和判断,提出进一步决策所需的依据。计算机模拟技术已经成为决策支持系统强有力的工具之一。

计算机模拟技术的迅速发展和广泛应用已使自然科学及应用工程等多种学科中极其复杂的问题迎刃而解。多年来,管理科学的各个领域也在广泛使用着这一由现代数学方法、管理科学和计算机技术相结合而形成的管理系统模拟技术,它已成为战略研究、系统分析、运筹规划、预测决策、宏观及微观管理等领域的有效工具。这项技术的成功运用,已使那些需要花费大量人力、物力和时间,承担很大风险的许多科研课题或工程设计、实验的问题得到了比较满意的解答。管理系统模拟技术已获得广泛的应用和飞速的发展,未来将更进一步。

由于管理系统模拟的理论和方法涉及多种学科,如何在有限的学时教学中全面地介绍这些知识,是本书编写中首要考虑的问题。因此本书对内容的取舍做了精心的安排,尽量做到由浅入深,由简及繁,各章联系紧密,并有多项例题贯穿各章。本书的章节顺序尽量与从事模拟研究的过程一致,以便学生清楚了解模拟的全部过程。书中主要介绍离散系统模拟的基本概念和建立离散系统模拟模型的基本理论和方法,同时也系统介绍专用模拟语言——GPSS/Java 语言,使读者读完本书后能较为系统地掌握一门专用模拟语言。

按一般的规律,一本书的绪论中应简单地介绍书中主要技术的发展历史,为了节省篇幅,我们在这里就不介绍了。读者从书后参考文献中不难了解这方面的内容,且个人认为,由于计算机和数学方法的不断发展,许多新技术、新方法已经与它刚刚出现时大相径庭,甚至不可同日而语,读者尽可不必花太多的时间去了解过去,而应该去展望它的未来。但是,为了让读者能尽快了解本门技术,我们还是从大多数读者关心的问题谈起。

1.1 什么是计算机模拟

由于现代技术和数学理论的不断发展,任何一个简单的或复杂的系统总是可以利用一种模型来描述,尽管这些模型的种类很多,有的还十分复杂(有关模型的理论及其设计方法有专门的课程和书籍介绍)。一个系统的模型一般是描述或表达该系统的主要特点和过程,它是去伪存真后形成的对系统的描述。模型可能是文字的、图形的、数字的或者是上述形式的综合等等。有了系统的模型后,我们就寻找实现这些模型的,或者说解这些模型的方法。当然方法也是多种多样的,有手工的、数学的、物理的、化学的等等。计算机解题方法是应用最广泛的方法之一,利用计算机来求解某一系统的模型就称为计算机模拟。因此,计算机模拟技术至少应由两个部分组成,其一是系统模型的建立,其二是利用计算机来求解这个模型。

模拟的英文是 simulation,翻译成汉语还具有仿真的意思。所以读者常常会见到计算机仿真的提法。计算机模拟与计算机仿真实际上是同一门科学,他们的理论、方法和采用的手段是完全一样的。但应该指出的是,目前在我国有一个不成文的约定,即称连续型系统的 simulation 为计算机仿真,而对离散型系统的 simulation 则称为计算机模拟。计算机仿真所讲授的技术多应用于电力与电子科学、宇航学、气象学或力学等连续型系统。由于本书讲授的是管理系统中 simulation 的应用,而管理系统多属于离散型系统,因此本书中称为管理系统计算机模拟。在此特别说明,本书中凡是提到"计算机模拟"时,除特别说明外,都是指离散系统的模拟。

从计算机模拟的历史和发展来看,概括来说计算机模拟有如下特点:

(1)模拟是数值分析的一种方法。这门技术起源于数学,是运筹学的一个分支。

(2)计算机模拟是利用计算机来模拟现实世界各种过程或系统的运行情况,从而得到重要的统计与决策信息。

(3)对于处理离散系统而言,特别是具有随机过程的离散系统,计算机模拟的结果是近似的和随机的。

(4)计算机模拟是当前决策支持系统设计的重要手段之一。

(5)计算机模拟是一种被称为"没有办法的办法"。

由于计算机模拟技术不仅需要建立模型所依据的数学、统计学、管理学、工学等多学科理论,而且需要计算机程序设计知识,因此它的应用受到很多条件的限制。利用计算机模拟技术求解管理系统问题的结果常常不仅是近似的,而且是随机的,需要大量的人力、时间和资金。一般情况下,如果可以找到一种既能得到准确结果,又不需要许多条件的办法,是不采用计算机模拟的。然而实际上,特别是对于管理系统来讲,许多模型找不到这种办法,从而寻求计算机模拟技术的帮助。对于计算机模拟技术,"没有办法的办法"实际上是一种美称。

为了进一步了解计算机模拟技术解题的方法,下面举两组例子来说明。一组是静态系统模型(静态模拟),一组是动态系统模型(动态模拟)。例子虽然简单,但可以反映出模拟技术的基本特点和思考问题的方法。

1.2 计算机模拟技术解题的方法

计算机模拟技术解决管理系统中存在的各类管理和科研问题时所采用的方法与一般的数学解法不同。首先在建立系统模型方面,本书所涉及的管理系统大多不能建立一个可以利用解析方法解决的模型(这在管理系统中是常见的),它们一般也得不到一个准确的解析解。因此我们也不能利用数学分析的方法一步一步地通过计算来解题,必须寻找另外的方法。此外,为了使计算机能解出这类模型,也会使用一些在传统数学角度看来比较独特的方法,比如随机数和随机数发生器的概念。为了说明这个问题,我们仅举几个例子来说明。

在下面的几个例子中,我们先介绍可以使用的其他方法,再采用模拟方法解题,以便读者进行比较。例子中涉及的一些原理如果读者暂时不能理解,可以先记下,在本书后面会对其进行详细讲解。按先简后繁的道理,我们先看看静态模型的计算机模拟解法。

1.2.1 静态模拟示例

1. 正弦函数的积分

求解一正弦函数的定积分可用三种方法,具体解法如下。

(1) 定积分法。

公式为

$$\int_0^\pi \sin x \mathrm{d}x = -\cos x \Big|_0^\pi = 2$$

(2) 数值分析法。

求解定积分的数值分析法中最常用的是梯形法。利用梯形法计算定积分示意图如图 1.1 所示。它是将积分曲线下的面积分成 n 个小面积,若每个小面积的曲线一边用直线来代替,则小面积成为一个梯形。设法求出每个小梯形的面积并将其累加起来就会得到近似的积分面积。

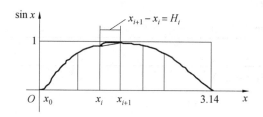

图 1.1 利用梯形法计算定积分示意图

图 1.1 中每个小梯形面积为

$$A_i = \frac{[f(x_i) + f(x_{i+1})](x_{i+1} - x_i)}{2}$$

$$A_i = \frac{H}{2}[f(x_i) + f(x_{i+1})]$$

其中,H 为每个小梯形的高。

则曲线下总面积为

$$S = \sum_{i=0}^{n} A_i = \sum_{i=n}^{n} \frac{H}{2}[f(x_i) + f(x_{i+1})]$$

$$= \frac{H}{2}[f(x_0) + f(x_1)] + \frac{H}{2}[f(x_1) + f(x_2)] + \cdots + \frac{H}{2}[f(x_{n-1}) + f(x_n)]$$

$$= \frac{H}{2}\{f(x_0) + 2f(x_1) + 2f(x_2) + \cdots + f(x_n)\}$$

$$= \frac{H}{2}\{f(x_0) + f(x_n) + 2\sum_{i=1}^{n-1} \sin x_i\}$$

下面给出了利用梯形法求解上述积分的 Visual Basic 程序。该程序中的函数定义模块共定义了三个函数,因此此程序可对这三种函数进行积分。当采用不同的 N 值时,上述正弦积分利用梯形法的计算结果如下:

$N = 100$ $S = 1.999\ 836$
$N = 200$ $S = 1.999\ 958$
$N = 300$ $S = 1.999\ 981$
$N = 400$ $S = 1.999\ 989$
$N = 500$ $S = 1.999\ 993$
$N = 600$ $S = 1.999\ 998$
$N = 700$ $S = 1.999\ 998$
$N = 800$ $S = 1.999\ 998$
$N = 900$ $S = 1.999\ 997$
$N = 1\ 000$ $S = 1.999\ 999$

从所得结果可见,随着小梯形数目 N 的扩大,结果逐步接近准确值 2。

【例 1.1】 梯形法求解定积分程序。

设置系统变量:

```
Const PI = 3.14
Dim x0(10) As Single
Dim x1(10) As Single
```

积分结束模块:

```
Private Sub Command1_Click( )
    End
End Sub
```

定义函数和积分上下限:

```
Private Sub Form_Load( )
    Font.Size = 20
    cboFunc.AddItem "Sin"
    cboFunc.AddItem "Cos"
    cboFunc.AddItem "0.1 * x * x+0.2 * x+1"
    x0(0) = 0:x1(0) = PI
    x0(1) = 0:x1(1) = PI/2
    x0(2) = 2:x1(2) = 4
End Sub
Private Sub Form_Resize( )
    On Error Resume Next
    txtText.Move 100,100,Me.ScaleWidth - 200,Me.ScaleHeight - 200
End Sub
```

绘制函数图形和积分过程：

```
Private Sub CboFunc_Click()
    Dim xx0!,xx1!,h!,s!,t!,t1!,x!,n%,i%
    xx0 = x0(cboFunc.ListIndex)
    xx1 = x1(cboFunc.ListIndex)
    txtBegin.Text = xx0
    txtEnd.Text = xx1
    picFunc.Cls
    picFunc.Scale (-0.5,1.5)-(4,-1)
    picFunc.Line (-0.5,0)-(4,0)
    picFunc.Line (0,1.5)-(0,-1)
    picFunc.Line (xx0,0)-(xx0,0.1)
    picFunc.CurrentX = xx0
    picFunc.CurrentY = -0.02
    picFunc.Print xx0
    picFunc.Line (xx1,0)-(xx1,0.2)
    picFunc.CurrentX = xx1
    picFunc.CurrentY = -0.02
    picFunc.Print xx1
    txtNum.Text = ""
    txtResult.Text = ""
    For n = 50 To 500 Step 50          //每次增加50个点
        h = (xx1 - xx0)/n              //求每个小梯形的高
        s = 0
        x = xx0
        For i = 0 To n - 2
            Select CasecboFunc.Text
                Case "Sin"
                    t = Sin(x)              //x 处的函数值
                    t1 = Sin(x + h)         //x+h 处的函数值
                Case "Cos"
                    t = Cos(x)
                    t1 = Cos(x + h)
                Case "0.1*x*x+0.2*x+1"
                    t = 0.1 * x * x + 0.2 * x + 1
```

```
            t1 = 0.1 * (x + h) * (x + h) + 0.2 * (x + h) + 1
        End Select
        picFunc.Line (x,0)-(x,t)
        s = s + (t + t1) * h/2        //每个小梯形的面积求和
        x = x + h                     //下一个小梯形
    Next i
    txtNum.Text = txtNum.Text & "    " & Str$(n)
    txtResult.Text = txtResult.Text & "    " & Str$(s)
    Next n
End Sub
```

(3)模拟方法。

对于这种静态系统,常用的模拟方法是蒙特卡罗法(Monte Carlo)。蒙特卡罗法的原理是认为积分面积及其周围均匀分布着无数个点,如图 1.2 所示,若设法分别求出矩形内和积分曲线内的点数 N 和 I,则可利用下式求得积分面积:

$$\frac{S_g}{S} = \frac{\int_0^\pi \sin x \, dx}{1(\pi - 0)} = \frac{I}{N}$$

$$\int_0^\pi \sin x \, dx = \pi \frac{I}{N}$$

其中,S 为总面积;S_g 为曲线下面积;N 为矩形内点数;I 为积分曲线内点数。

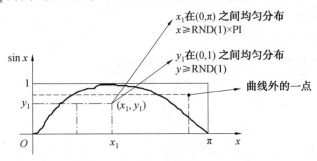

图 1.2 蒙特卡罗法求定积分原理示意图

现在的问题是如何求出 N 和 I?这要引入随机数发生器的概念,这可能是蒙特卡罗法的主要特点之一,也是所有具有随机过程系统采用模拟方法解题的特点之一。随机数发生器是产生[0,1]之间均匀分布随机数的工具,它的基本原理和应用我们会在本书的后面做详细的介绍。在这里仅利用它来产生图 1.2 中矩形面积上均匀分布的点。VB 语言中随机数发生器是 RND(1),因此下面两个语句即可产生一对(x_1,y_1),也就是 xy 坐标系中的一个点为

$$x = \text{RND}(1) \times 3.1416$$
$$y = \text{RND}(1)$$

其中 3.141 6 使 x 的取值范围被限制在 $0 \sim \pi$,这是由积分界限决定的。我们利用循环反复地产生尽量多的点(比如 N 个点),并对每个点进行判断,看其是否在积分曲线的下面。我们对落在积分面积上的点数进行统计(比如是 I 个点)。求得 N 与 I 后,就可以利用上式求出

积分面积值。下面给出了利用蒙特卡罗法求解上述定积分的程序。

```
//数值积分模拟过程
Private Sub CboFunc_Click( )
    txtNum.Text = ""
    txtResult.Text = ""
    Rem INTEGRETION OF SIN(X) BY THE MONTE CARLO METHOD
    PI = 3.1415926
    M = 1
    For l = 1 To 10
        i = 0
        For n = 1 To 50 * l
            x = Rnd(1) * PI        //确定 x 坐标
            y = Rnd(1)             //确定 y 坐标
            If y > Sin(x) Then GoTo 110    //判断此点是否在积分域内
            i = i + 1
110     Next n
        sg = PI * i/(50 * l)
        txtNum.Text = txtNum.Text & "    " & Str$(50 * l)
        txtResult.Text = txtResult.Text & " " & Str$(sg)
    Next l
End Sub
```

蒙特卡罗法的模拟结果如下：

$N=50$	$sg=2.073\,451$
$N=100$	$sg=2.042\,035$
$N=150$	$sg=1.864\,012$
$N=200$	$sg=1.853\,540$
$N=250$	$sg=2.148\,849$
$N=300$	$sg=1.801\,180$
$N=350$	$sg=2.019\,595$
$N=400$	$sg=2.159\,845$
$N=450$	$sg=1.989\,675$
$N=500$	$sg=2.010\,619$

从结果中可见，模拟方法得到的结果是随机的，当逐渐加大 N 值时，其结果逐步接近准确值。到底需要多大的 N 才能满足计算精度，还需要进行进一步分析，我们会在第 10 章介绍分析方法。此例可用三种方法求解，其中包括可以手算的定积分解法。

2. 求二重积分

$$\iint_\Omega \sin\sqrt{\ln(x+y+1)}\,\mathrm{d}x\mathrm{d}y$$

$$\Omega: (x-0.5)^2+(y-0.5)^2=0.25$$

图 1.3 为二重积分的示意图。因为我们不可能手算这个积分,此题是定积分法办不到的。这个二重积分仅有两种方法可以使用,下面分别介绍。

(1) 数值分析法。

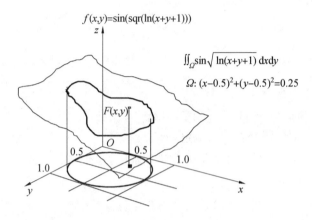

图 1.3　二重积分示意图

数值分析所采用的方法与上述的梯形法相似,不过这里使用的是立方体法。由于绪论的篇幅有限,这里就不再详细介绍,以下是节选的利用立方体法解上述二重积分的 VB 程序:

```
//利用立方体法解二重积分的 VB 程序(节选)
INPUT "N ="; N
FOR k = 1 TO 10
  H = 1/(N * k)
  H2 = H * H
  SUM = 0
  FOR L = 1 TO N * k
    FOR I = 1 TO N * k
      X = H * L
      Y = H * I
      IF (X-.5)^2+(Y-.5)^2 >.25 THEN GOTO 140
      SI = H2 * SIN(SQR(LOG(X + Y + 1)))
      SUM = SUM + SI
    NEXT I
  NEXT L
  PRINT "N="; N * k,"S="; SUM
NEXT k
END
```

二重积分数值方法的计算结果如下：

$N=20$	$S=0.5616454$
$N=40$	$S=0.5650789$
$N=60$	$S=0.5652159$
$N=80$	$S=0.5668163$
$N=100$	$S=0.5669289$
$N=120$	$S=0.5663622$
$N=140$	$S=0.5668696$
$N=160$	$S=0.5668182$
$N=180$	$S=0.5674991$
$N=200$	$S=0.5676636$

请读者自行分析上述结果的特点。

(2) 模拟方法——蒙特卡罗法。

蒙特卡罗法是解决这类静态模型的常用方法，基本原理与上例所述一样，只不过在这里是求一个圆柱体的体积。这个积分体积可利用下式计算：

$$积分体积 = 积分域面积 \times 曲面平均高度$$

其中，积分域的面积就是底圆的面积 $r^2\pi$，而曲面的平均高度则是将底圆上所有点的高度求和再除以 n，公式为

$$\iint_\Omega f(x,y)\mathrm{d}x\mathrm{d}y = r^2\pi\left[\frac{1}{n}\sum_{i=1}^n f(x_i,y_i)\right] = \frac{\pi}{n}r^2\sum_{i=1}^n f(x_i,y_i)$$

现在又出现了同样的问题，我们可先假定在底圆上均匀分布着无数个点，设法得到每个点的坐标，然后计算每个点的函数值（也就是从该点到积分曲面的高度），最后求和再计算其平均值。这一过程的程序的模拟结果如下，在模拟结果之后给出了程序：

$N=500$	$S=0.5649201$
$N=1\,000$	$S=0.5646151$
$N=1\,500$	$S=0.5635888$
$N=2\,000$	$S=0.5675535$
$N=2\,500$	$S=0.5695487$
$N=3\,000$	$S=0.5686753$
$N=3\,500$	$S=0.5687218$
$N=4\,000$	$S=0.5673894$
$N=4\,500$	$S=0.5684162$
$N=5\,000$	$S=0.5675279$

```
//定义系统变量
Dim x0(10) As Single
Dim x1(10) As Single
//积分结束
Private Sub Command1_Click( )
```

```
        End
End Sub

//定义积分函数和积分域过程
Private Sub Form_Load()
    Font.Size = 20
    cboFunc.AddItem "S1"
    cboFunc.AddItem "S2"    //可定义其他函数
    cboFunc.AddItem "S3"    //可定义其他函数
    x0(0) = 0:x1(0) = 1
    x0(1) = 0:x1(1) = 1
    x0(2) = 0:x1(2) = 1
End Sub


Private Sub Form_Resize()
    On Error Resume Next
    txtText.Move 100,100,Me.ScaleWidth - 200,Me.ScaleHeight - 200
End Sub
//数值积分过程
Private Sub CboFunc_Click()
    Dim xx0!,xx1!,s!,x!,y!,A!,vol!,n% ,i%
    xx0 = x0(cboFunc.ListIndex)
    xx1 = x1(cboFunc.ListIndex)
    txtBegin.Text = xx0
    txtEnd.Text = xx1
    txtNum.Text = ""
    txtResult.Text = ""
    For n = 50 To 500 Step 50
        s = 0
        For i = 1 To n
            x = Rnd(1)
            y = Rnd(1)
            Select Case cboFunc.Text
            Case "S1"
                If (x - 0.5)^2 + (y - 0.5)^2 > 0.25 Then GoTo 88
```

```
                    A = Sin(Sqr(Log(x + y + 1)))
            Case "S2"
                    If (x - 0.5)^2 + (y - 0.5)^2 > 0.25 Then GoTo 88
                    A = Sin(Sqr(Log(x + y + 2)))          //可定义其他函数
            Case "S3"
                    If (x - 0.5)^2 + (y - 0.5)^2 > 0.25 Then GoTo 88
                    A = Sin(Sqr(Log(x + y + 3)))          //可定义其他函数
        End Select
            s = s + A                                     //各点高度累计
        Next i
        vol = 0.785 * s/n                                 //最后积分结果
        txtNum.Text = txtNum.Text & "       " & Str$(n)
        txtResult.Text = txtResult.Text & "  " & Str$(vol)
        Next n
End Sub
```

1.2.2 动态模拟示例

以中子屏蔽实验为例,讲解动态模型的计算机模拟解法。

某中子反应堆中(图 1.4),中子在运动中有可能撞击反应堆的铅壁,在进入铅壁后会靠原有的能量继续运动一段时间,如果铅壁的厚度不足,中子就有可能溢出反应堆,从而对人造成伤害。由于探测中子溢出数目的实验不仅需要大量仪器和设备,也需要大量的时间,同时安全问题也十分重要,所以利用计算机模拟技术来进行这个实验将是十分有利的。由于中子在不停地运动,所以这显然是一个动态系统。

为了在计算机中进行这样的实验,首先要建立系统模型,为此我们必须了解中子在铅壁中的运动规律。假设在其他实验中我们了解了中子运动的规律如下(图 1.4):

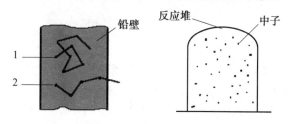

图 1.4 中子屏蔽实验示意图

(1)中子进入铅壁后,先水平前进一个单位长度。
(2)撞到某个原子核后,随机改变运动方向,再前进一个单位长度。
(3)中子碰撞 7 次后能量全部消失。

本系统模型的建立关键在于统计中子在水平方向上的运动距离。由于每碰撞到一个原子后,随机改变运动方向,那么新的运动方向 y 和水平的前进距离 x 可计算如下(图 1.5):

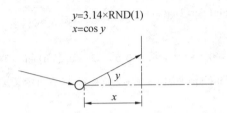

图 1.5　中子碰撞原子核后改变的方向及水平前进距离的计算

如果经 7 次碰撞后其合计的水平前进距离不超出铅壁的厚度,则中子就不会冲出反应堆。如果其水平的前进距离超出铅壁的厚度(示例中设为 5 个单位长),则中子就会冲出反应堆,在这种情况下,对冲出的中子数目进行累计就可以求出可能溢出反应堆的中子的数目和比例。计算机模拟实验的结果如下,其程序在模拟结果的后面给出。

$N = 10\ 000$　　　　　　Pn = 0.014 6
$N = 20\ 000$　　　　　　Pn = 0.014
$N = 30\ 000$　　　　　　Pn = 0.015 5
$N = 40\ 000$　　　　　　Pn = 0.015 15
$N = 50\ 000$　　　　　　Pn = 0.016 22
$N = 60\ 000$　　　　　　Pn = 0.015 3
$N = 70\ 000$　　　　　　Pn = 1.504 286E−02
$N = 80\ 000$　　　　　　Pn = 0.015 537 5
$N = 90\ 000$　　　　　　Pn = 1.501 111E−02
$N = 100\ 000$　　　　　 Pn = 0.014 65

其中 Pn 是溢出反应堆的中子的百分比值。当然模拟的结果也应随实验的中子数目的增加而更加准确。

```
//中子屏蔽实验
INPUT "N=";N                    //输入模拟的中子数目
M=0:PI=3.14156
FOR L=1 TO N
    X=1
    FOR I=1 TO 7
        Y=PI * RND(1)           //计算中子碰撞后改变的角度
        X=X+COS(Y)              //计算中子水平运动距离并累加
        IF X <= 0 THEN 130      //判断中子是否冲出反应堆
    NEXT I
    IF X<5 THEN GOTO PP         //铅壁厚度设为 5 个单位长度
    M=M+1
PP NEXT L
M1=M/N
PRINT "N=";N,"Pn=";M1
END
```

这个中子屏蔽实验的例子是一个动态系统,虽然模型并不复杂,但此模型及其模拟却解决了一个十分困难的问题。现实中存在许多这种很难利用物理或化学实验解决的问题,还有许多需要漫长的时间才能实现的实验也往往是人们所办不到的。当许多具有复杂过程的系统不能建立一个满意的数学模型时或者在有了模型后又无法求解时,都会想到利用计算机模拟技术来解决上述系统的问题。计算机硬件技术的飞速发展也给计算机模拟技术的广泛应用创造了很好的条件。

1.3 模拟技术的地位和作用

计算机模拟技术是用来解决复杂系统的分析和预测的重要技术之一。这门技术的历史在某方面来讲是很长的:最早采用人工模拟,比如战争中的沙盘;水利建设和机械工程都有利用微缩模型进行模拟的方法;后来由于电子技术的发展,利用模拟电路或模型进行未知系统的实验;计算机技术的发展给模拟技术又开辟了新的天地,特别是数字计算机的出现和突飞猛进的发展更是使模拟技术日新月异。计算机模拟技术目前在军事、交通、航空航天、矿产等各个行业,甚至在经济学、管理学方面都有应用。计算机模拟技术已经在众多学科中占有了重要的地位,它的作用已经被广大科技工作者和经济管理者所认可。计算机模拟技术的广泛应用也有力地推动了这门技术的发展,读者可在列入本书的参考书中得到更多有关模拟技术发展的报道和成果。综合起来,管理系统的计算机模拟技术主要的作用和特点有以下几个方面:

(1) 计算机模拟技术是系统决策和分析的有力助手。模拟技术常常用来对系统的多种方案进行分析、选优;在紧急状态下利用事先构造好的模型来寻找突发事件的解决办法。模拟模型已成为专家系统模型库和知识库的重要组成部分。

(2) 计算机模拟技术多用于随机过程或无定量分析方法的情况。具有随机过程的系统常常无法建立一个定量分析数学模型,计算机由于可以按要求对系统进行多次模拟,因此不仅可以分析系统的各类状态,还可以满足统计学方面的要求而达到一定的精度。

(3) 计算机模拟技术需要管理、计算机及统计三方面的人才联合工作。利用模拟技术解决实际问题时常常要成立一个有权威的、包含各类人员的领导小组,并且要经过认真组织和工作才能完成,任何轻率的工作都会对模拟造成十分不利的后果。

(4) 计算机模拟结果常常是随机的,需要进行统计分析。应特别强调,对于具有随机过程的系统,由于其模拟结果是随机的,不能只模拟一两次就匆忙得出结论,而必须按统计精度的要求模拟多次,并对其结果进行统计分析后才能得出结论。

(5) 计算机模拟技术可研究大时间系统。由于在计算机中实现某个系统模型并不受实际时间的限制,因此计算机模拟可以用来模拟几十年、几百年甚至数万年的大时间系统(比如生态系统),这一点是任何物理或化学实验都无法做到的。计算机模拟给这种大时间系统的研究开辟了新的道路。

国际计算机模拟协会(The Society for Computer Simulation International, SCS)成立于1952年,是目前模拟技术领域中最知名和唯一的,利用计算机模拟技术解决现实问题的技术性协会。该协会的影响力涉及北美、欧洲、东亚及环太平洋地区,起着领导和联系全世界模拟技术专家、协会和研究机构的作用。由它出版的技术刊物在世界上得到广泛流行,其中包括 *SIMULATION*(模拟)和 *Transactions*(计算机模拟协会会刊)。这两本期刊囊括了计算机模拟技术领域最新的科研成果和技术发展,介绍了本领域最新动态、学术会议和各类活动。在因特网上可方便地看到上述刊物刊登的文章的详细摘要,甚至可浏览全文。历年来由该协会主持的计算机模拟技术学术会议上发表的学术论文均可在网上查到。中国系统仿真学会(CASS)为该协会的分会会员。

　　本书重点讲解与管理系统有关的模拟基本原理和方法,主要包括离散系统的建模和模拟。书中介绍的常用模拟语言——GPSS/Java 语言,是可在微机上运行的一种最易掌握的模拟语言。读者通过对这门语言的学习可了解模拟技术的基本解题思路和方法,从而具有更深一步学习模拟技术的基础。

本 章 习 题

1. 什么是计算机模拟?
2. 计算机模拟有哪些特点?
3. 蒙特卡罗法的特点是什么?
4. 计算机模拟在管理系统中有哪些作用?

第 2 章

系统、模型与模拟

　　计算机模拟技术是以数学、统计学、管理学及计算机科学为基础的一门综合性学科。因此在这一领域中总会遇到一些来自这些学科的名词和术语,分析问题的基本思路和方法也十分相似。但是模拟技术毕竟有它的特点,在涉及具体名称和术语时又常常有它自己的解释。在本书中不会利用很大的篇幅去定义这些名词和术语,仅将本学科常用的名词和术语以模拟技术的角度来介绍,以便读者在接触到它们时会有一个比较确切的认识和理解,这种准确的认识对模拟技术的应用有十分重要的意义。同时本章将以一个简单的例子说明离散事件模拟的基本方法,使读者对模拟方法有一个大概的了解。本章2.3节将概括介绍模拟专用语言。

2.1 概　　述

　　一般来讲,当涉及使用模拟技术来求解某一问题时,常常是针对某一系统的。这时应对系统的概念有一个比较严格的定义。当系统的界限确定后,我们将围绕问题的研究方向和目标为系统建立一个模型,模型中又会涉及许多变量和其他术语。为了使读者能在遇到这些术语时有一个共同的理解,本节先进行简单地介绍。

2.1.1 系统

　　模拟所涉及的系统是与研究目的相关的人、设备、设施等实体的集合,它不是一个泛指的无边界的系统,即它有一个界限。比如我们在研究一个交通系统时,如果所研究的目的仅是公共汽车的运行情况,而且已经了解到,这一地区的水路运输对公共汽车的运输并不构成影响,那么水路运输中的所有设备和设施将不包括在所研究的系统中。如果所研究的目的不仅是公共汽车的运行情况,而且包含重要公路和高速公路的使用情况分析,那么这一地区的水路运输就不能不包括在系统中,因为水路运输对重要公路和高速公路的运行会产生影响。对于这一研究目的,水路运输中的所有设备和设施将包括在所研究的系统中。系统的范围和其中所包含的内容是随研究目的的变化而变化的,这就是本学科对系统的解释,明确这种解释对模型的编制和模拟实验都是十分有益的。综上所述,模拟模型所涉及的系统具有如下特点:

　　(1)不同的研究目的有不同的系统规模、范围和界限,研究目的决定了系统的界限。
　　(2)不同的研究目的,其系统所包含的实体不同,研究目的决定了系统的组成。
　　(3)系统仅由那些与研究目的相关的因素组成。

因此一旦研究目的确定,系统的组成和界限就已经确定。反之当研究目的变化时,系统的组成和界限就会发生变化。

为了进一步了解不同性质系统的特点,常常按如下原则对系统进行分类,对于不同的系统应采用不同的模拟方法:

(1)按系统状态是否变化可分为静态型系统和动态型系统。系统的状态是指系统内表示各种特性的参数或变量。当系统中有一些参数或变量随时间的变化而变化时,这样的系统可称为动态型系统;当系统中所有的参数或变量都不随时间的变化而变化时,这样的系统称为静态型系统。显然静态型系统的问题容易解决,动态型系统的问题会复杂一些。用于解决动态问题的模型常常也可以用来解决静态问题,因为将动态模型中的时间变量设为常数后,此动态模型也就变成了静态模型。

(2)对于动态型系统,按系统状态变化与时间的关系又可分为连续型系统和离散型系统。系统状态随时间连续变化的称为连续型系统,比如生态系统、热系统、电子与电路中的过渡过程、导弹运动过程等等。系统状态仅在某些时间点上发生变化的系统称为离散型系统。比如库存系统,它的库存量仅在进货或出货时刻才发生变化;当仅分析一个飞机场的跑道使用情况时,也只有在飞机起飞和降落时刻才使系统的状态发生改变;对于常见的排队系统,只有当顾客到达或离开系统时,系统的状态才发生变化,这些都是离散型系统的例证。

(3)按系统内是否存在随机过程可将系统分为确定型系统和随机型系统两种。显然当系统中存在随机过程时属于随机型系统,反之则称为确定型系统。随机型系统的模拟结果也是随机的,这将给系统的模拟及其模拟结果的分析带来很大困难,这也是做好这类系统的模拟常常需要统计学工作者参加的原因。由于确定型系统最后的结果是确定的,因此无论系统中的变化多么复杂,其结果是唯一的,这在某种程度上比随机型系统的模拟更容易。

表 2.1 汇总了上述分类情况,由于管理系统的特性,本门课程重点讲授动态型、离散型、随机型系统的模拟方法及其应用。

表 2.1 按不同原则对系统的分类

分类原则	按系统状态是否变化分类	按系统状态变化与时间的关系分类	按系统内是否存在随机过程分类
第一类	静态型系统	连续型系统	确定型系统
第二类	动态型系统	离散型系统	随机型系统

模拟所涉及的系统还可以按其他原则进行分类,以便针对不同的系统采用不同的模拟方法。但上述三种分类方式是常见的和最有用的,对于其他分类的介绍读者可参看本书后所列的参考书。

2.1.2 模型

进入 20 世纪,人们常常提到"模型"这一词汇。既然是模型,首先应该是假的,而不是真的;其次应是人工制作的(即使是某些模型是由自动生成器生成的,所使用的生成器也属于人工制造的),而不是自然的;最后,它是模仿某个系统的产物,因此才称为"模型"。模型是按一定的研究目的对所研究系统的准确描述或表现。模型既有实物型的,也有非实物型的。所谓非实物型模型是指利用某种语言、符号、图形对系统的描述,这正是数学、管理学和经济学中常

用的形式。计算机模拟模型是一种非实物型模型,按描述手段的不同,计算机模拟模型分为以下几类:

(1) 文字式模型。利用某种语言(包括计算机语言)对系统的描述。
(2) 框图式模型。利用流程化的框图对系统的描述。
(3) 数学式模型。利用数学表达式对系统的描述。
(4) 图解式模型。利用任意图形对系统的描述。
(5) 混合式模型。综合利用上述方法对系统进行的描述。

模型对系统的描述应是准确的和全面的,这种准确和全面建立在一定的研究目的之上。也就是说,仅有研究目的确定以后,才有可能依据研究目的对系统的各个过程进行去伪存真的分析,最后对它进行描述。当对某个系统的研究目的没有确定时,系统常常是复杂而无序的,人们不知道系统中哪些过程是有用的或无用的。比如在对一个超市进行研究时,人们常常会谈到货物丢失的问题。但当我们只研究该超市的收款台排队的情况时,由于货物丢失的问题对此项研究影响不大,在模型中可以不考虑这一过程。当研究的目的变化时,情况就大不一样,必须对模型进行修订。

按所描述系统的不同,模拟模型也可像系统的分类那样分为以下几类:

(1) 连续系统模型。
(2) 离散系统模型。
(3) 混合式系统模型。

混合式系统模型是指模型中既包括连续系统模型部分,又包括离散系统模型部分。比如客货两用轮船的航行过程可能是连续系统模型;它进入港口后所进行的排队等待泊位、装卸货物、乘客上下船等过程就是离散系统模型;而模拟客轮的全部航行过程就要采用混合式模型。

为了使读者对模型有具体的理解,下面以一日常生活中熟悉的离散系统为例,观察为这个系统所建立的模型。我们先分析一下某个具有一个理发师的理发店的工作过程。

当一个新顾客到达时,他要先看一下理发师是否空闲,若理发师正好空闲,这个顾客可立即进行理发,如果理发师正在给别人理发,他只好再看一下是否有人排队等候和排队的长度,并决定自己是否排队。在决定排队后,要按先来先服务的原则(FIFO)接受服务。当某个顾客理发完毕后,排在队列第一位的顾客将接受服务,而其他顾客则依次向前移动一位。

上述一段文字如果已经准确描述了系统的运行过程,那它就是这一系统的文字式模型。我们可以按这个模型来编制计算机程序并对其进行模拟。但一般文字型模型叙述一个系统时较难保证简单明了的要求,为了清楚地说明某个过程可能需要许多笔墨,所以图解式、框图式模型应用得就相对广泛一些。利用图形来描述的上述系统的模型如图 2.1 所示。其中图 2.1(a)是一种框图式模型,而图 2.1(b)是一种图解式模型。

具有一个理发师的理发店是一个典型的排队系统,常称为单窗口排队系统。排队系统是管理系统中最常见的系统之一,单窗口排队系统又是排队系统中最简单的一种,它可以说是研究排队系统的一只"麻雀",因此本课程中可能会多次用到这一模型。这类单窗口排队系统的实例不胜枚举,比如只有一个跑道的飞机场、仅有一个窗口的储蓄所、加工车间中每一台机床、以及火车站的一条停车线等等,都是典型的单窗口排队系统。当我们接触更多的管理系统以后会发现,大多数复杂的管理系统都可以分解成多个小的单窗口排队系统,认真学好单窗口排队系统的模拟将是十分有益的。

上述模型是一个离散系统模型,在正常情况下,理发师给一个顾客理发时,排队的长度、理发师的状态等都不会变化。这个系统的状态只有在新顾客到达或有顾客离开时刻才会发生变化。由于理发店顾客的到达是随机的,而每个顾客的理发时间也是随机的,这个系统内就存在随机过程,因此这个模型也是一个随机系统模型。根据其系统状态可知,它也是一个动态的系统模型。

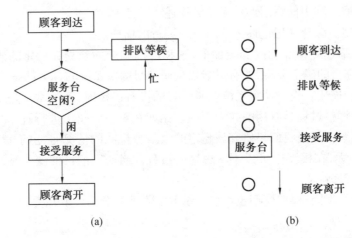

图 2.1 单窗口排队系统框图式模型和图解式模型

上述模型是一个十分简单的模型。读者会接触到更复杂的系统及其模型,有些模型会涉及复杂的数学、力学、控制论等内容,多数现代化模型更会涉及新的数学理论和方法,有一些可能是读者不懂的。但有一点需要说明的是,只需要明确研究目的以及拥有该系统相关的人才,任何复杂的系统总是可以用一个模型描述。而有了模型后,计算机总是可以把它模拟出来。

2.1.3 模拟

模拟是利用某种方法模仿被模拟系统的运行过程,以便取得一些在真实系统中得不到的信息。模拟的手段和方法是很多的。除了手工模拟(比如沙盘、按缩小的比例制造同一设备等)以外,模拟方法又常分成两类:

(1)模拟式模拟。这种模拟常见于电工学或电子学的研究中。它利用模拟元件来组成所研究的系统,从而实现对系统的模拟研究。注意,模拟式模拟这一方法中先后提到了两个"模拟",它们的意思是不一样的。前一个"模拟"是指模拟元件,比如用电阻来代替电路系统中的一个负载;或指模拟式计算机,这类计算机输入的是模拟量,比如电流、电压等。由于数字计算机的飞速发展,模拟式计算机的许多工作已经由数字计算机代替,因此它的应用也相对的减少。但在某些场合,模拟式计算机仍是必需的。

(2)数字式模拟。这种模拟是将系统中所有的状态变量都用数字或某些符号来表示,然后通过数字式计算机进行模拟。数字计算机的发展使数字式模拟得到了空前的发展,以至于目前在没有特意说明的情况下,模拟通常是指数字式模拟。而我们通常所说的计算机模拟,也多指数字计算机模拟。本书只讲解数字计算机的模拟方法。

2.1.4 模拟模型中常用的术语

模拟模型中涉及的一些名词和术语一般与它通常的意义区别不大。但是也有一些术语有它特殊的意义,甚至已经与它的通常含义不同。对于这些术语我们必须加以说明,读者也必须了解它们在模拟模型中的特殊含义才能更准确地使用它。

(1) 系统变量。系统变量为描述系统特征的各种指标或性能,常随时间变化。比如理发店系统模型中的系统变量有理发师状态、排队长度、各顾客的到达时间、各顾客的服务时间等等。

(2) 参数。参数为表征各种系统变量的值。

(3) 系统的状态。系统的状态为某个指定时刻,系统中所有系统变量值的集合。在模拟过程中我们在不同时刻都要对系统的状态进行统计,这里系统的状态是指系统中所有变量值,而不是一部分。比如在理发店模型中系统的状态应是在某一时刻它所有变量,即理发师状态、排队长度、各顾客的到达时间、各顾客的服务时间和模拟钟的值的集合。因此在模拟中一提到系统的状态,总是要指定某一时刻,在这一时刻所有系统变量值的集合就是系统在这一时刻的状态。

(4) 事件。导致系统状态发生变化的过程称为事件。在这里,事件这个词与它通常的意义有所不同。在现实世界中,任何一个过程都可以称为一个事件。但是在模拟技术中,只有那些可以改变系统状态的过程才可称为事件。比如在上述的理发店模型中,一个顾客的到达可以使理发店的排队长度或理发师的状态发生变化,因此顾客的到达在这一模型中就是一个事件。但若是理发店的经理到达,是不是事件呢?这就要看这一过程是否会引起系统状态的变化。如果经理的到达对理发师的工作没有影响,也不影响顾客的到达和离开,则这一过程就不是事件。如果经理的到达使理发师的工作速度加快,从而会使理发的顾客提前离开,这就改变了系统状态,因此它也就成为了事件。

严格地区分某一过程是否是事件对于建立系统模型十分重要,因为我们仅对成为事件的那些过程进行模拟和统计,而不是事件的过程无须写入模型。

(5) 实体。系统中与研究目的有关的人、设备、设施等组成系统的各元素称为实体。比如理发师和顾客就是理发店模型中的实体;飞机、跑道和信号灯则是研究飞机场起降问题模型的实体。实体可分为活动(流动)实体和永久实体。顾名思义,活动实体是指那些在系统中的位置可能随时间的变化而变化的实体,比如上述的顾客、飞机等,而永久实体是指那些位置在系统中是固定不变的实体,比如上述的理发师、飞机场跑道等。然而,上述的定义并不是绝对的,区分活动实体与永久实体还要看其研究目的和实体所处的系统。比如,当我们研究露天矿一个采矿工作面时,工作面中的电铲会被当作活动实体,因为它会随时间的变化在工作面上移动;而当我们研究整个矿区情况时,工作面中的电铲就可能作为永久实体,因为对于整个矿区来讲,工作面上电铲的位置可以认为是不变的。

永久实体的种类很多,可分为设施、队列、存储器、逻辑开关等,在具体讲到模型的编制时再详细介绍。

(6) 模拟钟。模拟模型中表示时间的变量称为模拟钟。模拟钟与时钟是不同的,模拟钟是给模型的模拟记时的,因此它走得快慢是由模型所确定时间单位和记时办法来决定的。在等步长的模拟中,模拟钟是以等步长运行的,而在事件步长的模拟中,模拟钟是以某个事件的发生来驱动的。一般来讲,模拟钟并不是一分一秒地运行的。

模拟技术的专门术语还有许多,我们仅重点介绍上述几个常用术语。其他术语在用到时再加以介绍。

2.2 离散系统模拟的基本方法

读者最关心的可能是计算机是如何模拟一个管理系统的。本节我们会用比较通俗的语言和例子来讲解计算机具体的模拟过程。由于本书以讲授管理系统模拟为主,因此在讲授计算机模拟的基本方法时也以离散系统为例。为简单明了,仍以具有一个理发师的理发店系统为研究对象,这个系统是一个典型的单窗口排队系统,在排队论中对这种系统有统一的标示。当某一单窗口排队系统中的顾客到达间隔时间属于马尔可夫过程(无记忆过程),用 M 表示,而顾客的服务时间也属于马尔可夫过程(无记忆过程)时,则此单窗口排队系统可表示为 M/M/1,前面的两个 M 分别表示该系统中顾客到达间隔时间和顾客服务时间的随机过程类型(这些随机过程的类型如何确定请参看第 3 章 3.2 节),而最后的 1 表示是单窗口系统。研究单窗口排队系统(M/M/1)的模拟显然具有十分重要的意义。只有一个理发师的理发店的单窗口排队系统的模型在前面已经介绍,图 2.1 显示了这个系统的运行过程。为了对这一系统进行模拟,还需要事先知道一些数据,这些数据包括符合系统随机过程的要求而产生的每个顾客到达间隔时间 A_i 和每个顾客服务的时间 S_i,A_i 和 S_i 的产生办法将在第 4 章讲解,这里先假设已经掌握了这些数据。设每个顾客到达间隔时间为 $A_1,A_2,A_3,\cdots,A_i$,每个顾客的服务时间为 $S_1,S_2,S_3,\cdots,S_i$。利用计算机模拟求解本系统中服务窗口的平均排队长度和顾客的平均等待时间。

计算机模拟中模拟钟的步长常用两种设置方法:等步长法和事件步长法。对于离散系统最常用的是事件步长法,所以我们以介绍事件步长法为主,读者在了解了事件步长法后,对等步长法也会有一定的理解。图 2.2 是单窗口排队系统事件步长法模拟过程示意图,它是一个二维的坐标系统,横坐标表示模拟钟的时间,纵坐标表示系统的排队长度,坐标原点的时间和排队长度均为零。模拟开始时,模拟钟的时间为零,理发店刚刚开门营业。经过 A_1 长的时间,第一个顾客到达,由于此时理发店中还没有任何顾客,理发师处于空闲状态,因此他立刻就接受了服务,图中横坐标轴上的 1 表示这一顾客到达事件的发生,它是系统发生的第一个事件。从此点开始,再经过 S_1 段时间,第一个顾客就结束服务,他就会离开系统,这显然是一个顾客离开事件,我们暂用 3 来表示这一事件。由于 $S_1>A_2$,所以在第一个顾客尚未完成服务时,第二个顾客已经到达,这是第二个顾客到达事件,也是系统所发生的第二个事件,用 2 来表示。而第一个顾客的离开则是系统发生的第三个事件,我们上面用 3 来表示它。第二个顾客到达时,理发师正在忙于给第一个顾客理发,因此他必须排队等候,这样排队长度就成为 1。只有在第一个顾客服务结束离开系统后,即图中的第 3 点,第二个顾客才能开始接受服务,这时排队长度又变为零。这样图中从第 2 点到第 3 点的距离就表示了第二个顾客的等待时间。按上述的方法,我们可以一步一步地绘出图 2.2。其中第 6 点和第 7 点之间由于系统中没有任何顾客,理发师处于空闲状态,因而这两点之间的距离就是服务台的空闲时间。从坐标原点到第 12 点为系统的模拟时间,有了这张图示意的方法,我们可以用计算机计算或统计出所有顾客等待时间的总和以及平均等待时间,计算出图中阴影面积的和及平均排队长度如下:

平均等待时间=各顾客等待时间之和/模拟的顾客数

平均排队长度=排队各阴影面积之和/模拟时间

利用计算机来做上述工作是轻而易举的事。让我们将上述模拟过程总结一下:

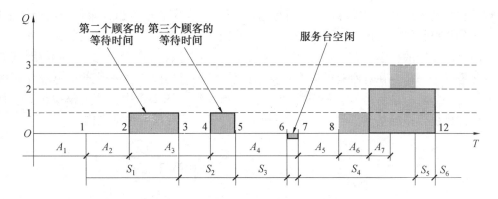

图 2.2 单窗口排队系统事件步长法模拟过程示意图

(1) 本系统仅有两种事件,一个是顾客的到达事件,另一个是顾客的离开事件。

(2) 系统状态仅在上述两种事件发生时才有变化,这时就需要模拟钟调整时间,由计算机来进行这一时刻系统状态各类参数的统计。

(3) 模拟钟只有在各事件的发生点上才需要调整时间,这就是所谓的事件步长法。其他时间,如果系统的状态不发生变化,也就不需要进行模拟统计,模拟钟也无须走动。

(4) 计算机对某个事件进行模拟处理和必要的统计后,下一步首要的工作是对将要发生的其他事件进行排序,以便找出下一个最先发生的事件,并对模拟这一事件进行必要的准备。

(5) 由于顾客的到达过程和服务过程是随机的,因此系统最后的模拟结果也是随机的。

(6) 需要注意的问题是对于单窗口排队系统,模拟之前应已知每个顾客的到达时间间隔 $A_1, A_2, \cdots, A_i$(一般是随机数)和每个顾客的服务时间 $S_1, S_2, S_3, \cdots, S_i$(一般是随机数)。否则将无法绘出图 2.2 所示的过程,也将无法进行模拟和统计。这个问题我们留在第 4 章讲解。

(7) 为了使模拟结束,我们还需要先确定所模拟的顾客数,也就是模拟长度。当然模拟长度也可以用时间或其他一些方法来处理。

实际上我们并不需要在每次模拟时都绘制一张图,整个模拟过程可完全由用各类计算机语言所编制的程序来完成。对于许多模拟专用的语言来说,甚至各个过程的模拟可用一条语句来实现,模拟的输出也是由模拟专用的语言系统事先设计好的。本书主要讲解的 GPSS 语言就是这一类模拟专用语言。上面的介绍目的是让读者了解一下模拟过程,求解再复杂的系统都需要先将其分解成最简单的系统,然后对每个简单系统进行模拟再统计整个系统的情况。当然复杂系统的模拟在程序编制上也会复杂一些。

对于等步长模拟,模拟钟按设计以相等的步长运行,每运行一个标准步长后,比如可以是 5 个时间单位,计算机就对在这一步长中所发生的各个事件按先后发生的顺序进行模拟和统计,然后模拟钟再调整到下一个步长所处的时间。两种方法大同小异,在离散系统模拟中常采用事件步长法,而在连续系统的模拟中常采用等步长法。

离散系统计算机模拟的基本步骤如图 2.3 所示。当要对某个系统进行计算机模拟分析时,首先,要对系统进行调查和分析,以便确定所研究系统的界限和研究目的;其次,初步建立系统的基础模型,在模型中对系统的各个过程都应有详细的描述,对于那些具有随机过程的系统要通过输入数据的分析确定各类数据的概论分布和参数;再次,对基础模型进行修改和程序的编制;最后,当程序基本完成后,要利用程序进行一些实验性模拟,以便验证模型是否合理,如发现差错要返回对模型进行修订,直至合格。模型和程序通过合格评审后,要设计模拟实验,这一步要完成系统各方案的设计以及模拟实验次序和参数的设计。真正的模拟实验和分析是一门十分严密的科学,某些相关的专业将其作为一门课程来讲授,此处不多介绍,读者有兴趣可参考有关书籍。在对所有的方案模拟结束后,还要对模拟结果进行分析,包括结果的精度和置信度的分析。最后是整理和完善,保存好所有文档。图2.3中描述的模拟步骤仅是对离散系统计算机模拟的基本步骤的概括,可能会有许多细节并没有包括在内。

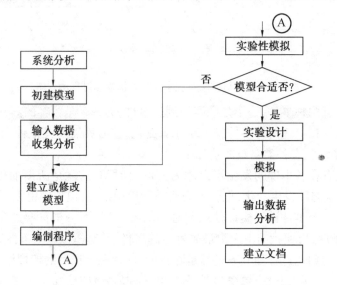

图 2.3　离散系统计算机模拟的基本步骤

2.3　模拟语言简介

模拟的过程是由计算机通过用各类计算机语言所编制的程序来实现的。能用来编制计算机模拟程序的语言可以说是无数的,任何高级语言,比如 Basic、Visual Basic、FORTRAN、C、C++、Visual C 等等都可以实现模拟,但是由于这些语言在数据传输和内存的利用上比较困难,程序编制一般需要较长时间,编制通用的程序就更不容易。因此多年来许多模拟用专门语言被开发出来,这些专门语言多是适用于某类系统或模型的。目前常见的用于管理系统模拟的模拟语言有以下几种:

(1) GASP IV 可用于连续型、离散型和综合型系统的模拟。

(2) GPSS World/Java 是一种通用的面向过程的模拟语言,主要用于离散系统模拟,也可以用于连续系统的模拟,是本书介绍的重点。

(3) SLAM(Simulation Language for Alternative Modeling)是应用比较广泛的复合型模拟语言,可用于连续型、离散型和综合型系统的模拟。

(4) SIMCRIPT 是一种面向事件的离散型系统模拟语言。自从兰德公司于 20 世纪 60 年代初开发出该语言以来,至今已推出了许多版本。

(5) DYNAMO 是基于系统动力学的模拟语言。其通用性不强,但易用性却居于诸语言之首。起初该语言是在大、中型计算机上使用的,后来在小型计算机上也可以使用,现在发展成为包括 Vensim 在内的软件家族。

（6）SIGMA 是一种可视的提供图形界面的模拟语言。

（7）SIMULA 是一种面向对象的计算机模拟语言。

模拟（或仿真）语言的种类实在是很多，这里不便全部列出。相对于纯粹的通用语言，利用专用模拟语言进行模拟具有以下明显的优点：

（1）通用性好，提供常用的功能模块，大大减少了编程的工作量。

（2）模块设计原则与模拟过程相仿，较好地满足了用户的需求。大多数专用软件的建模过程与人们常规的思维过程非常相似。如 GPSS World 就是将系统流程转化为程序模块，再加上一些必要的控制语句即可。

（3）具有动态存储分配功能，能合理地利用内存，因此速度快。

（4）标准输出使用户在输出设计方面感到十分方便。标准输出报告中包含了常规的分析信息，同时也可以针对用户的特殊要求实现输出信息的定制。

（5）某些面向过程的模拟语言（比如 GPSS World）语句简单明了，易于掌握。

（6）具有比较完善的查错功能，人机交互也十分方便。

（7）目前，模拟语言有面向虚拟现实的发展方向，主要开发 2D、3D 图像及动画功能，以便更适应用户的需要。

本书主要讲解用于离散型模拟的 GPSS/Java 语言。下面举一个利用该语言来模拟单窗口排队系统的例子，大家可以借此初步了解一下仿真语言，有关 GPSS/Java 仿真系统的内容将在第 5 章中详细介绍。

假设已知：

（1）顾客的到达间隔时间呈均匀分布，均值为 18 min，方差为 6 min。

（2）顾客的服务时间呈均匀分布，均值为 16 min，方差为 4 min。

求解：

（1）顾客的平均等待时间。

（2）平均排队长度。

（3）服务台（理发师）的利用率。

利用 GPSS/Java 语言编制的此单窗口排队系统的程序如下。从程序中可见，这样一个系统仅使用了 7 个语句，每个语句表示一个过程。程序之后是这一系统的标准输出，标准输出中包括了各项常规的统计结果和模拟结束时各个模块的状态，其中包括顾客的平均等待时间、平均排队长度、服务台（理发师）的利用率及零等待顾客的比例等。我们将在本书中详细讲解 GPSS/Java 语言的程序编制和使用。

```java
//Demo2_1.java
import gpssjv.*;
public class Demo2_1 extends BlockOp{
public void run(){
setModel(this);
start(100);
}
```

```
Queue wait = new Queue("wait");
Facility barber= new Facility("barber");

public void simulate( ){
switch(nextBlock){
case  80: generate(18,6);
case  90: queue(wait);
case 100: seize(barber);
case 110: depart(wait);
case 120: advance (16,4);
case 125: release (barber);
case 190: terminate(1);
case 200: end( );
}}}
```

模型 Demo2_1.java 运行结束

绝对时钟:1810.4797009692286   相对时钟:1810.4797009692286

模块统计

模块	当前数	总数
1		101
2	1	101
3		100
4		100
5		100
6		100
7		100

设备统计

名称	总进入数	当前状态	平均服务时间	忙闲率	当前占用实体	当前抢占实体
barber	100	0	16.003	0.884	0	0

队列统计

名称	总进入数	零等待进入数	当前队长	平均队长	平均等待时间	非零平均等待时间
wait	101	50	1	0.1265	2.2677	4.4909

通过本章的学习,我们了解了计算机模拟的基本概念、方法和步骤,对模拟语言及其使用也有了大概的了解。这里需要特别指出的是,模拟是一个多学科交叉的技术,为了建立好所研究的系统模型,我们需要数学、统计学和计算机知识。本书假设读者对后面讲解中所应用到的数学、统计学知识是基本了解的,除必要外我们不会再做过多的介绍。因此希望读者在继续阅

读本书之前,能重温一下概率与统计基础。了解以下内容对能较好地消化课程内容有很重要的作用:

(1) 常用概率分布的特性和特征。

(2) χ^2 检验等统计检验方法。

(3) 置信区间与检验水平。

(4) 拟合优度检验。

(5) 统计绘图。

此外,由于计算机模拟技术涉及的相关学科较多,因此本教材中也会不可避免地涉及其中的部分知识。为了突出本书重点,把主要内容放在介绍计算机模拟技术上,我们有意将相关知识的介绍压缩到最低程度,避免出现貌似全面,实则喧宾夺主的现象。本书在许多地方提及参考书的原因在此,希望读者予以充分地理解。

本 章 习 题

1. 模拟系统有哪些类型?分别有哪些特点?
2. 模拟方法有哪些类型?
3. 对模拟中的以下常用术语做解释:系统变量、参数、系统状态、事件、实体、模拟钟。
4. 一个拥有一个出纳台的小杂货铺,顾客相隔 1~8 min 到达出纳台,每个到达间隔时间的可能取值具有相同的发生概率。服务时间在 1~6 min,概率见表 2.2,顾客到达时间间隔见表 2.3。试通过模拟 100 个顾客的到达和接受服务来分析该系统。

表 2.2 服务时间分布表

服务时间	概率	累计概率	随机数分配
1	0.10	0.10	01~10
2	0.20	0.30	11~30
3	0.30	0.60	31~60
4	0.25	0.85	61~85
5	0.10	0.95	86~95
6	0.05	1.00	96~00

表 2.3 顾客到达时间间隔

到达间隔时间	概率	累计概率	随机数分配
1	0.125	0.125	001~125
2	0.125	0.250	126~250
3	0.125	0.375	251~375
4	0.125	0.500	376~500
5	0.125	0.625	501~625
6	0.125	0.750	626~750

续表2.3

到达间隔时间	概率	累计概率	随机数分配
7	0.125	0.875	751~875
8	0.125	1.000	876~000

5. 若一单窗口排队系统,顾客到达时间和服务时间均从随机变量的分布产生:

①到达时间只能在1,2,3,4,5,6个时间单位中出现;

②规定服务时间只能在1,2,3,4个时间单位中出现,且出现概率均等。

试根据以上数据求:

(1)平均的排队时间。

(2)等待顾客的百分比。

(3)顾客的平均停留时间。

(4)资源的闲置率。

(5)平均的排队长度。

第 3 章

排队模型

简单来说,排队系统讨论的是一个服务系统对某顾客群体提供服务时所呈现的状态。在排队系统中,顾客和服务台是两个主要实体。"顾客"可以理解为到达系统并向系统请求服务的任意类型的个体。"服务台"可以理解为能够提供服务的任何设施,提供服务的系统可由一个或者多个"服务台"组成。因此,各种服务设施、生产系统、维修设施、通信及计算机系统、运输系统和物料储运系统都可以视为排队系统。一般来说,一个典型的排队模型可以进行如下简单描述:顾客不断地到来,加入等待队列,在接受服务台的服务之后离开系统。

排队理论已经广泛应用于各种管理系统,如理发店、仓库供应、商店、餐厅、银行服务窗口、医院挂号处、港口、生产线、电话交换机等等。排队系统的"顾客"和"服务台"可能是人,也可能是一台机器或者是一套人机系统,但都可以作为如图 3.1 所示的排队服务系统进行处理。具体情况需要根据研究目的和研究对象进行具体分析,见表 3.1。

排队模型在因资源稀缺而产生拥塞和竞争的场合有着广泛的应用。可以这样说,排队系统在社会生活中几乎无处不在,因此导致的排队等待也成为生活中的一种常态。

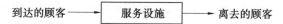

图 3.1 排队服务系统

表 3.1 排队系统举例

排队系统	到达的顾客	服务台
理发店系统	需要理发的顾客	理发师
电话通信系统	呼叫的电话	电话交换机
港口装卸系统	驶入港口的轮船	港口泊位
公交服务系统	等待上车的乘客	公交车
机场跑道系统	需要降落的飞机	跑道
车辆维修系统	发生故障的车辆	修理工
超市收银系统	结账的顾客	收银员
库存控制系统	转入的提货单	仓库管理员

本章主要从理论方面对一般排队问题进行了比较详细的阐述,对其中存在的一些普遍问题进行了深入分析,最后说明了数学分析对于解决排队问题的重要作用。

3.1 排队系统的界定

要说明一个排队模型,通常需要用下面四个特征来描述:
(1)顾客到达过程。
(2)服务台服务过程。
(3)排队规则。
(4)服务系统结构。

3.1.1 顾客到达过程

顾客到达过程通常可以用两个顾客相继到达时刻的间隔(也称为到达间隔)来表示,或者用单位时间内平均到达的顾客数目(也称为到达速率)来表示,呈确定性或随机性。到达间隔的分布和到达速率的分布对于等待队列的模拟是非常重要的。到达发生有多种方式,比如需理发的顾客进入理发店、机器出现故障、工件进入加工车间、零件进入装配线、订货到达仓库、数据包进入计算机系统、电话到达呼叫中心等。顾客到达过程包括以下形式:

(1)规则到达。

规则到达意为每隔固定的时间就有一个顾客到达,即到达的间隔时间为一个常量。例如:在汽车组装线以恒定的速率移动的队列;在自动化生产线上的进料问题。但是这种形式的到达过程在实际生活中并不常见。

(2)完全随机到达。

这种方式的到达过程也称为泊松(Poisson)到达过程。顾客到达间隔服从指数分布,并且各个间隔为相同分布、相互独立的随机变量。因为泊松分布使得数学推演极为简单(泊松分布参数即为顾客到达速率),而且在应用方面和实际情况颇为吻合(在任何时刻,每个顾客到达发生的概率完全相同,但是两个或两个以上顾客同时到达发生的可能性极低),因此泊松到达过程成为最为普遍采用的方式。

泊松到达过程在许多模型中得到成功应用,例如餐馆、银行等服务设施的顾客到达;电信交换机的电话呼叫到达;对某种服务或者产品的订单到达;进入修理设施的故障零件或机器的到达等都可以认为是该种到达方式。

(3)更新到达。

更新到达意为顾客到达间隔为相互独立、相同分布的随机数,但是不一定是指数分布,所以更新到达的过程与泊松到达过程相比更具一般性。在正常情形下,机器故障的发生常常用这类假设,连续两次故障间隔即为一到达间隔。

表3.2为某机器发生故障的概率分布表,每一次的故障发生相互独立,但符合相同分布的随机数。

表3.2 故障发生的概率分布表

故障间隔/h	100	140	145	150	155	160	165	170	175	180	200
频率	0.01	0.03	0.06	0.10	0.15	0.30	0.15	0.10	0.06	0.03	0.01

(4) 成批到达。

在实例中经常出现成批到达的情形,如超市进货通常是一次到达许多;出站的旅客也总是一次下来很多;连环车祸也可视为成批到达。到达的批量可以是常数,也可以是随机数。

(5) 非平稳到达。

在某些情形下,到达速率可以随时间而变化。典型的实例是交通问题和电信问题。在上下班时间,出行车辆剧增,到了下半夜,出行车辆寥寥无几。类似的,在白天上班时间电话的使用频率也比夜间高得多。在数学模型里这类问题通常假设到达速率是时间的函数。到达速率与时间相关的称为非平稳到达,而与时间无关的称为平稳到达。

(6) 依态到达。

依态到达指到达速率随服务系统状态的不同而不同。生意清淡的饭店难以吸引顾客,而宾客盈座的酒店也会使人不愿久候而转往他家。在这些情形下,到达速率都与队列长度有关。

(7) 连续到达。

以上列举的都是假设顾客的到达间隔是离散的情形,而有些排队问题(如水库管理),顾客的到达间隔则是一个连续变量。有时,也可以把离散到达假设为连续到达以简化计算。例如可以将城市马路上数量庞大、川流不息的车辆视为流体,将它们的到达过程视为连续的到达。

3.1.2 服务台服务过程

服务台服务过程通常可以用服务时间长度的分布来表示,或者用单位时间内可以完成服务的平均次数(也称为服务速率)来表示。服务时间可以是常数或是随机的。

与顾客到达过程类似,服务台服务过程也存在多种形式:

(1) 服务时间可能是定长的,比如按时间收费的游乐项目(儿童碰碰车)。

(2) 服务可以是单个进行的,也可以是成批进行的。比如一个理发师在同一时间段内只可以为一位顾客服务,而一个导游却可以同时为多个游客提供服务。

(3) 服务时间可能是平稳的,也可能是非平稳的。比如机器加工零件的过程往往是平稳的,而服务员可以在服务过程中不断学习,服务速率可以随着时间推移而提高,其服务时间会随着不断学习而逐渐缩短,属于非平稳过程。

(4) 服务可以是状态相依的。比如一个服务员在排队人数增多的时候可能会加速工作,从而减少了服务时间,而在排队人数较少的时候,可能会不自觉地放慢工作速度,从而增加了服务的时间。

排队长度的概率分布是到达过程和服务过程这两个分离过程的综合结果,在大部分情况下都假设这两者是相互独立的。因此,顾客到达速率和服务台服务速率之间的关系是衡量服务系统负荷的重要指标。

3.1.3 排队规则

排队行为是指在队列中等待服务开始的顾客行为。在一些场合下,刚刚到达的顾客可能因为队列太长而选择离开,也可能由于发现当前所排队列移动太慢而另选一个相对较快的队列,或者鉴于特殊情况需要紧急服务,甚至会不遵守公共秩序而夹塞到等待队列中。

而在理论上,顾客排队行为可以分为等待制、损失制和混合制三种。当顾客到达时,在所有服务台皆被占用的前提下,如果顾客选择排队等待,则为等待制;如果此时顾客选择立即离去,则为损失制;如果因为系统留给顾客排队等待的空间有限,导致超过所能容纳人数的顾客必须离开系统,那么此时则为混合制。

排队规则是当服务台变成空闲状态时,服务台选取某位等待服务的顾客为其提供服务的规则。服务台可以从当前(一条或多条)等待队列中按规则选择某位顾客,甚至也可以从无序顾客群体中按既定规则挑选顾客为其提供服务。

对于服务系统而言,因为顾客自主的排队行为不属于系统的可控因素,所以一般情况下着重讨论服务台选取顾客的排队规则。

常见的排队规则包括以下几点。

1. 先到先占(FIFO)

先到先占是最常见的一种排队规则。先到服务台的顾客有优先占用服务台的权利,例如超市结账的队列属于先到先占的排队规则。对于一个先到先占排队规则的队列,服务开始的顺序与到达的顺序是一致的,然而由于服务时间不同,顾客离开系统的顺序可能是不同的。比如,在有多个理发师的理发店里,顾客约定只排一个队列,这时排队规则为先到先占,但顾客离开理发店的时间会因其进入理发店的顺序有所变化。

2. 优先占用(PR)

优先占用规则将到达服务台的顾客按照优先权分成几类,优先权高者先占用服务台,例如医院的急救服务。在这种排队规则下,顾客占用服务台的顺序与他们到达系统的顺序无关。因为可能存在后到先占,所以占用服务台过程又可进一步分为"抢占"与"非抢占"两种情形。抢占是指优先权高的后来者可以立即占用服务台(不论服务台是否已被占用);非抢占是指后来者必须等到目前占用者完成服务离开服务台后才能占用,而在等待过程中有可能出现优先权更高的顾客继续占用服务台。在允许抢占的情形下,被抢占的顾客再度占用服务台时,通常假设服务由上次中断处继续进行下去。

优先占用在排队问题中有着重要的应用,往往通过优先权安排可以使得服务系统的运行成本降低或减少平均等待时间。例如港口可以安排那些需要时间较短的船只优先进港装卸货物,以减少平均等待时间,这时的优先级别可以设定为卸货时间。

3. 循环占用

在实际中有时无法预知服务时间的长短,这时可用循环占用方法来解决这一问题。所谓循环占用就是让每一个顾客占用服务台的一个固定的时间片,如果时间片用完服务还未完成,那么就将占用者从服务台移至队列末端,等候再次轮到自己占用服务台。在操作系统的 CPU 调度中,普遍采用循环占用方法,以便让每个进程都能公平使用 CPU 资源。

4. 后到先占(LIFO)

后到先占规则在一般排队问题上较为少见,多见于仓储系统和计算机 CPU 调度。比如在超市中,顾客习惯性拿取最前面的商品,而这恰恰是最后才放进去的。在多任务操作系统设计中,一个高优先级的进程(或线程)可以抢占一个低优先级的进程(或线程)的 CPU 控制权,从而在并发状态下实现一个高响应任务。

3.1.4 服务系统结构

一个排队系统由若干个服务台和相互联系的队列组成。根据排队系统的服务台个数以及队列组成,可以区分出以下几种主要的服务系统结构。

1. 单服务台系统

顾名思义,单服务台系统仅有一个服务台。如图 3.2 所示,方块代表服务台,圆圈代表顾客,箭头代表顾客进入或离开排队系统。图中显示队列长度为 4,其中有一个顾客在占用服务台接受服务。这样的系统结构在现实中比较常见,比如只有一个理发师的理发店系统、只有一条跑道的飞机场系统都属于单服务台系统。

图 3.2 单服务台系统

2. 多服务台系统

多服务台系统假定有 n 个完全相同的服务台,到达的顾客可以使用其中任何一个服务台。如果到达者只排一个队列,或者尽管每个服务台有自己的队列但是顾客可以自由转移到另一个队列上,那么该服务系统的排队情形就近似于单服务台系统。如果到达的顾客被依次安排去不同的服务台,那么该服务系统就如同 n 个单服务台系统。

图 3.3 所示为三服务台系统,1、2、3 号服务台是完全相同的,顾客可以随机选择到任意一个服务台接受服务。

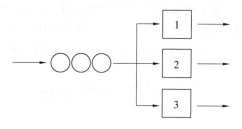

图 3.3 三服务台系统

3. 纵列系统

纵列服务系统由 n 个子服务系统组成,每个子系统为单或多服务台系统,到达的顾客依次进入第一、第二、……、第 n 个子系统。在进入某一个子系统之前必须完成前面各子系统上的服务要求。纵列服务系统最常见于各种生产流水线。

图 3.4 所示的纵列系统包括 3 个子服务系统,其中第一个子服务系统包括 1、2、3 号完全相同的服务台,第二个子服务系统包括 4、5 号完全相同的服务台,第三个子服务系统包括 6 号服务台。顾客可以从 1、2、3 号服务台中随机选择一个接受第一个子系统的服务,然后进入第二个子系统,从 4、5 号服务台中随机选择一个接受服务,最后进入第三个子系统,在 6 号服务台中接受服务。

4. 网络队列系统

网络队列系统由 n 个子服务系统组成网络,从某个子服务系统离开的顾客以一定的概率

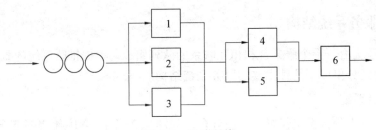

图 3.4　纵列系统

选择要去的下一个子系统。

图 3.5 所示的网络队列系统包括 4 个子服务系统。从第一个子系统离开的顾客进入第二、第三个子系统的概率分别是 0.3、0.7。

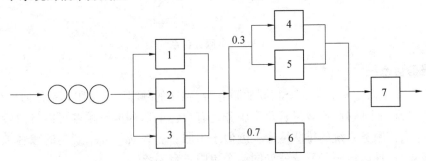

图 3.5　网络队列系统

需要注意的是，在网络队列系统中的每一个子服务系统，到达队列的顾客可能来自另外一个子系统队列，也可能是进入整个网络系统的新顾客；同样的，从一个子服务系统中离开的顾客可能进入另一个子系统队列，也可能直接离开整个网络系统。因此，网络队列系统可视为最具一般性的排队问题。代表性的例子比如计算机网络、柔性制造系统等都属于网络队列系统。

3.2　排队系统标记

为了识别各种不同的排队系统，1953 年 D. G. Kendall 提出了一种被广泛采用的描述多服务台系统的符号体系，标记为 $X/Y/Z$ 的形式，这些字母分别代表以下系统特征：

X——顾客到达间隔时间的分布；

Y——服务时间的分布；

Z——服务台个数。

对于 X、Y 两个参数，常使用的分布类型符号有：

M——指数分布或者马尔可夫分布；

D——常数或者确定性分布；

G——一般独立同分布或任意分布。

例如：M/M/1 表示指数分布的顾客到达间隔（即泊松到达过程）、指数分布的服务时间、单服务台系统。

1971 年，Kendall 将标记扩充为 $X/Y/Z/A/B/C$，X、Y、Z 含义保持不变，字母 A、B、C 分别代表：

A——系统容量；
B——顾客数量；
C——排队规则(先到先占或后到先占等)。

例如：M/M/1/∞/∞/FIFO 表示由单服务台组成的排队系统，该系统顾客到达间隔、服务台服务时间皆为指数分布，系统排队容量、可能的到达顾客数量无限，服务规则为先到先占。一般当 A 和 B 都为无穷大，排队规则遵守先到先占时，可以把它们从标记中省略，即一般默认 X/Y/Z=X/Y/Z/∞/∞/FIFO。

事实上，扩充后的排队系统标记方法不完全适用于 3.1.4 节介绍的服务系统类别。如果不能用符号来表示，一般以文字说明。

3.3 排队系统的稳态性能指标

一般来说，排队系统是一个动态变化的随机服务系统，所以对于某个特定的性能指标而言，在不同时刻测量的结果也是动态变化的。在此将稳态性能指标简单地定义为排队系统在长时间运行时表征的性能指标。

排队系统的稳态性能指标主要有：
(1) 长时间运行时系统中的单位时间顾客数量平均数(L)。
(2) 长时间运行时队列中的单位时间顾客数量平均数(L_Q)。
(3) 长时间运行时每位顾客在系统中花费的平均时间(w)。
(4) 长时间运行时每位顾客在队列中花费的平均时间(w_Q)。
(5) 服务台处于忙碌的时间比率(ρ)。

在这里，"系统"通常用来指等待队列及服务机制，而"队列"仅指等待队列本身，即顾客在系统中的等待时间由两部分组成，一部分为顾客接受服务的时间，另一部分为顾客排队等待的时间。

本节将对一般 G/G/c 排队系统的主要稳态性能指标给出简单的计算实例，并讨论它们之间的关系。

3.3.1 系统中的单位时间顾客数量平均数(L)

考虑如图 3.6 所示的排队系统，横坐标代表时间(单位：min)，纵坐标代表系统顾客数。

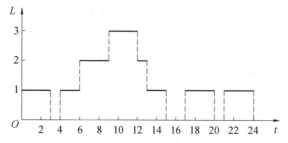

图 3.6 排队系统某时间段内顾客数变化示意图

由图 3.6 知，在[0,24] min 内，系统中有 0 名顾客的总时间 $T_0 = (4-3) + (17-15) +$

$(21-20)=4(\min)$；类似的，系统中有1，2，3名顾客的时间分别为 $T_1=3+2+2+3+3=13(\min)$，$T_2=3+1=4(\min)$，$T_3=3\min$。所以，该排队系统每分钟平均有顾客数 $L=(0\times4+1\times13+2\times4+3\times3)/24=1.25$（人）。

事实上，不管服务台的个数有多少，采取何种排队规则，计算服务系统单位时间的顾客数都可以采取此方法。

根据上面的分析方法，读者可以自行研究队列中单位时间顾客数量平均数。

3.3.2 每位顾客在系统中花费的平均时间(w)

如果假设该系统只有一个服务台，并且采用先到先占排队规则，则图 3.6 中横线的每一次向上跳变都表示一个顾客到达事件，对应的每一次向下跳变都表示一个顾客离开事件。那么可以直接得到：系统在 24 min 内有 6 个顾客到达（图中包括 6 次向上跳变和 6 次向下跳变），其中第 1、5、6 名顾客在系统中花费的时间分别为 3 min、3 min、3 min。所以第 2 个顾客在系统中花费的时间为 8 min（第 4 min 到达，第 12 min 离开），同理第 3、4 个顾客在系统中花费的时间分别为 7 min、6 min。那么每位顾客在系统中花费的平均时间 $w=(3+8+7+6+3+3)/6=5(\min)$。

从图 3.6 中可以直接得到：第 1、2、5、6 名顾客在等待队列中花费的时间均为 0 min（因为该名顾客到达时系统中的顾客数恰好为 0，所以无须等待可以直接接受服务）。第 3 名顾客在等待队列中花费的时间为 6 min（第 6 分钟到达，第 12 分钟接受服务），同理第 4 名顾客在等待队列中花费的时间为 4 min。因此，每位顾客在等待队列中花费的平均时间 $w_Q=(0+0+6+4+0+0)/6=1.67(\min)$。

3.3.3 little 公式（守恒方程）

在图 3.6 所示的系统中，在 24 min 内，有 6 个顾客到达，所以到达速率为 0.25 人/min。根据之前的计算结果，任意时刻系统中的平均顾客数 $L=1.25$ 和每位顾客在系统中花费的平均时间 $w=5$，可知公式为

$$L=\lambda\omega$$

其中，λ 为到达速率。

在不考虑服务台个数、排队规则以及其他特殊情况的前提下，这个关系在所有排队系统和子系统中都是成立的。长期以来从事排队模型的研究者都只是直觉认定此式所表示的关系是正确的，直到 1961 年由 little 第一次做了系统证明。little 公式也称为守恒方程，这个等式表明：在任意时刻，系统中的平均顾客数等于单位时间内到达的顾客数与每个顾客在系统中花费的平均时间的乘积。

在图 3.6 中，平均每 4 min 有一个顾客到达（即到达速率为 0.25 人/min），并且每个顾客平均在系统中花费 5 min，因此任意时刻系统中的平均顾客数为 $(1/4)\times5=1.25$（个）。

little 公式成立的基本要求是系统具有独立性，并可以达到稳态。这里提到的稳态系统是指进入系统的顾客数等于离开系统的顾客数。

可以证明：little 公式在任何调度规则下都成立；little 公式可用于系统的任一部分，只要该部分有客户达到和离开；little 公式可用于系统的任一特定的客户类。

Little 公式是适用于排队系统的一个基本公式，其应用非常广泛。只要排队系统呈现稳态

性,就可以在不需要了解排队系统内部细节(比如顾客到达是独立到达还是成批达到,排队规则是等待制还是损失制,服务系统结构是单服务台还是多服务台等等)的情况下,应用该公式并取得有意义的参数时间平均值。下面举几个例子来说明。

(1) 假设一个地方销售办事处平均有 20 名工作人员,每个员工平均在该办事处服务 4 年,即 $L=20$,$w=4$,那么 $\lambda=20/4=5$(名),也就是说平均每年有 5 名新员工加入该办事处,也平均有 5 名员工离开该办事处。

(2) 假设一个电话局平均每分钟有 200 个电话呼叫,而每次通话时间平均为 3 min,即 $\lambda=200$,$w=3$,那么至少需要设置 $L=\lambda w=200\times 3=600$(条)电话线。如果设置 1 000 条电话线,那么该电话局系统利用率为 $600/1\,000=60\%$。

(3) 假设一个图书馆每天平均借出 100 册图书,每册书的平均借期为 1 周,即 $\lambda=100$,$w=7$,如果该图书馆共有藏书 1 000 册,那么留存在该图书馆的书籍平均为 $1\,000-100\times 7=300$(册)。

3.3.4 服务台处于忙碌的时间比率(ρ)

服务台处于忙碌状态所占时间的比例称为服务台利用率,记作 ρ。由图 3.7 所示系统的服务台利用情况可知,在服务台接受服务的实际顾客数要么是 0 要么是 1,其中横坐标代表时间(单位:min),纵坐标代表接受服务的顾客数。在这个例子中,服务台利用率 $\rho=20/24=5/6$。

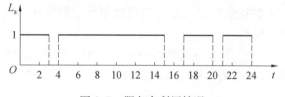

图 3.7 服务台利用情况

可以证明,在一个单服务台队列中,长时间运行下的服务台利用率 ρ 等于平均到达速率 λ 除以平均服务速率 μ。单服务台队列要想达到稳定,到达速率 λ 必须小于服务速率 μ,即

$$\lambda<\mu \text{ 或 } \rho=\frac{\lambda}{\mu}<1$$

如果到达速率大于服务速率($\lambda>\mu$),则服务台会越来越滞后。经过一段时间之后,服务台就会始终处于忙碌状态,而且等待队列长度也会以单位时间($\lambda-\mu$)个顾客的速率增长。对于一个稳定的单服务台系统($\lambda<\mu$ 或 $\rho<1$)来说,长时间运行下的性能指标(L,L_Q,w,w_Q)是被明确定义的并且是有意义的。而对于不稳定的系统($\lambda>\mu$)来说,长时间运行下的服务台利用率为 1,并且长时间运行下的平均队列长度是无穷大。因此,这些性能的长时间运行(稳态)指标对于不稳定队列来说是没有意义的。

假设一个有 c 个相同的服务台并行工作的排队系统($G/G/c$),到达的顾客随机选择服务台(只要有服务台处于空闲状态),顾客到达的速率为 λ,每个服务台的服务速率为 μ。当所有服务台都处于忙碌状态时,服务速率达到最大值 $c\mu$。为了使系统达到稳定,顾客的到达速率 λ 必须小于最大服务速率 $c\mu$。处于忙碌状态的服务台的平均数 $L_S=\lambda/\mu$,显然 $0\leqslant L_S\leqslant c$。稳态下的服务台平均利用率 $\rho=\lambda/(c\mu)$,其中 $0\leqslant\rho\leqslant 1$。

又如,在一个火车票售票点,顾客随机到达的速率为 60 人/h,有 3 名职员为顾客服务,每个职员的服务速率平均为 40 人/h,那么在稳态下每个职员的平均利用率为 $\rho=\lambda/(c\mu)=60/(3\times40)=0.5$,处于忙碌状态的职员的平均数为 $L_s=\lambda/\mu=60/40=1.5$(人)。即在稳态下平均每名职员 50% 的时间在忙于为顾客提供服务,管理者可以考虑减少职员人数。而要想使系统达到稳定,职员人数至少需要满足 $c>(\lambda/\mu)$,即 $60/40=2$(人)。因此在管理者减少一个职员的情形下,系统仍然是稳定的。这里需要注意的是,一个处于稳态的系统仍然可能具有高波动性(比如常用的指数分布就具有相当大的波动性,因为标准差总是等于均值),并且可能具有很长的等待队列。

评价一个排队系统要以顾客与服务机构两方面的利益为标准。从顾客角度讲,等待时间或逗留时间越短越好,从而希望服务台个数尽可能多,但从服务机构角度讲,增加服务台数就意味着增加投资,过多了会造成浪费,过少会引起顾客的抱怨甚至失去顾客。增加多少比较好呢?顾客与服务机构对排队系统中的 3 个指标:系统单位时间顾客数量的平均值、顾客在系统中花费的平均时间、服务台的利用率都很关心。因此这 3 个指标也就成了排队理论的主要研究内容。

3.4 马尔可夫稳态模型

所谓马尔可夫模型是指到达事件服从单位时间有 λ 个顾客到达的泊松过程(即假定到达间隔时间服从均值为 $1/\lambda$ 的指数分布),服务时间也服从指数分布(M)或任意分布(G),排队规则服从先到先占规则的模型。

为了深入理解马尔可夫模型,首先简要回顾一下关于指数分布的数学知识。

根据概率论,一个指数分布的概率密度函数为

$$f(x;\lambda)=\begin{cases}\lambda e^{-\lambda x}, & x\geqslant0\\ 0, & x<0\end{cases}$$

累积分布函数可以写为

$$f(x;\lambda)=\begin{cases}1-\lambda e^{-\lambda x}, & x\geqslant0\\ 0, & x<0\end{cases}$$

期望值为

$$E[x]=\frac{1}{\lambda}$$

也就是说:如果你平均每个小时接到 10 次电话,那么你预期等待每一次电话的时间是 6 min。

方差为

$$D[x]=\frac{1}{\lambda^2}$$

许多电子元器件的寿命分布一般服从指数分布。有些系统(高可靠性的复杂机器)的寿命分布(如计算机系统的平均故障间隔时间 MTBF)也近似服从指数分布。它在可靠性研究中是最常用的一种分布形式。一般来说,如果产品失效是因为偶然因素,那么其寿命就服从指数分布。

例如,一种电池标称可以充放电 1 000 次(平均寿命),但实际上,很多充放电次数数倍于

1 000次的电池仍然能够正常使用,也有很多电池使用几次就坏了。这是正常的,不是生产商欺骗人,而是因为指数分布方差非常大,导致已经使用的时间可以忽略不计。也就是说,随机取一节电池,它还能继续使用100次的概率,在理论上与这节电池是否使用过或者与曾经使用过多少次是没有关系的。

具体来说:如果 x 是某一元件的寿命,已知元件已经使用了 s h,那么它总共能使用至少 $(s+t)$ h 的条件概率,与从开始使用时算起它至少能使用 t h 的概率相等。这就是说,元件对它已使用过 s h 是没有记忆的。

指数分布的一个重要特征就是无记忆性(Memoryless Property),即条件概率满足:
$$P(T>s+t \mid T>t) = p(T>s) \text{ for all } s,t \geq 0$$

因为指数分布是无记忆的(在长度为 s 的将来时间区间内到达的概率与过去的到达是无关的,即到达概率只取决于时间区间长度 s),所以马尔可夫模型也呈现无记忆性。这种"已知现在则将来与过去独立"的特性称作马尔可夫特性,该特性可以简化许多问题,使得研究者只需要注意连续两个时刻随机变化的关系,而无须注意不同时刻是如何随机变化的。

事实上,有很多应用问题呈现无记忆性。例如一个家庭今年存有多少钱,那么该家庭明年还能存有的钱数多半和这个家庭去年存有钱数无关。在排队系统中,已知某时刻的队列长度,那么 10 min 之后队列有多长与 10 min 之前队列有多长是无关的。因此马尔可夫模型是一种非常重要的排队模型。

下面讨论一个常见的马尔可夫过程:M/M/1 队列。为了使本节讨论的 M/M/1 队列达到稳态(系统处于某一个给定状态的概率与时间无关),充分必要条件是服务台利用率 $\rho = \lambda/\mu < 1$。因为对于指数分布来说,均值和标准差相等,所以当一个队列的服务时间的均值和标准差大致相等时,通常会使用 M/M/1 队列作为有用的近似模型。

对于 M/M/1 队列来说,假设顾客到达速率为 λ,服务台服务速率为 μ,则相关稳态参数的计算公式如下:

①服务台利用率为
$$\rho = \frac{\lambda}{\mu}$$

②系统中的单位时间顾客数量平均数为
$$L = \frac{\lambda}{\mu - \lambda} = \frac{\rho}{1-\rho}$$

③队列中的单位时间顾客数量平均数为
$$L_Q = \frac{\lambda^2}{\mu(\mu-\lambda)} = \frac{\rho^2}{1-\rho}$$

④每位顾客在系统中花费的平均时间为
$$w = \frac{1}{\mu - \lambda} = \frac{1}{\mu(1-\rho)}$$

⑤每位顾客在队列中花费的平均时间为
$$w_Q = \frac{\lambda}{\mu(\mu-\lambda)} = \frac{\rho}{\mu(1-\rho)}$$

⑥系统中恰好有 n 个顾客的稳态概率为

$$P_n = \left(1-\frac{\lambda}{\mu}\right)\left(\frac{\lambda}{\mu}\right)^n = (1-\rho)\rho^n$$

假设一个单座、男女皆宜的美发店,其中顾客的到达时间间隔和服务员的服务时间都服从指数分布。λ 和 μ 的值分别是 6 个/h 和 10 个/h,即顾客平均到达间隔时间为 10 min,理发的平均服务时间为 6 min。根据上面的公式可以得到以下结论:

服务台的利用率:$\rho = \dfrac{\lambda}{\mu} = \dfrac{6}{10} = 0.6$(即 60%)。

美发店中有 0 个顾客的概率:$P_0 = (1-\rho)\rho^n = (1-0.6) \times 0.6^0 = 0.4$。

美发店中有 1 个顾客的概率:$P_1 = (1-0.6) \times 0.6^1 = 0.24$。

美发店中有 2 个顾客的概率:$P_2 = (1-0.6) \times 0.6^2 = 0.144$。

美发店中有 2 个以上顾客的概率:$P_{>2} = 1 - \sum_{n=0}^{2} P_n = 1 - 0.4 - 0.24 - 0.144 = 0.216$。

系统中的单位时间顾客数量平均数:$L = \dfrac{\lambda}{\mu-\lambda} = \dfrac{6}{10-6} = 1.5$(人/min)。

队列中的单位时间顾客数量平均数:$L_Q = \dfrac{\rho^2}{1-\rho} = \dfrac{0.6^2}{1-0.6} = 0.9$(人/min)。

每个顾客在系统中花费的平均时间:$w = \dfrac{1}{\mu-\lambda} = \dfrac{1}{10-6} = 0.25$(h)。

每个顾客在队列中花费的平均时间:$w_Q = \dfrac{\lambda}{\mu(\mu-\lambda)} = \dfrac{6}{10 \times (10-6)} = 0.15$(h)。

以上这些参数都是评价一个队列的重要参数。

3.5 数学分析及应用

分析者在优化排队系统时,通常总是在提高服务台利用率和提高顾客满意度(减少顾客等待时间)之间权衡。在 3.3 节中提到,提高顾客满意度往往意味着需要增加服务台的数量,这将提高服务成本;提高服务台利用率意味着顾客等待时间过长从而导致顾客流失,这将降低服务收益。所以分析者需要对排队系统的典型指标(包括服务台利用率,等待队列长度以及顾客的等待时间等)进行量化分析,从而为改造或设计一个期望的服务系统提供科学依据。服务系统所谓的"期望"行为主要取决于系统本身提供服务的目的。例如,一个企业对于所购买的昂贵设备一般要求高使用率以降低单位分摊的固定成本;对于紧急救援系统(例如救护车)来说,低使用率可以保证在紧急事故发生时能够即刻提供服务;而对于公共服务系统(如交通线)来说,为了避免过度拥挤,一般来说可能特别看重等待队列的长短。

对于一些相对简单的排队系统来说,排队模型的性能指标可以通过数学方法求解。尽管模型假设并非严格成立(假设简化),但是容易解析处理的数学模型对于系统性能的评价还是十分有价值的。另外,数学模型对于深入理解排队系统的稳态行为以及不同性能指标之间的关系是非常有帮助的。

数学排队模型的重要应用之一是用来确定一个服务中心所需服务台个数的最小值。通常,如果到达速率 λ 和服务速率 μ 已知或者可以估计,则可以使用简单不等式 $\lambda/(c\mu) < 1$ 得到该服务中心所需服务台个数的初始估计值。对于由多个服务中心组成的大系统,使用仿真的方法对每个服务中心所需服务台个数进行估计将会花费大量的时间,因此一般采用数学分析

进行粗略估计,从而大大缩短仿真计算的时间。

数学排队模型的另外一个重要应用是将从简单排队指数模型(M/M/1)中获得的知识应用于更为复杂的系统。服务台服务时间和顾客到达时间间隔的变化通常会导致等待队列和拥塞发生。对于大多数系统,到达速率的增加、服务速率的减少、服务时间和到达间隔时间的波动变大都会使系统变得更为拥堵。减少系统拥堵的方法有增加服务台的个数和减少服务时间的平均值/波动。简单排队指数模型非常有助于对这些关系进行量化,并有助于对系统设计的选择进行评估。

在求解复杂排队模型时,经常需要相当高深的数学知识。由于本书主要作为本科生教材,所以本章不研究排队中的数学理论,而是仅仅介绍与管理系统模拟相关的"初等数学"基础,讨论其中一些著名的模型。

3.6 数学分析与模拟分析关系

排队模型在服务设施、生产及物料储运系统、电话及通信系统和其他许多因资源稀缺而发生拥塞和竞争的场合下有着广泛的应用。对于一个复杂系统,可以使用模拟的方法生成一组或者若干组人工历史数据,使用这些模拟生成的数据可以转而评价系统的各种理想性能指标。常见的性能指标包括单位时间顾客数量平均数、每位顾客在系统中花费的平均时间、每位顾客在队列中花费的平均时间、服务台处于忙碌的时间比率等。

排队理论和模拟分析都可以对系统的性能指标进行预测。事实上如果可能,研究者总是会通过一个简化的数学模型进行数学分析,从而获得对系统性能的近似评价,以此作为评价系统特性的粗略指导;然后再通过一个具体的、更接近实际的模拟模型来提高对系统性能的评价结果精度。与使用模拟模型相比,数学分析可以节省大量的时间和成本。

数学分析提供了模型参数的真值,而模拟分析则给出了参数的统计估计值。一方面,对于复杂系统,模拟模型通常比数学模型更可信,另一方面,如果分析者对于一个较短时期、并且给定某些特定初始条件(如初始服务台空闲并且队列为空)的队列瞬态行为感兴趣,此时分析工具应当采用瞬态数学分析方法。

需要注意的是,虽然某些队列的稳态行为存在简单的公式,但是在应用模拟生成数据来估计系统的稳态性能指标时,分析者必须能够识别和处理初始条件对稳态性能估计值可能产生的恶化影响。如果初始条件不能代表稳定状态或者仿真运行的时间太短,这些估计值将会出现严重的偏差(过高或过低)。

总之,数学分析和模拟分析在各自的适用领域均可以完成对排队系统的分析工作并取得满意结果。两者既可以独立工作,又可以匹配工作。相对数学分析而言,模拟分析在软件支持下变得更具有方便性和通用性。即使在无法利用数学分析的复杂情形下,模拟分析也可以在有限时间内估计出排队系统的性能指标。

本 章 习 题

1. 某售票点只有一个售票员,平均每小时有 4 名顾客来购票,售票时间平均 6 min。求:
(1) 售票员空闲时间概率。

（2）售票点内顾客平均数。

2. 平均每小时有 10 辆汽车到达某高速路加油站，汽车到达间隔满足泊松分布。每辆汽车的加油时间服从平均值为 5 min 的指数分布。包括正在加油的汽车在内，加油站的场地可容纳 3 辆汽车，其余的汽车在场地外面等候。求：

（1）该加油站的利用率。

（2）到达的汽车能够直接开到场地加油的概率。

（3）到达的汽车必须在场地外等候的概率。

（4）到达的汽车在加油站平均花费的时间。

（5）到达的汽车在加油前平均等待的时间。

3. 一个汽车保养中心有一个工作人员负责洗车，每次需要完成四个步骤：上肥皂、漂洗、烘干和吸尘。完成每个步骤所需要的时间都服从均值为 9 min 的指数分布，只有在前一辆车完成了所有四个步骤之后，下一辆车才能进入系统。平均每隔 45 min 就有一辆车到达保养中心，并且这个到达过程是一个泊松过程。试计算每辆车的平均等待时间、系统中车辆的平均值以及每辆车在系统中花费的平均时间。

第 4 章

输入数据的分析

4.1 概 述

在第 2 章的例子中,总是先假设已知顾客的到达间隔时间和顾客的服务时间,因为只有这样才能利用计算机进行模拟。实际上对于所模拟的系统,这些数据我们常常是不知道的。首先,我们模拟的系统大多是不存在的,即使存在,系统的环境也可能有很大的变化,因此想获得该系统足够多的数据是十分困难的;其次,对某系统进行计算机模拟所用到的这类数据并不是几十个或几百个,常常是上万个甚至几十万个,即使可以从现实的某个系统中采集到一些数据,但这往往是不够的。总之我们必须寻找一种办法,这种办法应在理论上是可行的,在实际上又是可操作的。

在计算机模拟中需要事先知道的数据,比如顾客的到达间隔时间和顾客的服务时间,我们统称为系统模拟的输入数据。对于不同的系统,其输入数据的种类和数量是不同的,但它们具有一个共性,即它们都属于某个随机过程,都是随机变量(因为常量我们不难获得)。为了得到这些数据,最好的办法是能利用一种方法来确定该随机变量的概率分布,然后再利用所选定的概率分布的规律来产生所需数据。这样所产生的数据不仅与所需数据是相同的分布,在理论上可行,而且绝对可以满足所需要的数量。本章重点介绍系统模拟输入数据概率分析的方法和步骤。读者对此可能已经有了一种认识:输入数据概率分析在模拟技术中是一个举足轻重的环节,没有这个过程,或这一过程做得不规范,整个模拟的质量是很难保证的。

对模拟系统输入数据进行概率分析就是通过科学的、规范的方法,合理地确定各种输入数据的概率分布(比如理发点模型中的 A_i、S_i 等的概率分布)。有了各类数据的概率分布才能用适当的方法产生合适的、足够多的输入数据,进而才能进行模拟。不然就无法获得大量的数据来进行模拟,而少量的数据是不能实现模拟目标的。

4.1.1 输入数据常见的概率分布

对于管理系统模拟来说,我们常常需要离散事件产生的时间。为了使读者更好地"消化"本章的内容,这一节简要介绍管理系统中常用的一些概率及其分布。

管理系统中常用的概率分布可以分成两类,一是连续型概率分布,二是离散型概率分布。属于连续型概率分布的有:

(1)均匀分布。

(2)指数分布。

(3)正态分布。

(4)伽马(Gamma)分布。

属于离散型概率分布的有：

(1)二项分布。

(2)泊松分布。

表4.1给出了常用分布的密度(密集)函数、分布函数及其他参数以供参考。

表4.1 常用分布的密度(密集)函数、分布函数及其他参数

分布名称	均匀分布 (Uniform)	指数分布 (Exponential)	正态分布 (Normal)	泊松分布 (Poisson)
密度(密集)函数	$f(x)=\dfrac{1}{b-a}$ $(a \leqslant x \leqslant b)$	$f(x)=\dfrac{1}{\mu}e^{-x/\mu}$ $(x \geqslant 0)$	$f(x)=\dfrac{1}{\sqrt{2\pi}\sigma}e^{-(x-\mu)^2/2\sigma^2}$ (所有实数x)	$P(x)=\dfrac{e^{-\lambda}\lambda^x}{x!}$ $(x \in \{0,1,2\})$
分布函数	$F(x)=\dfrac{x-a}{b-a}$ $(a \leqslant x \leqslant b)$	$F(x)=1-e^{-x/\mu}$ $(x \geqslant 0)$	无合适公式	$F(x)=e^{-\lambda}\sum_{i=0}^{\lfloor x \rfloor}\dfrac{\lambda^i}{i!}$ $(0 \leqslant x)$
范围	$[a,b]$	$[0,\infty]$	$(-\infty,\infty)$	$\{0,1,2,\cdots\}$
均值	$\dfrac{a+b}{2}$	μ	μ	λ
方差	$\dfrac{(b-a)^2}{12}$	μ^2	σ^2	λ
最大似然法则	$\hat{a}=\min\limits_{1 \leqslant i \leqslant n} x_i$ $\hat{b}=\max\limits_{1 \leqslant i \leqslant n} x_i$	$\hat{\mu}=\bar{x}(n)$	$\hat{\mu}=\bar{x}(n)$ $\hat{\sigma}=\left[\dfrac{n-1}{n}s^2(n)\right]^{1/2}$	$\hat{\lambda}=\bar{x}(n)$

除上述理论概率分布外，还有一种由已知数据建立的经验分布。这种按实际数据构成的分布不能用来产生已知数据范围以外的任何数据，这与系统的随机过程的特性又不相符，因此它的应用范围很小。经验分布的分布函数为

$$F(x)=\frac{i-1}{n-1}+\frac{x-x_{(i)}}{(n-1)(x_{(i+1)}+x_{(i)})}$$

其中，$x_{(i)}$与$x_{(i+1)}$分别为已知n个数据中的第i个和第$i+1$个数据，$i=1,2,\cdots,n$。n为已知数据的个数。当$x<x_{(1)}$时，$F(x)=0$；当$x \geqslant x_{(n)}$时，$F(x)=1$。

显然这是一条折线函数，各个数据点之间的数据是用线性内插法来计算的。

4.1.2 输入数据概率分析的步骤

下面介绍输入数据概率分析的步骤。我们这里讲的是用于计算机模拟输入数据的分析，因此可能具有一定的局限性。但是下面介绍的步骤是十分规范的，在国内外的大量书籍中都

已提及,在这里仅是力图以我们自己的语言来归纳说明,并举出相应实例,读者完全可以按介绍的步骤逐步练习,最终掌握这门技术。

输入数据概率分析的基本步骤如下:

(1)按系统研究的目的和模型确定输入数据项目。也就是首先要了解系统中有哪些随机过程,有哪几类数据属于输入数据,譬如:单窗口排队系统有个随机过程,即也有两类输入数据——顾客到达间隔时间和顾客的服务时间;汽车转运站系统可能会有五个随机过程,也就有五类输入数据,即汽车到达间隔时间、调度等待时间、装车时间、汽车故障间隔时间及处理时间。每一类数据都要按下列步骤进行分析,找到它们的概率分布。

(2)分析每类输入数据的特性、环境,研究采集方法,编制采集计划,进行数据采集。

(3)对采集的各类数据进行分析,确定数据所属的概率分布族。

(4)确定各类分布的参数。

(5)进行拟合优度检验。

(6)给出结论,确定各类数据的拟合分布。

4.2 数据的采集与处理

在对系统进行认真地调查和分析后,可以确定系统模拟需要输入的数据种类及其大致的特性。对于其中具有随机性质的数据要进行进一步的分析,经过假设、检验并最后确定它的拟合分布。而输入数据分析的第一步应是采集数据,或者进行某些专门的实验来获得数据。

为了分析一组数据的分布规律,一般应先掌握这一类型的大量数据才能进行分析工作。数据的采集可以在所模拟的现实系统中进行,也可以在所模拟系统的相近系统中进行。当然采集数据的环境与所模拟的系统环境越相似越好,这常常是很难办到的。因此数据的采集有时要耗费大量的时间和经费。数据采集工作是一项具有科学性的工作,为此有专门的书籍讲解数据的采集与分析。这一工作的基本步骤和要求如下:

(1)研究采集方法,编制采集计划。根据各类数据所处的环境和所具有的特点,编制不同的采集计划。计划应包括采集的地点、时间、负责人员、记录方法及其所需要的仪器和工具等。还应估计到采集过程中可能出现的、会给数据采集工作带来影响的情况,并一一制订预防和处理措施。

(2)设计和绘制数据采集表格。数据采集过程中数据的记录十分重要,如果事先没有进行充分的准备,常常会出现措手不及的情况。一般情况下,应按需要和数据采集的方法事先设计好数据采集表格,如果各采集点的时间是事先确定的,则应将采集时间也在表格中填好,以节省时间,避免影响观测。如果是委托他人代理采集数据,表格中还应详细注明各项要求和注意事项。

(3)数据的采集地点和时间不应随意确定,应按研究目的和系统不同时段的特点选定。一般来讲,数据采集的开始时间、终了时间及总时间应事先定好,不宜到现场后再定,尤其是不能在开始采集工作时才开始记时,如果采集时间较短,这样做会给结果造成很大误差。

(4)在采集任务较重时,要按计划分组采集。对于十分重要的数据要注意应在相同的时间段采集多次。

(5)每次数据采集结束后,进行数据整理。记录不清楚或有明显错误的地方要立即修改或重新采集。要注意不正常的记录数据,如果有不可靠的表征,最好重新进行采集。

(6)一般情况下,数据采集工作结束后,要立刻利用计算机对所采集的数据进行粗略地分析,采用绘制图形的方法是最直观的。

(7)采集的数据经整理后要认真存档,作为原始数据,它具有十分重要的意义。

表4.2是某银行汽车服务窗口的219个汽车顾客到达间隔时间的数据。作为例题,我们将在后面对这组数据进行分析,并最后确定它的概率分布。

表4.2 某银行汽车服务窗口顾客到达间隔时间数据

0.01	0.05	0.10	0.20	0.29	0.45	0.57	0.93
0.01	0.06	0.10	0.21	0.29	0.45	0.60	0.95
0.01	0.06	0.11	0.21	0.30	0.46	0.61	0.97
0.01	0.06	0.11	0.21	0.31	0.47	0.61	1.03
0.01	0.06	0.11	0.21	0.31	0.47	0.63	1.05
0.01	0.07	0.11	0.21	0.32	0.47	0.63	1.05
0.01	0.07	0.11	0.22	0.35	0.48	0.64	1.06
0.01	0.07	0.12	0.22	0.35	0.49	0.65	1.09
0.02	0.07	0.12	0.22	0.35	0.49	0.65	1.10
0.02	0.07	0.12	0.23	0.36	0.49	0.65	1.11
0.03	0.07	0.12	0.23	0.36	0.49	0.69	1.12
0.03	0.07	0.13	0.23	0.36	0.50	0.69	1.17
0.03	0.07	0.13	0.23	0.37	0.50	0.70	1.18
0.04	0.07	0.14	0.23	0.37	0.50	0.72	1.24
0.04	0.07	0.14	0.24	0.38	0.51	0.72	1.24
0.04	0.08	0.14	0.25	0.38	0.51	0.72	1.28
0.04	0.08	0.14	0.25	0.38	0.51	0.74	1.33
0.04	0.08	0.15	0.25	0.38	0.52	0.75	1.38
0.04	0.08	0.15	0.25	0.38	0.52	0.76	1.44
0.05	0.09	0.15	0.25	0.39	0.53	0.77	1.51
0.05	0.09	0.15	0.26	0.40	0.53	0.79	1.72
0.05	0.10	0.15	0.26	0.40	0.53	0.84	1.83
0.05	0.10	0.15	0.26	0.41	0.54	0.86	1.96
0.05	0.10	0.17	0.26	0.41	0.54	0.87	
0.05	0.10	0.18	0.26	0.43	0.55	0.88	
0.05	0.10	0.19	0.27	0.43	0.55	0.88	
0.05	0.10	0.19	0.28	0.43	0.56	0.90	
0.05	0.10	0.19	0.28	0.44	0.57	0.93	

注:本表数据共219个,由小到大排序。

4.3 数据分布的分析与假设分布族

数据采集工作结束后,即进入数据分析阶段。这一环节的工作是利用概率和数理统计理论对采集的数据或通过实验获得的数据进行分析,以找到这些数据变化的统计规律,并最终确定输入数据的拟合概率分布。首先,摆在我们面前的第一个问题是给已有的数据拟合一个理论分布,还是建立一个经验分布。

解决这一问题的原则是先观察数据是否接近某个理论分布,换句话说,我们总是希望为已知数据拟合一个理论分布,而尽可能不采用经验分布。原因如下:

(1)理论分布不仅可以表现已知数据的基本特性,更重要的是它可以表现本系统中未被采集的所有数据的特性。因此用拟合的理论分布来产生用于模拟的数据是十分理想的。

(2)现实世界中大多数管理系统内的各类随机过程都有一定的概率分布规律,现代概率与数理统计学已经对常见的随机过程进行了十分全面的研究,从而总结出多种理论分布。一般情况下,如果数据是按要求采集的,我们总是可以为其找到一个拟合的理论分布。

(3)利用理论分布来产生模拟所用数据的另一个好处是它几乎可以产生无限量的数据,从而满足长时间模拟的需要。

如果经过努力找不到一个合适的理论分布,我们可以利用已有的数据建立一个经验分布。建立经验分布的方法见4.1.1节给出的公式。下面我们重点介绍为已知数据确定拟合理论分布的方法。

首先,我们应为已知数据假设一组分布族,也就是先观察这组数据接近哪种理论分布。为此,可先按科学的方法和绘图手段对数据进行分析,寻找接近其分布规律的理论分布。一旦发现有比较接近的理论分布,就假设其为拟合理论分布族,最后再利用统计检验的手段来判断其数据是否符合这一分布。

选择这些科学的方法和数据分析手段,首先想到的是利用已经积累的经验。经常从事模拟或统计工作的人可能会掌握一定的经验,比如了解某个随机变量在某个系统中的作用,某些系统可能存在哪种随机变量等等。这些经验可以用来为模型选择一个分布,或者至少可以用已有的经验排除一些不合适的分布。比如假设某个服务系统中,每位顾客以一稳定的速率到达,并且在各个非互相重叠的区间中所到达的顾客数目是互相独立的,那么理论上可以认为顾客的到达间隔时间是呈指数分布的随机变量。服务时间不能服从正态分布,因为从正态分布中产生的随机变量有可能是负数。但实际上我们掌握的可用来选择某个理论分布的经验是很少的,满足不了实际的需要,因此我们不得不通过分析采集到的数据或其他观测值来假设一种分布形式。

数据概率分布的分析常利用某种试探法。对于连续型数据和离散型数据,试探法的使用有所不同。由于篇幅所限,且两种数据的分析方法大同小异,我们这里仅讲解连续型数据的分析方法。

常用的试探法有点统计法、柱状图法和概率图法三种,下面分别介绍。

4.3.1 点统计法(Point Statistics)

点统计法是根据某些连续型概率分布的各参数之间存在的一些特殊关系构成的、某些函数可用来判断分布的试探法。这类常用的函数之一是方差(或称偏差)系数:

$$\delta = \sqrt{\mathrm{Var}(x)}/E(x)$$

其中,$\mathrm{Var}(x)$ 为分布的方差,$E(x)$ 为分布的期望值(均值)。

常用连续型分布的方差系数见表 4.3。当计算出方差系数后,根据表中的规律可粗略估计分布的类型。由表 4.3 可见,当计算出的方差系数接近于 1 时,我们就可以认为所分析的数据大约服从于指数分布。显然利用方差系数来估计数据的概率分布是有限的,但这个方法简单,对于指数分布是十分有用的。点统计法通常用来做第一步试探。

表 4.3 常用连续型分布的方差系数

分布	δ	δ 的范围
均匀分布 $U(a,b)$	$\dfrac{b-a}{\sqrt{3}(a+b)}$	$(-\infty,+\infty)$
指数分布 $\mathrm{expo}(\beta)$	1	$\{1\}$
伽玛分布 $\mathrm{gamma}(\alpha,\beta)$	$\alpha^{-1/2}$	>1 (若 $\alpha<1$) = 1 (若 $\alpha=1$) <1 (若 $\alpha>1$)
正态分布 $N(\mu,\sigma)$	σ/μ	$(-\infty,\infty)$

已知收集的 n 个数据为 $x_1,x_2,x_3,\cdots,x_n$,则方差系数的估算方法如下:

均值为

$$X(n) = \sum_{i=1}^{n} x_i/n$$

方差为

$$S^2(n) = \sum_{i=1}^{n} [x_i - X(n)]^2/(n-1)$$

方差系数为

$$\delta = \sqrt{S^2(x)}/X(n)$$

【例 4.1】 利用点统计法对表 4.2 中所列某银行汽车服务窗口顾客到达间隔时间数据(219 个)进行分析,估计其拟合分布族。

【解】 按点统计法原则,应先计算所分析数据的均值、方差和方差系数:

均值为

$$X(219) = \sum_{i=1}^{219} x_i/219 = 0.399$$

方差为

$$S^2(219) = \sum_{i=1}^{219} [x_i - X(219)]^2/(219-1) = 0.144$$

方差系数为

$$\delta(219) = \sqrt{S^2(219)}/X(219) = \sqrt{0.144}/0.399 = 0.951$$

由于方差系数等于 0.951,其值接近于 1,所以参照表 4.3 所给范围,我们有理由假设这组数据呈指数分布族。

4.3.2 柱状图法(Histograms)

柱状图法是利用图形来试探的一种直观方法。通常是根据所采集的数据绘制出它的柱状图,然后将其形状与常见的连续分布密度函数的形状相比较,如果两个图形相似,则可认为所分析的数据与具有相似形状的分布相近。这是利用柱状图与理论分布的密度函数的比较来选择拟合分布的一种方法。

柱状图的绘制很简单,它可以应用于任何分布,方便将数据转换成柱状图等可见图形,从而提供了一种直观比较的试探方法。此外,它也近乎一目了然地反映了所拟合分布密度函数的形状。由于许多计算机绘图软件可以十分方便和准确地绘制柱状图,这一方法应用起来已经十分方便。绘制柱状图可采用手工方法或利用计算机绘图,相关的计算机软件有 Statistics、Axum、Math 及 MS Office-Excel 等。应指出,柱状图的绘制会受到柱状图所采用的分区间宽度的影响,也就是使用不同的区间宽度,所绘出柱状图的形状并不相同。因此一般情况下,给采集的数据绘制柱状图不应仅绘制一张,而可能需要用不同的区间宽度绘制多张,从中挑选比较圆滑的进行试探,这就更需要利用计算机来绘制。

图 4.1 是利用 Excel 软件为表 4.2 中给出的 219 个数据所绘制的柱状图。其中图 4.1(a)所用的小区间宽度为 0.1,而图 4.1(b)采用的小区间宽度为 0.05。对这两张图做对比可知,图 4.1(a)的效果更好,因此我们就可以按图 4.1(a)所示的形状来寻找一个相似的理论分布。柱状图 4.1(a)的形状明显与指数分布的密度函数曲线的形状十分相近,所以我们有理由假设所分析的 219 个数据属于指数分布族。

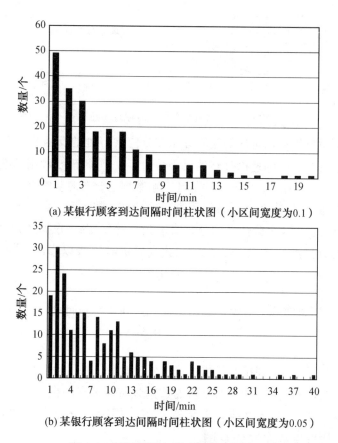

图 4.1 某银行顾客到达间隔时间柱状图

4.3.3 概率图法(Probability Plots)

如上所述,柱状图法可认为是对一对密度函数形状的比较和估计。概率图法则是对一对分布函数的形状进行比较和估计。它将观测数据的分布函数与某个标准分布的分布函数在图形上进行比较,再选择合适的分布。绘制概率图的基本原理示意图如图4.2所示。其中 $G(x)$ 为某标准分布的分布函数曲线,与所有分布的分布函数曲线一样,呈 S 形。$F(x)$ 为所采集的数据的经验分布曲线,仅是一条折线。我们将这两条曲线绘制在同一坐标系中,其目的是比较它们的形状。如果两条曲线大部分接近或重合,则说明这两条曲线所代表的分布相似。反之,对于同一分位点 q_i,如果两条曲线的反函数值 $F^{-1}(q_i)$ 和 $G^{-1}(q_i)$ 相差甚远,则说明两条曲线所代表的分布不是同一分布。按上述原理,我们可以用同一分位点 q_i 上两条曲线的两个值 $F^{-1}(q_i)$ 和 $G^{-1}(q_i)$ 作为二维坐标系上的一个点来绘制曲线(图4.3),如果由点 $[F^{-1}(q_i),G^{-1}(q_i)]$ 所绘出的曲线接近一条直线,则说明在许多点上,这两个值是相近或相同的,也就说明它们可能具有同一分布。

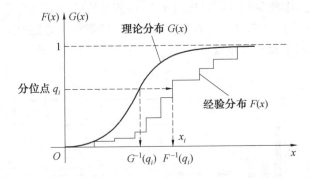

图 4.2 绘制概率图的基本原理示意图

在图 4.2 中,由所分析数据构成的经验分布在分位点 q_i 处的反函数值 $F^{-1}(q_i)$ 就是第 i 个数据 x_i,而对应与同一分位点的理论分布的反函数值 $G^{-1}(q_i)$ 则需要利用标准分布的分布函数的反函数来计算。这说明利用概率图方法估计一组数据的分布时应掌握所对应的理论分布的分布函数的反函数,否则在计算上会遇到困难,必要时需借助于数值分析。对于经验分布函数,一般情况下可认为其第 i 个分位点的分布值 q_i 近似等于 i/n。根据经验分布函数的定义原则,一个分布函数的分位点 q_i 不会等于 1,所以我们对 $q_i=i/n$ 加以修正,采用公式为

$$q_i = \frac{i-0.5}{n}$$

来计算其反函数值。所以实际上概率图是由下面一系列点绘制而成,为

$$\left\{x_i, G^{-1}\left(\frac{i-0.5}{n}\right)\right\}$$

n 是所采集数据的数目,x_i 则是所采集的第 i 个数据。令 $i=1,2,3,\cdots,n$,我们可在图4.3所示的坐标上绘出一系列的点。如果所分析的数据分布与选定的拟合分布是相近的,则由这些点组成的曲线应近似于一条直线。由于概率图是用同一分位点上的两个值 $[F^{-1}(q_i),G^{-1}(q_i)]$ 绘出的图,因此也常称为 Q-Q 图。

在过去手工作业时常使用概率纸绘制概率图,现在利用计算机来绘图已经十分方便。使

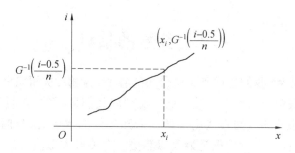

图 4.3 概率图的绘制

用概率图法最大的困难是求得拟合分布的分布函数的反函数。

【例 4.2】 利用概率图法估计表 4.2 中所给 219 个数据的拟合分布。

【解】 由于在例 4.1 中我们已经初步认为指数分布可能是这组数据的拟合分布,所以这里我们先用指数分布来进行试探。根据指数分布的分布函数为

$$G(x) = 1 - e^{-x/\mu} \quad x \geq 0$$

可以求出分布函数的反函数为

$$G^{-1}(q_i) = -\mu \ln(1-q_i)$$

其中,μ 是指数分布函数的均值,q_i 是分位点的值。因为均值 μ 只是一个尺度函数,在这里可以用 1 来代替(这只会影响所绘概率图的斜率),将 q_i 用上述公式代入,可得到

$$G^{-1}(q_i) = -\mu \ln(1-q_i) = -\ln \frac{n-i+0.5}{n}$$

这样概率图应由下列各点绘成:

$$\left\{ x_i, -\ln \frac{n-i+0.5}{n} \right\}$$

图 4.4 是使用 excel 软件绘制的概率图。从图中可见,它近似一条直线。这就再一次支持了指数分布的选择。

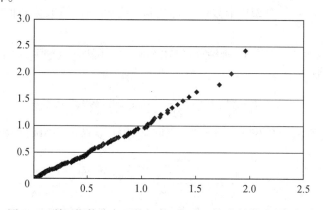

图 4.4 利用指数分布函数与表 4.2 中 219 个数据绘制的概率图

由以上三种方法试探,最后可确定拟合分布的假设分布族为指数分布族。

以上介绍了三种试探方法,通常情况下可以综合使用这三种方法来选择分布族。分布族的假设意味着初步确定了分布类型,而到底是哪一个具体的分布还必须进一步确定,只有在分布的各个参数确定后,才能得到拟合分布的准确公式。

4.4　参数的估计

假设了一个分布族后,我们还要确定该分布的各个参数值,从而完全确定一个可以用于模拟的拟合分布。确定假设分布族的参数时仍然要利用我们采集的、在假设分布族的过程中已经用过的数据。当所观测的数据直接用来计算未知参数的数值时,我们称其为"参数的点估计"。参数的点估计方法的理论依据是最大似然法。有关最大似然法的基本原理这里不多介绍,读者可参考概率与数理统计方面的书籍。最大似然法认为所观测到的一组数据是系统中产生概率最大的一组数据,因此最大似然法通常是先求出选定分布的密度函数,然后利用求导和判断极值的方法,求出使这组数据产生概率最大值时的分布参数。

依据最大似然法,常用分布的参数应按如下公式估计:

①指数分布的均值为

$$\mu = \bar{X}(n) = \frac{1}{n}\sum_{i=1}^{n} x_i$$

②正态分布的均值为

$$\mu = \bar{X}(n) = \frac{1}{n}\sum_{i=1}^{n} x_i$$

方差为

$$\delta = \sqrt{\frac{n-1}{n}S^2(n)}$$

③泊松分布的均值为

$$\lambda = \bar{X}(n) = \frac{1}{n}\sum_{i=1}^{n} x_i$$

其他各类分布的参数估计计算方法可查阅表4.1或有关书籍。

【**例4.3**】　求出表4.2中219个数据所选的拟合分布——指数分布的参数,并写出该分布的密度函数。

【**解**】　按最大似然法,银行汽车服务窗口顾客到达间隔时间(例4.1)的均值可用观测数据的平均值来估算,为

$$\mu = \bar{X}(219) = \frac{1}{219}\sum_{i=1}^{219} x_i = 0.399$$

因此这组数据的均值为0.399。到此为止,我们才初步确定这组数据拟合分布的密度函数为

$$f(x) = \frac{1}{0.399}e^{-x/0.399}$$

参数的估计因分布的不同而异,指数分布仅有一个均值参数,因此我们仅需要计算一个参数既可。而正态分布有两个参数,一个是均值,一个是方差,我们就需要计算两个参数才能确定一个分布。

参数估计值得到后,拟合分布也就基本选定,但是还没有最后确定。这是因为上述所采用的拟合分布的方法多是试探法,其最后结论并不可靠。为了进一步证明所选分布是否正确,还需要对所选分布进行拟合优度检验,以便最后对所选分布做出结论。

4.5 拟合优度检验(Goodness-of-Fit Tests)

依据所观测、采集的数据假设了一个拟合分布族,并估计出该分布的参数后,还必须检验所选定的分布(亦称拟合分布)是否与我们观测的数据相吻合。换句话说,如果我们从选定的分布中采样,是否有可能得到与所观测数据相似的数据呢? 如 $F(x)$ 为拟合分布的分布函数,上述问题可以用下面的假设检验来证明:

H_0:观测数据 x_i 是以 $F(x)$ 为分布函数的 IID 随机变量。

其中 IID 是英文 Independent Identically Distributed 的缩写,是独立同分布的意思。IID 随机变量是指属于此变量的所有数据不仅是同一分布,而且它们完全相互独立。大多数古典统计理论建立在 IID 随机变量的基础上。现实世界中,特别是我们从现实环境中采集的数据很少能满足 IID 的要求,它们或多或少相互关联,因此我们在应用某些古典统计理论来分析这些数据时,要十分注意数据的相关程度。如果其相关程度很强,则不能直接应用古典统计理论,必须经过处理;当其相关程度不显著时,可以直接应用古典统计理论来分析问题,其误差在允许范围内。

上述 H_0 假设检验分析了拟合分布与观测数据的吻合程度,故也称为"拟合优度检验"(Goodness-of-Fit Tests)。拟合优度检验的方法有许多,在介绍这些方法之前,我们不得不简单叙述一下上述假设检验的一般情况和性质。实际上,H_0 可能做不到完全真实,即我们可能得不到观测数据的真正分布。拟合优度检验是试图系统地找出观测数据与拟合分布之间的大体的不同,而且大多数的检验并不十分准确,即它们对数据与拟合分布之间的微小差别并不灵敏。因此当利用上述假设检验一组观测数据而通过时,一般不说可以"接受"这个假设,而是说"不拒绝"这个假设。在这里应强调的是,"不拒绝"H_0 假设与认为 H_0 是真实的、我们"接受"它是不一样的,"不拒绝"假设并不等于"接受"假设。

拟合优度检验的常用方法有直观评估检验、χ^2 检验和 K-S 检验三种。下面分别介绍。

4.5.1 直观评估检验

为了判断拟合分布与所观测数据之间的拟合程度,对于连续型分布情况,可以将其密度函数与数据的柱状图相比较,从形状上看其是否相似;而对于离散型分布情况,可将其密集函数图形与观测数据的线图相比较。这是一种非正式的直观评估检验方式,以严格的统计学观点来看,这并不属于检验。

直观评估检验,是将拟合分布的密度曲线与观测数据的柱状图绘制在同一个坐标系中,用肉眼来比较两个图形的相似程度。在同一坐标系上绘制两个图形要特别注意各图形所采用的参数和比例。

4.5.2 χ^2 检验

χ^2(Chi-Square test)检验是一种最古老的、应用最广泛的拟合优度检验,它属于拟合分布的密度函数与数据的柱状图间更正式的统计比较。χ^2 检验在许多书上都有介绍和应用,这里就不详细介绍其基本原理,为了使读者熟悉 χ^2 检验的方法,下面重点讲授其应用步骤和注意事项。

若已知观测的数据有 n 个,用 $x_1,x_2,\cdots,x_n$ 表示,则 χ^2 检验的步骤如下:

(1) 设定所分的区间数 k,计算理论上落入每个区间的概率 $P_j=1/k$,则理论上落入每个区间的数据个数为 nP_j。

(2) 将观测数据排序。

(3) 按尽量使每个区间的数据数目接近理论概率值 nP_j 的要求分成 k 个相连的区间,并计算各区间的端点 $a_j,j=0,1,2,3,\cdots,k$。由于要满足每个区间的数据数目接近 nP_j 的要求,所以各个区间的宽度并不相等。图 4.5 说明了计算各区间端点的基本原理。由于 a_j 点所对应的分位点是 j/k,所以为了求出 a_j,只能利用分布函数的反函数,为

$$a_j = F^{-1}(j/k)$$

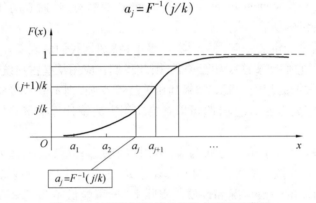

图 4.5 计算各区间端点的基本原理示意图

(4) 计算出每个区间的端点后,再计算落入每个区间数据的点数 N_j。由于 χ^2 检验的结果与所分的区间个数有直接关系,常常需要调整所分区间数目,因此也就需要重新计算区间端点 a_j 和落入每个区间数据的点数 N_j。所以相比人工计数,这些值的计算最好是利用计算机来完成。使用 excel 软件来处理这一过程十分方便。

(5) 当计算出 a_j 和 N_j 之后,就可以计算出 χ^2 的检验统计值,公式为

$$\chi^2 = \sum_{j=1}^{k} \frac{(N_j - nP_j)^2}{nP_j}$$

(6) 按给定的检验水平 α 和此次检验的自由度 $k-1$,从 χ^2 分布表中查出理论上的 $\chi^2_{1-\alpha,k-1}$ 值。

(7) 将 χ^2 的检验统计值与从 χ^2 分布表中查出理论上的 $\chi^2_{1-\alpha,k-1}$ 值进行比较并进行判断,若

$$\chi^2 = \sum_{j=1}^{k} \frac{(N_j - nP_j)^2}{nP_j} \leq \chi^2_{1-\alpha,k-1}$$

则不拒绝 H_0 假设,否则拒绝 H_0 假设。

由于 χ^2 检验的结果与所分的区间个数 k 有直接关系,在一次检验未获通过的情况下,可以调整分区间数目,重新进行检验。在选择区间数目时不应使 nP_j 的值太小,一般对于每个区间 j,应使 $nP_j \geq 5$。采取这个条件的原因是如果 nP_j 值不是太小,χ^2 的真正分布(对于固定的、有限的 n)与它所要趋近的(当 $n\to\infty$ 时)χ^2 分布之间的吻合会更好,使检验更有效。此外,一般来讲,不论 n 多大,建议 k 不大于 30 或 40。关于区间选择的问题,目前尚没有一个严格的原则,这也是 χ^2 检验的主要缺点。

【例 4.4】 利用直观检验法和 χ^2 检验法分别对表 4.2 中的数据及其选定的拟合分布指

数分布进行拟合优度检验。

【解】 利用直观检验法应首先绘制表 4.2 中 219 个数据的柱状图，在 4.3 节中我们已经绘制好，如图 4.1 所示。然后在同一坐标系中按所得的指数分布的密度函数：

$$f(x) = \frac{1}{0.399} e^{-x/0.399}$$

绘制密度曲线。我们可以利用计算机将两张图绘制在一起，或者利用透明胶片绘制图形，然后再叠加在一起进行比较。图 4.6 是用来进行直观评估的图。从图中可见，所用数据的柱状图与拟合分布的密度曲线是十分相近的。因此通过直观检验，我们可以认为上述选定的拟合分布是可行的。

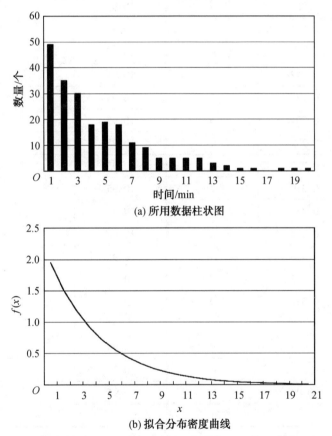

图 4.6 利用直观评估对某银行汽车服务窗口顾客到达间隔时间的拟合优度检验

下面利用 χ^2 检验法对上述数据及其拟合分布进行拟合优度检验。

(1) 首先确定区间数目，为了保证 $nP_j \geq 5$，取 $k = 20$，则 $P_j = 1/20 = 0.05$。因此 $nP_j = 219 \times 0.05 = 10.95$。

(2) 所选定的拟合分布的分布函数为

$$F(x) = 1 - e^{-x/0.399}$$

可求出其反函数为

$$F^{-1}(y) = -0.399 \ln(1-y)$$

(3) 按

$$a_j = F^{-1}(j/k) = -0.399 \ln(1-j/20)$$

用 $j=1,2,3,\cdots,19$，可计算出 $a_1,a_2,a_3,\cdots,a_{19}$，而在这里 $a_0=0, a_{20}=\infty$，见表4.4。

（4）其他计算及其结果也列在表4.4中，得到的检验统计值 $\chi^2=22.188$。

（5）若检验水平 $\alpha=0.1$，从 χ^2 分布表中可查得 $\chi^2_{20-1,1-\alpha}=\chi^2_{19,0.90}=27.204$。

表4.4 χ^2 检验计算结果汇总表

区间端点	a_j	N_j	np_j	$(N_j-np_j)^2/np_j$
0	0.000	—	—	
1	0.020	8	10.95	0.795
2	0.042	11	10.95	0.000
3	0.065	14	10.95	0.850
4	0.089	14	10.95	0.850
5	0.115	16	10.95	2.329
6	0.142	10	10.95	0.082
7	0.172	7	10.95	1.425
8	0.204	5	10.95	3.233
9	0.239	13	10.95	0.384
10	0.277	12	10.95	0.101
11	0.319	7	10.95	1.425
12	0.366	7	10.95	1.425
13	0.419	12	10.95	0.101
14	0.480	10	10.95	0.082
15	0.553	20	10.95	7.480
16	0.642	9	10.95	0.347
17	0.757	11	10.95	0.000
18	0.919	9	10.95	0.347
19	1.195	14	10.95	0.850
20	100.000	10	10.95	0.082
合计		219	—	22.188

（6）由于 $\chi^2_{19,0.90}=27.204$ 大于 $\chi^2=22.188$，我们在 $\alpha=0.10$ 的水平上不拒绝 H_0 假设。

（7）通过 χ^2 检验，我们认为所选拟合分布与所观察的数据是吻合的。到此我们才最后确定了这219个数据的拟合分布为

$$f(x)=\frac{1}{0.399}e^{-x/0.399}$$

通过检验可认为观测数据的拟合分布为指数分布，均值为0.399。最后确定了这批数据的拟合分布。

4.5.3 K-S 检验（Kolmogorov-Smirnov tests）

如上所述，χ^2 检验是对观察数据与拟合分布的密度函数进行比较和检验。K-S 检验则是

将观测数据的经验分布函数与所选拟合分布的分布函数相比较。K-S 检验的基本原理是设法找出观测数据的经验分布函数与所选拟合分布的分布函数在各个相应点上的差别,然后利用这些差别的绝对值中的最大值与给定的标准进行比较,完成检验工作。K-S 检验的最大优点是它无须像 χ^2 检验那样将数据分成区间,从而避免了分区间的麻烦。但是它也有缺点,比如 K-S 检验仅适合连续型的拟合分布,且必须在拟合分布的所有参数是已知的情况下才能应用。

K-S 检验的原理图如图 4.7 所示。

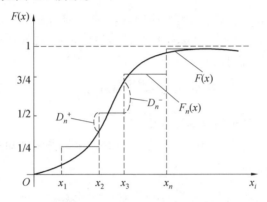

图 4.7 K-S 检验的原理图

为了进行 K-S 统计检验,首先必须给所分析的数据确定一个经验分布。在本章的开头介绍了为有关数据确定经验分布的公式。对于 K-S 检验,我们可以从已知数据 $x_1, x_2, \cdots, x_n$ 中确定其分布函数 $F_n(x)$ 为

$$F_n(x) = \frac{\text{小于和等于 } x \text{ 的数据的数目}}{n}$$

这样 $F_n(x)$ 就是一个右连续的阶梯函数,为

$$F_n(x_i) = \frac{i}{n}, \quad i = 1, 2, \cdots, n$$

若 $F(x)$ 为拟合分布函数,那么 $F_n(x)$ 与 $\widehat{F}(x)$ 之间的相似程度就表示了拟合的优度。K-S 检验统计值 D_n 定义为 $F_n(x)$ 与 $\widehat{F}(x)$ 在所有 x 值上的最大的垂直距离,为

$$D_n = \sup_x \{|F_n(x) - \widehat{F}(x)|\}$$

这里使用 sup 而不用常见的 max,是由于在此种情况下,可能并不存在一个 x 的值满足 $D_n = |F_n(x) - \widehat{F}(x)|$。$D_n$ 可以按如下方法确定:

$$D_n^+ = \max_{1 \leq i \leq n} \left\{ \frac{i}{n} - \widehat{F}(x_i) \right\}$$

$$D_n^- = \max_{1 \leq i \leq n} \left\{ \widehat{F}(x_i) - \frac{i-1}{n} \right\}$$

然后求得 D_n 为

$$D_n = \max\{D_n^+, D_n^-\}$$

很明显,若 D_n 的值很大,则拟合的情况就不好。K-S 检验的结论是如果 D_n 超过某个常

数 $d_{n,1-\alpha}$,则应拒绝 H_0 假设,其中 α 为检验水平。临界点 $d_{n,1-\alpha}$ 的数值与拟合分布的确定方法有关,大致可分三种情况:

(1)如果拟合分布的所有参数已知,即拟合分布的参数没有一个是用任何方法从已知的数据中估计出来的,D_n 的分布与拟合分布无关。这种情况不能直接检验 $D_n > d_{n,1-\alpha}$,而应按如下条件检验:若

$$\left(\sqrt{n} + 0.12 + \frac{0.11}{\sqrt{n}}\right) D_n > C_{1-\alpha}$$

则拒绝 H_0 假设。其中 $C_{1-\alpha}$ 的值(与 n 无关)可从表 4.5 中查得。

(2)假设拟合分布是正态分布 $N(\mu, \delta^2)$,而且其参数 μ、δ^2 是分别用已知的数据估计出来的。这种情况可按如下条件检验,若

$$\left(\sqrt{n} - 0.01 - \frac{0.85}{\sqrt{n}}\right) D_n > C'_{1-\alpha}$$

则拒绝 H_0 假设。其中 $C'_{1-\alpha}$ 的值可从表 4.5 中查得。

(3)假设拟合分布是指数分布 $\exp(\mu)$,而且其参数 μ 是采用已知的数据估计出来的。这种情况可按如下条件检验,若

$$\left(D_n - \frac{0.2}{n}\right)\left(\sqrt{n} + 0.26 + \frac{0.5}{\sqrt{n}}\right) > C''_{1-\alpha}$$

则拒绝 H_0 假设。其中 $C''_{1-\alpha}$ 的值可从表 4.5 中查得。

表 4.5 修正后的 K-S 检验统计的临界值

情况	修正公式	$1-\alpha$				
		0.850	0.900	0.950	0.975	0.990
所有参数已知	$\left(\sqrt{n} + 0.12 + \frac{0.11}{\sqrt{n}}\right) D_n > C_{1-\alpha}$	1.138	1.224	1.358	1.480	1.682
正态分布	$\left(\sqrt{n} - 0.01 - \frac{0.85}{\sqrt{n}}\right) D_n > C'_{1-\alpha}$	0.775	0.819	0.895	0.955	1.035
指数分布	$\left(D_n - \frac{0.2}{n}\right)\left(\sqrt{n} + 0.26 + \frac{0.5}{\sqrt{n}}\right) > C''_{1-\alpha}$	0.926	0.990	1.049	1.190	1.308

由此可见,K-S 检验是数据与拟合分布的分布函数之间的统计比较。应指出的是,由于各类分布函数都是具有相似的 S 形曲线,两个分布函数曲线的直观比较是十分困难的,故在这方面没有直观的检验法。

【例 4.5】请利用 K-S 检验对表 4.2 中已知数据及其选定的拟合分布 $\exp(0.399)$ 进行拟合优度检验。

【解】由于拟合分布是指数分布,而且其参数 μ 又是利用已知数据估计出来的,应属于上述的第三种情况。利用

$$D_n^+ = \max_{1 \le i \le n}\left\{\frac{i}{n} - \hat{F}(x_i)\right\} \quad \text{及} \quad D_n^- = \max_{1 \le i \le n}\left\{\hat{F}(x_i) - \frac{i-1}{n}\right\}$$

两个公式可以计算出 $D_{219} = 0.047$,则 K-S 统计为

$$\left(D_{219}-\frac{0.2}{219}\right)\left(\sqrt{219}+0.26+\frac{0.5}{\sqrt{219}}\right)=0.696$$

从表 4.5 中可查得 $C''_{1-0.1}=0.990$。由于 $0.696<0.990$，故在 0.1 的检验水平上不能拒绝上述假设。

除上述介绍的几种检验方法外，还有一些用于拟合优度的检验方法，这里不一一介绍。各种检验方法都在不断地改进，在统计学领域它至今仍是一个热门的课题。

本章系统地介绍了模拟技术中十分重要的工作:输入数据的采集和概率分析。在一个模拟科研课题或管理工作中，可能有多种数据需要进行采集和分析，这是一项不可或缺的工作。严格地按本章介绍的方法和程序进行输入数据的分析和它们概率分布的选择是十分必要的。学习完本章后，学生应选择一个自己熟悉的系统，在该系统中选定一种随机过程，对其从数据的采集到统计、分析、检验进行一次全过程的练习。不亲自进行完全独立的练习，想完全消化本章的内容是不可能的。

本 章 习 题

1. 常见的概率分布有哪些？
2. 输入数据分析的步骤有哪些？
3. 简述数据的采集与处理的基本步骤。
4. 在分布假设分析中有哪些方法？
5. 什么是概率图法？概率图法的基本思想是什么？
6. 简述 χ^2 检验的步骤。
7. 什么是最大似然法？
8. 通信中心用电子方法得到了传送一条消息所需时间(单位:min)的样本。最近 50 次的样本值如下：

7.936	4.612	2.407	4.278	5.132
4.599	5.224	2.003	1.857	2.696
5.259	7.563	3.937	6.908	5.002
6.212	2.759	7.172	6.513	3.326
8.761	4.502	6.188	2.566	5.515
3.785	3.742	4.682	4.346	5.359
3.535	5.061	4.629	5.298	6.492
3.502	4.266	3.129	1.298	3.454
5.289	6.805	3.827	3.912	2.969
4.646	5.963	3.829	4.404	4.924

分析传送时间是什么样的分布？

9. 网络公司记录了电子服务连接请求之间的时间(单位:min)。最近 50 次的记录结果如下：

0.661	4.910	8.989	12.801	20.249
5.124	15.033	58.091	1.543	3.624
13.509	5.745	0.651	0.965	62.146
15.512	2.758	17.602	6.675	11.209
2.731	6.892	16.713	5.692	6.626
2.420	2.984	10.613	3.827	10.224
6.255	27.969	12.107	4.636	7.093
6.892	13.243	12.711	3.411	7.897
12.413	2.169	0.921	1.900	0.315
4.370	0.377	9.063	1.875	0.790

分析服务请求之间的时间是什么样的分布？开发一个合适的模型并检验。

10. 到一个小商店，记录关于到达间隔时间和服务时间分布的数据。商店有多名工人，比较他们的服务时间分布有什么不同？需要为每种类型的商品建立服务时间分布吗？

第 5 章

GPSS/Java 及其集成开发环境

5.1 GPSS 仿真系统

从 20 世纪 60 年代开始,计算机和运筹学工作者创造性地开发了多种模拟语言,其中 GPSS 以简洁易用和灵活通用等特点,成为非常受欢迎的离散系统仿真语言。

GPSS 是英文 General Purpose Simulation System 的缩写,即通用仿真系统。它是由美国 IBM 的 Geoffery Gordon 博士研究和开发的。1961 年,Gordon 以"通用模拟程序"为题在 EJCC (Eastern Joiut Computer Conference,美国东部联合计算机会议)会议论文集上发表了第一篇有关 GPSS 的论文,该文于 1962 年刊登于《IBM 系统杂志》第一卷第一期。这个首次发表的 GPSS 常被人称作"戈登仿真器",是在 IBM 的 704、709 和 7090 计算机上实现的。其后,在 1964 年和 1965 年又相继推出了 GPSS 的第二个和第三个版本 GPSS Ⅱ 与 GPSS Ⅲ;1967 年,开发出的 GPSS/360(运行于 IBM360 计算机)被正式更名为通用仿真系统(General Purpose Simulation System)。

当然,GPSS 也有很多非 IBM 的计算机的版本。例如在 1972 年,美国航天集团"的诺"等公司为美国海军开发出一套 NGPSS/6000,如同它的名字暗示的那样,这个版本的 GPSS 运行在"的诺"公司 6000 系列计算机上。

在 1962 年后的近半个世纪中,GPSS 不断得到发展与完善。20 世纪 80 年代初出现了运行于个人计算机的版本——GPSS/H 和 GPSS/PC,分别由美国的 Wolverine 和 Minuteman 等软件公司开发和提供技术支持。20 世纪 90 年代,Minuteman 公司推出基于 Windows 的具有图形界面的 GPSS 的集成开发环境 GPSS World。

GPSS 适用于离散系统仿真,对模型文本采取解释方式执行,建模采用面向过程,即面向业务流程的方法。这种建模方法很贴近现实管理系统的各种实际业务流程。模型中的仿真元素(模块)之间的联系(路径)很直观地映射了实际系统的元素及相互作用关系,因此模型直观而易于理解。同时,由于其语言的简洁性和语言规模的适度性,GPSS 非常易于学习和掌握。

GPSS 是为那些非计算机程序设计专家的管理人员设计的一门用于管理系统建模的语言。它利用程序模块图来描述系统,而程序模块图可以看作是仿真模型的图形化表示。这可以使管理人员以模块图的形式建立管理系统的模型。

依据仿真方法分类,GPSS 属于进程交互法,它使用程序块(BLOCK)书写程序,每个程序块相当于一个子程序。所以,系统分析者不需在编程上花费太多的功夫,可以把精力集中在模型的建立上。

近50余年,专用仿真系统层出不穷,如 GASS、SIMSCRIPT、SLAM、DYNOMO、SIMAN 和 A-RENA 等等,它们可以用于离散系统的仿真、连续系统的仿真、离散-连续混合系统的仿真。然而在管理系统仿真方面,GPSS 由于其简洁和灵活通用的特点,至今仍被广泛使用,从而显示出强大的生命力。

5.2 GPSS/Java 仿真系统

5.2.1 什么是 GPSS/Java

GPSS/Java 是用 Java 语言实现的 GPSS 专用仿真系统。从建模方法和实现的仿真算法来看,与 GPSS 没有什么区别。

GPSS/Java 提供的建模接口(亦称模块、仿真构件和元素)与 GPSS 几乎一一对应,但形态稍有不同,因为 GPSS/Java 不是用 Java 来实现 GPSS 的解释系统或编译系统,而是直接使用 Java 来实现建模接口和仿真算法的程序模块。因此,GPSS/Java 的模型程序是一个使用这些仿真接口所建立的 GPSS 仿真模型的 Java 程序。所有的建模接口和仿真算法的程序模块以类库的形式提供给用户。在设置好类库的路径之后,用户在源程序中只要引用这一类库,便可使用类库的接口来建立模型。模型源程序完成后,使用 Java 编译器编译生成的类文件,可由 Java 解释器执行。

GPSS/Java 具有 Java 所具有的一切优点,关于这一方面不再多加论述。

GPSS/Java 实质上向用户提供的只是一个类库而已。但是这种体系结构却具有极大的优越性:

(1)仿真系统完全向用户开放,用户可以根据需要任意向仿真类库添加实现某种功能的新接口;利用 Java 面向对象的程序设计方法,通过继承或覆盖,可方便地对类库的标准接口进一步改造或完善。这就意味着用户不仅是建模者,也可以是系统的开发者,从而将这一用于 GPSS 仿真的类库发展为具有更为专门化用途的类库,以适应自己的需要。

(2)GPSS/Java 类库结构高度模块化,模块由 Java 类组成,程序功能的实现是以类为单位来组织的,而所有组成类库的类模块可以划分为两种,一种称为仿真基础类,一种称为仿真支持类。仿真基础类可划分为动态实体类、资源实体类和操作模块类,仿真基础类直接与 GPSS 模型中的动态实体和资源实体对应,而资源实体类和操作模块类中的接口方法直接映射 GPSS 模型中的模块语句和各种建模所需的标准属性(详见第6章)。仿真支持类包括仿真调度类、链表操作类、异常处理类、辅助操作符常量定义接口和公用消息类等。其中,仿真调度类封装了仿真调度程序及其启动接口。类库中的许多类实体与仿真模型中的实体一一映射,而模型中的实体又与实际系统中的实体一一映射,类库的类实体中的接口与模型中的模块语句一一映射,而模型中的模块语句及其顺序又与实际系统的事件和其发生的顺序一一映射。因此 GPSS/Java 实现了从仿真系统到仿真建模再到实际系统空间的直接映射,使得软件结构、软件实现和仿真模型全部统一和构筑在面向对象的基础之上。

(3)建模语言功能的极大丰富与扩展。由于用户的模型程序首先是一个 Java 程序,所以用户可以在模型程序中使用 Java 的语言部分的所有功能,并且可以使用 Java 本身提供的标准类库或其他开发人员提供的非标准类库,来实现任何满足构造复杂模型所需要的操作。用户可以直接在模型程序中定义类,调用其中实现的方法或属性。这种允许在模型中调用或嵌入程序的特性化或个性化的处理,使 GPSS/Java 建模具有极大的灵活性,为用户建模提供了更加强大的功能扩展工具。过去建模者只能使用 GPSS 提供的建模构件,或严格遵守某种约定来调用其他几种有限的语言函数或过程的接口。

5.2.2 Java 简述

Java 的有关概念已经远远超过了它的语言部分而日益发展成为一种软件技术。单单其语言的基础部分,尽管以简洁著称,也很难用几个章节阐述清楚,因此本节只将 GPSS/Java 模型程序使用到的 Java 部分语言元素予以说明。

1. 对象与类

现实系统存在的具体事物就是对象,所有性质和行为相似的事物的总称为类。比如某一理发馆的张姓理发师为对象,而所有为顾客理发的理发师,为类。换句话说,单个提供服务的实体称为服务实体对象,所有的服务实体对象称为服务实体类。

在 Java 程序中,要产生某类对象的若干个具体的对象,就要首先定义一个能表述所有这些对象的类。这个类含有两种属性:一种描述对象的性质或状态,称为成员变量;一种描述对象的行为,称为成员方法,简称方法。例如:

```
//Facility.java
packge gpssjv;
public class Facility{
    String name;                    //成员变量1
    int currentState=0;             //成员变量2
    static int count=1;             //成员变量3
    public Facility(){              //方法1
      this.name="FACI"+count;
      count++;
    }
    public Facility(String name){   //方法2
      this.name=name;
    }
    public void seize(){            //方法3
      if(currentState==0){
        currentState=1;
        ……
        return;
```

```
            }
        else{
            ……                          //回到前一模块等待
        }
    }
    ……
    public void release( ){              //方法4
        currentState=0;
        ……
    }
    public int FNU $ ( ){                //方法5
        if(currentState= =0)
            return 1;
        else
            return 0;
    }
    ……
}
```

其中,关键字 class 表示定义一个类,Facility 表示所定义的类的类名,该段程序定义了一个名为 Facility 的设备实体类。成员变量 1 和 2 分别代表设备实体的输出名和当前的忙闲状态,成员变量 3 为静态变量,即全局变量,用作计数器来自动产生设备的输出名。

方法可以有返回值也可以没有。方法 3 和方法 4 为向用户提供的设备实体的模块语句接口,它们被执行时分别代表设备实体被占用和设备实体被释放。当这两种行为发生时,方法要执行的操作首先是改变设备的当前忙闲状态。以上两个方法都只执行某些操作,而没有返回值。方法 5 是具有返回值的方法,它返回设备实体的当前忙闲状态。如果设备在模型中当前处于空闲,方法 5 返回值为 1,否则返回值为 0。

方法又可分为"有参"方法和"无参"方法,例如方法 2 为"有参"方法,其他方法为"无参"方法。在方法被调用时,实参向形参传值,然后执行方法体中的操作。

2. 创建对象

在程序中使用类创建对象,例如:

```
Facility b1 = new Facility("Barber Wang");
Facility b2 = new Facility("Barber Zhang");
```

b1 和 b2 代表用 Facility 类创建的两个对象,称为引用变量。一个对象在建立时将自动调用构造方法。通常对该对象的某些成员变量的初始化操作安排在构造方法中。构造方法名与类名相同并且没有返回类型。例如创建以上对象 b1 后,立即调用该对象的构造方法 Facility ("Barber Wang"),经过实参对形参的值传递,将字符串"Barber Wang"赋给 b1.name。以上模型中创建了两个设备实体对象 b1 和 b2,输出名分别为 Barber Wang 和 Barber Zhang。

一个类中可以定义多个同名的方法,但方法的参数类型或个数应不同,这称为方法重载。构造方法是类中一种特殊的方法,也可以重载。例如,Facility 类定义了两个构造方法,方法 1 和方法 2,它们重名,但一个有参,一个无参。在创建 Facility 的对象时,可以根据提供的实参个数或类型来选择使用不同的构造方法,从而完成对象的初始化操作。例如:

```
Facility b3 = new Facility( );
Facility b4 = new Facility( );
```

以上创建了两个 Facility 类型的对象 b3 和 b4,对应的输出名分别为 FACI1 和 FACI2。

3. this 引用

关键词 this 为一引用变量,通常在某一方法体中使用,代表当前对象。当前对象是指调用某方法的对象,例如当 b1 对象新建后调用构造方法时,该构造方法中的 this 就是 b1;此时,方法 Facility(String name) 中

```
this. name = name;
```

等效于

```
b1. name = name;
```

其中,b1. name 为对象 b1 的成员变量,而 name 为构造方法的形参变量。形参变量与在方法内部定义的变量统称为局部变量,它们的作用范围仅限于方法体内部。

类的成员变量和方法的形参变量可以是简单类型,也可以是类类型;如 Facility 中成员变量 name 就是 Java 标准类库中定义的字符串类型的变量,可以存放(或称引用、代表)一个字符串对象。

4. 继承与覆盖

如果类 A 继承类 B,则称 A 为子类,B 为父类。子类将继承父类中的所有非私有的方法与成员变量。子类的属性由从父类继承的属性和新定义的属性共同组成。Java 只支持单重继承,但允许多层继承。单重继承是指一个子类只能有一个父类,而多层继承是指可以定义父类的父类。子类将继承其直接或间接父类中的所有非私有属性。Java 中使用关键词 extends 来描述两个类的继承关系。例如:

```
class B{
……
}
class A extends B{
……
}
```

则 A 为 B 的子类。

类的属性具有不同的访问权限,关键词 public 用来表示最大的访问权限,而关键词 private 表示最小的访问权限。程序无法通过对象去访问该对象的私有成员,但是可以访问其公有成员。类具有封装性,对此可以具有两个层面的理解。一是类的某些属性只能在其对象的内部

获得访问,而不能从其对象的外部进行访问,例如用 private 关键字修饰的称为私有成员。类的对象在模型程序中不可能孤立地存在,必然要与其他对象发生联系,而这些与外界发生联系的属性必须能够通过对象的引用被外界访问,这些属性也称为接口,常定义为公有的成员,即那些用关键字 public 修饰的成员。另一层的理解是:类与对象将数据与对数据进行操作的代码程序封装在一起,数据以成员变量的形式存放,而程序在成员方法中得以实现,从而使得整个程序具有模块化的结构。

如果子类定义的一个方法与其父类中的某一方法的方法名和签名都相同,则称为覆盖。覆盖和被覆盖的方法通常用于实现不同的操作。

一个"父类"类型的变量不仅可以引用(或称存放、代表)一个"父类"对象,也可以引用(或称存放、代表)其子类对象。如果子类的一个方法覆盖或实现了其父类的方法,那么当我们通过这一存放其子类的对象的"父类"引用变量去调用这个覆盖方法时,调用的将是子类的覆盖方法。相反,如果该引用变量存放的是一个"父类"对象,则调用的是父类中的被覆盖方法。当然,其他情况(子类中不存在覆盖其父类的方法)则另当别论。

5. 抽象方法与抽象类

用关键词 abstract 修饰的方法和类,分别称为抽象方法和抽象类。抽象方法只定义方法头,而没有方法的实现。含有抽象方法的类,称为抽象类。

如果一个子类"实现"了其父类的所有抽象方法,则称此子类"实现"了其父类,否则这个子类必须定义为抽象类。例如:

```
abstract   class BlockOp{
    abstract   public void simulate( );
}
class Demo1 extends BlockOp{
    public void simulate( ){
        ……;
        ……;
    }
}
```

6. 异常及其捕捉

Java 异常分为两大类,一类称为编译时异常,一类称为运行时异常。编译时异常是在程序中必须处理的异常,而运行时异常可以处理也可以不处理。所谓异常,就是出错,例如读写错误和算术溢出等,异常处理就是对出错的处理。在 Java 程序段中,如果出现异常,则会停止程序的执行,同时抛出(产生)一个异常类的对象,此对象作为参数传递给处理该异常的方法。根据此对象的类型,可以判断出发生的错误的类型,由异常对象的属性可以得到出错的详细信息。Java 采取规范的 try 和 catch 语句来实现异常处理机制,形式如下:

```
try{
    ……;      //可能出现异常的程序片段
```

```
      ……;
      ……;
   }
   catch(Exception e) {
      ……;      //处理异常的操作
   }
```

其中,try 语句体放置在可能出错的程序片段,catch 语句实现处理异常操作。

Java 定义了常用的异常类,所有交由用户处理的异常类皆为 Exception 类的子类。换句话说,捕捉 Exception 类型的异常语句可以处理所有其子类型的异常。但如果 try 语句块抛出多个异常,则该处理语句无法确定出错的具体类型。

7. 包及其引用

包也称为类库。我们使用 package 语句定义一个包。包语句必须作为程序的第一个语句。例如,程序 Facility.java 定义了一个名为 gpssjv 的包,一个包中可以含有多个类,但只有其中的公有类(用关键字 public 修饰的类)能够被该包以外的程序所访问。一个源程序文件可以定义多个类,但只能定义一个公有类。若一个源程序文件中定义了一个公有类,则该源程序文件必须用此类名命名,而扩展名为.java。包对应于文件路径,编译后的类的字节码文件(含有包的信息)应放在对应的路径下,作为该包的成员。

要使用一个包,必须对其予以正确的设置,除了将包中的类置于与包名对应的正确路径外,还要对系统环境变量 CLASSPATH 予以正确设置。与包名对应的路径名是一个相对路径,即相对于此路径的父目录,在对引用此包的程序进行编译和运行时,系统需要通过绝对路径访问包中被引用的类。Java 约定由环境变量 CLASSPATH 提供此信息,即包路径的直接父目录的绝对路径。

若包 gpssjv 的路径为 D:\myjava\gpss\gpssjv,则应设置如下:

```
   CLASSPATH=.;D:\myjava\gpss
```

在完成包的建立和正确设置后,若要在程序中使用包中的类,可以在程序首部使用包引入语句,例如:

```
   import gpssjv.*;
```

8. 主类与主方法

一个基于桌面的 Java 应用程序由若干类组成,含有"主方法"的类被称为"主类","主类"默认为公有类。Java 程序从"主类"的"主方法"开始执行,"主方法"执行完,程序结束。"主方法"具有如下的固定形式:

```
   public static void main(String args[ ]) {
      ……
      ……
   }
```

5.2.3　GPSS/Java 模型的方式

GPSS/Java 仍旧使用模块图描述模型的逻辑结构。

GPSS/Java 模型程序按一定的逻辑排列，遵守 Java 语法规则的 GPSS/Java 类库接口语句组成的文本文件，编译后生成模型类文件，由 Java 解释器执行。用以构造模型的 GPSS/Java 语句与 GPSS 模块语句和控制语句几乎一一对应。对照 GPSS，用 GPSS/Java(桌面应用完全版) 编写的 Demo5_1 模型程序具有如下的形式：

```java
//Demo5_1.java
import gpssjv.*;                        //必须引入 gpssjv 仿真包
public class Demo5_1 extends BlockOp{   //模型类 Demo5_1 须继承仿真包中的 BlockOp 类
  public static void main(String args[]){
    new Demo5_1().run();                //主方法
  }
  public void run(){                    //必须实现其父类的抽象方法 run()
    setModel(this);
    start(1);                           //以下写模型控制语句
  }
                                        //创建各种资源实体对象
  Queue JOEQ = new Queue("JOEQ");
  Facility JOE = new Facility("JOE");

  public void simulate(){               //必须实现其父类的抽象方法 simulate()
    switch(nextBlock){                  //以下写模型模块语句
    case  10:      generate(18,6);
    case  20:      queue(JOEQ);
    case  30:      seize(JOE);
    case  40:      depart(JOEQ);
    case  50:      advance(16,4);
    case  60:      release(JOE);
    case 970:      terminate();
    case 980:      generate(480);
    case 990:      terminate(1);
    case 1000:     end();               //模型须以 end 语句为结束标志
    }}}
```

GPSS/Java 模型程序有如下书写和语法要求：

(1) 必须引入 gpssjv 仿真包(类库)。

(2) 定义一个模型公有类(简称模型类),模型程序文件名必须与模型类名相同。
(3) 模型类必须继承类库中定义的 BlockOp 类。
(4) "主方法"中创建一个模型类对象,通过此对象调用 run 方法(桌面应用学生版不需要定义主方法)。
(5) 模型类必须实现其父类的 run 方法,在此安排 GPSS/Java 的模型控制语句。
(6) 第一个模型控制语句必须是 setModel( )语句,该语句创建仿真调度程序对象。
(7) 所有 GPSS 的资源实体必须作为模型类成员变量,先定义,后使用。
(8) 模型类必须实现其父类的 simulate 方法,在此安排 GPSS/Java 的模块语句。
(9) 模型每一个模块语句必须前导一个 case 标号,标号可以不连续,但必须为非负递增。
(10) 不允许有 case 标号,而无模块语句。

将类似以上的一个源程序代码作为模板提供给用户,使用户只需在指示位置填写适当语句,而无须顾及其他。

以上模型源程序可以直接在命令行方式下,使用 Java 编译器进行编译,检查无错后,在 Java 解释器上运行。例如:

在命令行方式下,键入编译命令:

> javac Demo5_1.java

无编译错误,则键入运行命令:

> java Demo5_1

若运行时无错误,则会提示模型运行成功,同时生成一个与"主类"同名的文本文件,其中存放模型运行结果的统计输出信息,其内容及格式大体与 GPSS 类似。

当然用户也可以使用 GPSS/Java 提供的具有图形交互界面的集成开发环境,从而更加快速和高效地编辑、编译、运行、调试自己的模型程序以及查看模型的运行结果。

GPSS/Java 目前提供了两个版本的集成开发环境,一个是基于桌面的应用(单机版),另一个是基于 WEB 的服务应用。桌面应用又分为完全版和学生版。本书将采用学生版的程序界面来完成所有实例的程序编码。

5.3 GPSS/Java 集成开发环境介绍

GPSS/Java 提供的两个集成开发环境,不仅在界面、运行环境和系统配置方面有所不同,而且类库的组织与结构也有较大的差异。

5.3.1 单机版开发环境介绍

1. 运行环境要求

(1) 使用 JDK1.5(SE)以上的版本。
(2) Java 开发套件 JDK 已经安装并正确配置。
(3) gpssjv 仿真包已经安装并正确配置。
(4) 操作系统支持:WIN 2000、XP、WIN 7、WIN 10。

2. 系统环境配置

（1）设置系统环境变量 PATH。

假设 JDK 安装路径为 D:\jdk1.507,则环境变量 PATH 应配置如下：

```
PATH = D:\jdk1.507\bin
```

（2）设置系统环境变量 CLASSPATH。

假设仿真类库 gpssjv 安装路径为 E:\gpssjava\gpssjv*.class,则环境变量 CLASSPATH 应配置如下：

```
CLASSPATH = E:\gpssjava;.
```

3. 开发环境配置文件

开发环境配置文件路径（相对主程序 gpjv.class 或 gpjv.exe 所在文件夹）为 set\setForGpjv.txt。

使用文本编辑器打开此文件，显示如下：

```
#This is the config file for gpjv
#Wed Jul 25 23:53:49 CST 2007
IEPath=C\:/Program Files/Internet Explorer/IEXPLORE
```

其中，IEPath 代表用户所选择的浏览器的路径。

允许事先不对配置文件进行配置。进入开发环境之后发生错误时，开发环境会提示用户使用设置菜单即时进行配置。

4. 进入与退出开发环境

（1）进入开发环境。

①快捷方式：用户可通过点击图标的快捷方式进入开发环境。

②命令行方式：用户可通过命令行方式进入开发环境。步骤如下：

a. 在命令提示符下，键入开发环境主程序的路径：

b. 若主程序为 gpjv.exe,则键入如下命令：

```
C:\>E:\gpjvIDE>gpjv
```

c. 若主程序为 gpjv.class,则进入主程序所在目录后，键入如下命令：

```
E:\>java gpjv
```

d. 开发环境主程序启动后，会出现一个欢迎图片。稍后则进入集成开发环境的主界面（主窗体），如图 5.1 所示。

（2）退出开发环境。

点击"主窗体"的关闭按钮或选择文件菜单的退出菜单项。退出时，会出现一个确认提示框，以确认是否将当前编辑的模型程序做存盘处理。

5. 模型文件操作

文件菜单和部分工具栏按钮实现了模型文件的全部或部分操作，文件菜单包含的菜单选项如图 5.2 所示：

第 5 章 GPSS/Java 及其集成开发环境　69

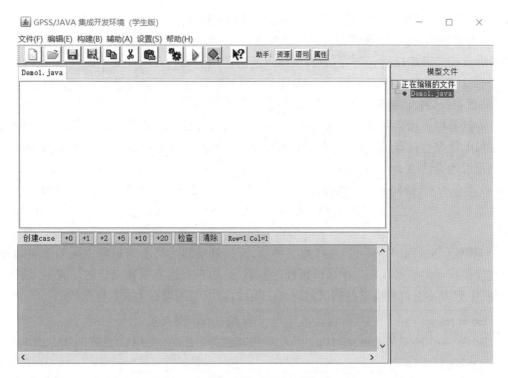

图 5.1　单机版集成开发环境主界面

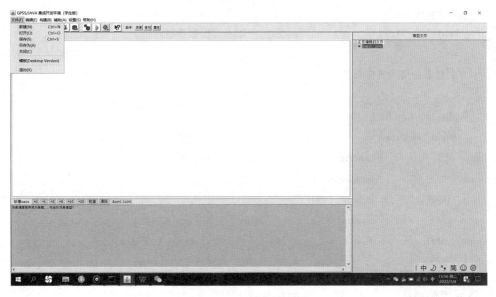

图 5.2　文件菜单选项

(1) 新建:开发环境为用户自动新建一个空模型文件,并命名为 Demo1.java。开发环境允许同时编辑的文件总数为 8 个。即用户可以再新建 7 个模型文件。当然,这并不意味着用户最多编辑的模型总数为 8 个。实际上用户可以将某个编辑器的模型程序另存盘,然后在此编辑器中建立新的模型程序。因此更加准确地说,开发环境提供了 8 个模型编辑器。

选择文件菜单的新建菜单项或点击工具栏的新建按钮,将激活一个新的编辑器并创建一个空模型,开发环境按照产生的序号为其命名为 DemoN. java。

(2)打开:选择此菜单项或相应工具栏按钮,将出现一个文件选择框。选择或输入要打开的文件并点击打开按钮后,文件内容将被读入一空闲编辑器。开发环境只允许打开扩展名为 . java、. html 或. txt 的文件。

(3)保存:选择此菜单项或相应工具栏按钮,若当前编辑的模型为新建,从未存盘,将出现一个文件选择框。输入新名或选择默认名并点击保存按钮后,模型程序内容将会存入磁盘;若当前编辑的模型存过盘,则将以原名存盘而不出现选择框。在为存盘取名时,开发环境将检查文件名是否为合法的 Java 标识符。

(4)另存为:选择此菜单项或相应工具栏按钮,将出现一个文件选择框。用户可为当前编辑的模型更名,并将更改后的新名存入磁盘。开发环境将检查文件新名是否为合法的 Java 标识符。

(5)模板(Desktop Version):选择此菜单项,开发环境将为当前编辑器生成基于桌面版本的仿真模型程序的框架代码。生成模板程序框架后,用户只需在模板指定的位置输入资源定义语句、模型模块语句和模型控制语句便可。例如,以下为用模板生成的框架代码。

```
import gpssjv. * ;                    //须引入 gpssjv 仿真包
public class Demo1 extends BlockOp{   //模型类须为公有且继承仿真包的 BlockOp 类
  public void run( ){
    blockMax(200);
    setModel(this);
    start(1,0,0);                     //以下写模型控制语句
  }
  //创建各种资源实体对象

  public void simulate( ){
    switch(nextBlock){                //建立仿真模型
    case  10:       generate(10,2);   //以下写仿真模型语句
    case  970:      terminate( );
    case  980:      generate(480);
    case  990:      terminate(1);
    case  1000:     end( );           //模型须以 end( )为结束语句
    }}}
```

6. 模型构建操作

构建菜单和部分工具栏按钮实现了模型构建的全部或部分操作,构建菜单包含如下菜单项:

(1)编译模型。

选择此菜单项或相应工具栏按钮,将对当前编辑器对应的磁盘源程序文件进行编译。编译成功将在该源程序文件路径下产生对应的类文件。因此,在选择此菜单项前,应将当前编辑器所编辑的模型程序存盘。否则编译的可能是上次存盘的内容。若编译失败,消息窗口将报

告编译错误。用鼠标点击出错行尾,开发环境会在当前编辑器中定位并选中出错程序语句行,以便用户修正。

(2) 运行模型。

选择此菜单项或相应工具栏按钮,将直接装载当前模型类。创建其对象,调用调度程序并开始模型的运行,此时消息框会报告运行时发生的错误及其类型。用户可根据这些信息进行调试。如果运行成功,会弹出一选择框,要求确认是否浏览模型运行结果。若选择是,则显示输出结果的窗口。

当然,选择"否"也并不意味着失去浏览本次运行结果的机会,可以随时通过选择"模型输出结果"菜单项或对应的工具栏按钮来重现输出结果的窗口。

(3) 模型输出结果。

选择此菜单项或相应工具栏按钮,将显示当前模型最近一次运行后的输出结果窗口。若运行失败,产生的结果为空或不完全。

7. case 生成操作

开发环境提供了一个 case 语句生成器,以辅助模型的编辑操作,case 语句生成器位于模型编辑框和消息框之间的细长面板上,其右侧是报告当前编辑文本光标插入符的行列位置的标签,如图 5.3 所示。

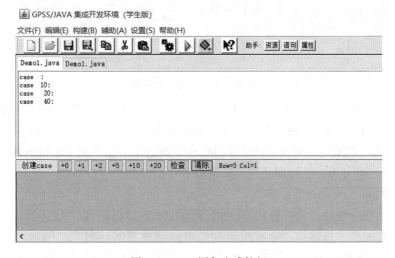

图 5.3 case 语句生成按钮

由图 5.3 可知:case 语句生成器由六个按钮组成,按钮标题分别为:+0、+1、+2、+5、+10 和 +20。点击 +0 按钮将在当前编辑文本的"光标插入符"处插入无标号的 case,即 case:。+1 至 +20 的五个按钮作用相似,即在当前"光标插入符"处插入一有标号的 case,其标号值为其前一 case 的标号值加上该按钮的标题面值。标号由用户填写。操作如下:第一步,点击 +0 按钮,在光标处生成 case:;第二步,点击 +0 按钮,在光标处生成 case:,手工填写标号 10,结果显示为 case 10:;第三步,点击 +10 按钮,在光标处生成 case 20:;第四步,点击 +20 按钮,在光标处生成 case 40:。在以上操作的第一步之前或之后,若点击 +10 按钮,消息框会报告错误且不实现任何操作:在第一步之前点击,错误提示为"紧前无 case 语句,非法操作";在第一步之后点击,错误提示为"紧前 case 无标号,非法操作"。

GPSS/Java 仿真模型程序规定:每一模块语句之前必须冠以一个 case 标号语句,以实现一个 switch 选择结构,保证整个模型定义在这个选择结构的语句体中;case 标号值只能为正整数,且递增。

8. 模型辅助操作

辅助菜单和部分工具栏按钮实现了模型编辑的辅助操作,建模辅助操作菜单包含如图 5.4 菜单项:

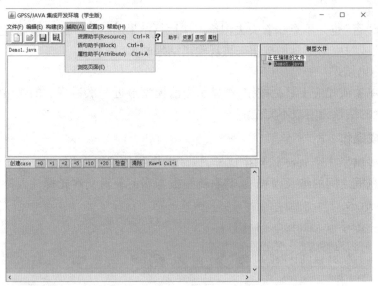

图 5.4 建模辅助操作菜单

选择任一菜单项都会弹出相应的助手窗口。使用这三个助手,配合 case 生成器及按鼠标右键弹出的菜单(剪切、复制、粘贴和删除等)将使模型的编辑输入量大为减少。更为重要的是,三个助手还充分发挥了在线帮助、学习辅导和字典的作用。在助手窗口的列表中点击一实体项,消息窗口便给出其功能和用法的在线帮助。

(1) 资源助手。

选择此菜单项或相应工具栏按钮,将弹出资源助手窗口,其中包含了 GPSS/Java 所有的资源实体列表。资源助手可辅助用户在编辑模型时创建资源实体对象。GPSS/Java 规定:模型中所使用的对象,都要作为模型类的成员变量予以定义;这些对象定义语句应遵守 Java 语言的规范。使用资源助手能帮助用户快速并准确地完成以上的编辑任务。

(2) 语句助手。

选择此菜单项或相应工具栏按钮,将弹出语句助手窗口,其中包含 GPSS/Java 的四类语句,即资源模块语句、操作模块语句、模型运行控制语句和系统设置语句,总共四大类。常用的语句靠前排列。编辑的方法和步骤与资源助手相似。

(3) 属性助手。

选择此菜单项或相应工具栏按钮,将弹出属性助手窗口,其中包含 GPSS/Java 的四类属性:标准随机分布函数、全局标准属性(含数值属性、逻辑值属性和对象属性)、资源实体属性(含数值属性和逻辑值属性)和常量属性(辅助操作符和操作数标识符)。其中,资源实体属性按资源实体类型又作了分目,以便查找。绝大部分标准属性主要用作模块语句(操作模块语句和资源模块语句)操作数。常用的属性靠前排列。编辑的方法和步骤与语句助手相似,在此不再重复。

9. 环境设置操作

设置菜单实现了环境设置的操作,浏览器环境设置包含如图 5.5 所示菜单项。由图可见,在开发环境的参数设置正确时,对应菜单项处于不可选择状态;而当浏览器路径设置不正确时,开发环境启动后消息框提示错误,同时其对应菜单项被激活。此时应选择激活的菜单项,以重新设置对应的参数。点击浏览器设置菜单项,输入框弹出,输入新的路径,点击确认后如果正确,则该菜单项成为不可选择状态,同时消息框中会发布设置成功的提示,否则相反。

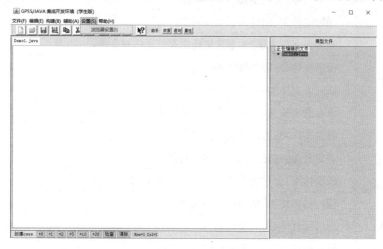

图 5.5 浏览器环境设置

10. 环境其他操作

(1) 编辑菜单:对该菜单进行的操作只应用于模型编辑器。各菜单项对应的操作与一般文本编辑器相似。

(2) 右键弹出式菜单:在模型编辑器、消息输出框、查找与替换输入框都可以使用右键菜单,以实现对文本的选择、剪切、复制、粘贴和删除等操作。

(3) 帮助菜单:最重要的两个帮助文档对应的菜单项分别是"gpssjv 类库文档"和"集成开发环境帮助"。gpssjv 类库文档是用 javadoc.exe 生成的 HTML 格式的仿真类的结构、功能及使用方法的详细说明,是用来构建仿真模型的基础;而集成开发环境帮助文档会帮助用户学会使用开发环境的各项工具,以加快用户编辑和处理模型的速度。

5.3.2 桌面应用类库构成

仿真类库由两部分类组成,一部分为公有类,另一部分为非公有类。用户只能访问公有类及其中所定义的公有属性。类库中所有公有类被称为仿真基础类,而其他非公有类被称为仿真支持类。仿真类库 gpssjv 文档详细介绍了仿真基础类的功能与用法。用户直接面对仿真基础类时,只有熟知这些类的功能与用法,才能建立自己的模型。因此以下着重介绍这部分类。

1. 类库的构成

表 5.1 列出了类库封装的所有公有接口和类及其功能摘要。

表 5.1 仿真类库 gpssjv

接口名	接口摘要
Constant	模型公用常变量接口:作为模块语句辅助操作符或功能标识操作数
类名	类摘要
Addr	地址标号类:创建地址标号实体对象
BlockOp	操作类:继承和实现了所有标准属性类、操作模块类、资源模块类和常量接口等,同时自身定义和包装了各类控制语句和标准分布函数
Facility	设备实体类:创建设备实体对象
Function	函数实体类:创建函数实体对象
Matrix	矩阵保存值实体类:创建矩阵保存值实体对象
Queue	排队实体类:创建排队实体对象
QTable	队列表实体类:创建队列表实体对象
Savevalue	保存值实体类:创建保存值实体对象
Storage	存储实体类:创建存储实体对象
Switch	逻辑开关:创建逻辑开关实体对象
Table	表实体类:创建表实体对象
User	用户链实体类:创建用户链实体对象
V $ GlobleSA	标准属性类:封装全局属性
V $ OperationBlock	操作模块类:封装操作模块
V $ ResourceBlock	资源模块类:封装包装的资源模块
V $ ResourceSA	标准属性类:封装包装的资源属性
Variable	变量实体类:创建变量实体对象

7. 类与接口的分层结构

类与接口的分层结构如下所示:

```
java.lang.Object
    gpssjv.Addr
    gpssjv.Facility
    gpssjv.Function
    gpssjv.Matrix
    gpssjv.Queue
    gpssjv.QTable
    gpssjv.Savevalue
    gpssjv.Storage
    gpssjv.Switch
    gpssjv.Table
```

```
gpssjv. User
gpssjv. Variable
gpssjv. V $ ResourceSA
    gpssjv. V $ GlobleSA
    gpssjv. V $ OperationBlock
    gpssjv. V $ ResourceBlock
    gpssjv. BlockOp ( implements gpssjv. Constant )
    gpssjv. Constant
```

由以上分层结构可见,类 BlockOp 多层继承了类 V $ ResourceSA、V $ GlobleSA、V $ OperationBlock 和 V $ ResourceBlock 并实现了接口. Constant。GPSS/Java 规定用户模型类必须继承 BlockOp 类。根据类的继承性可知,这意味着用户模型类中可以引用这些类(包括类 BlockOp 以及接口. Constant)中所有的公有方法和属性变量。

8. 仿真基础类简述

(1)资源实体类。

根据资源实体的作用,我们将其分为服务实体和辅助实体。这两类实体对应的基础类分别为:

①服务实体类:Facility 和 Storage。

②辅助实体类:Addr、Function、Matrix、Queue、QTable、SaveVlalue、Switch、Table、Vaiable 和 User。

所有资源实体在模型中必须先定义,后使用。分层结构图表示:所有实体类都是相对独立的类。

(2)操作模块类(V $ OperationBlock)。

操作模块类封装了所有操作模块语句。

(3)资源模块类(V $ ResourceBlock)。

资源模块类包装了所有资源模块语句,使用户可以采取 GPSS 传统风格来表达这些模块语句。例如,对于设备实体 Facility 类中的方法 seize(),在 V $ ResourceBlock 类中定义了如下的包装方法:

```
public void seize( Facility f) {
    f. seize( ) ;
}
```

其他资源实体模块语句采取同样的包装方式来处理。

(4)资源属性类(V $ ResourceSA)。

资源属性类包装了所有资源实体的标准属性,使用户可以采取 GPSS 传统风格来表达这些标准属性。例如,对于设备实体 Facility 类中的标准数值属性 FR $ (),在 V $ ResourceSA 类中定义了如下的包装方法:

```
public double FR $ ( Facility f) {
    return f. FR $ ( );
}
```

其他资源实体的标准属性采取同样的包装方式来处理。

(5) 全局属性类(V $ GlobleSA)。

所有与资源实体无直接关系的标准属性称为全局属性,如 AC $ ( ) 和 RC $ ( )(分别代表当前绝对时钟值和相对时钟值)等,这些标准属性被定义在此类中。

(6) BlockOp 类。

由于历史原因,此类的名被延续使用至今。BlockOp 类为一抽象类,因为其中定义了抽象方法 public void simulate( ) 和 public void run( );用户模型类必须实现这两个方法,否则编译会出错。用户必须将模型模块语句置于 simulate 方法中,而将模型控制语句置于 run 方法中。除了继承其直接和间接的父类中定义的语句外,BlockOp 类本身定义了各种控制语句。

(7) 常量接口(Constant)。

常量接口定义了辅助操作符和操作数功能标识符(助记符),例如用于表示逻辑开关状态的标识符 SET 和 RESET 等。

GPSS/Java 桌面开发环境提供的仿真类库(gpssjv)的帮助文档详细介绍了以上基础类的功能和用法,是用户建模的最有力的帮助工具。

5.3.3　Web 版集成开发环境简介

1. 运行环境要求

(1) 采用 Java 开发套件 JDK 1.5(SE)以上版本,安装并正确配置。

(2) 采用 MYSQL 5.0 以上版本,安装并正确设置。

(3) 采用 TOMKAT 5.0 以上版本,安装并正确配置。

(4) 操作系统为 WIN 2000 SERVER 或以上版本。

2. 系统环境配置

(1) 设置系统环境变量 PATH:

假设,JDK 安装路径为 D:\jdk1.507,则环境变量 PATH 应配置如下:

```
PATH = D:\jdk1.507\bin
```

(2) MYSQL 设置:

① 建立数据库 example。

② 创建数据表 user。

③ 为 user 建立如下字段:

字段	类型
userid	VARCHAR(10)
name	VARCHAR(20)
password	VARCHAR(20)
num	VARCHAR(20)
birth	BIGINT(20)
sex	VARCHAR(2)
description	VARCHAR(2000)

(3) TOMKAT 设置。

①将数据库连接驱动程序 mysql-connector-java-5.0.0-beta-bin.jar 复制到 tomcat_home\common\lib。

②打开文件 tomcat_home\conf\server.xml，找到标签 <Host>，加入以下内容：

```
<Context path="" docBase="/ROOT"
        debug="5" reloadable="true" crossContext="true">
    <Resource name="jdbc/TestDB" auth="Container" type="javax.sql.DataSource"
            maxActive="100" maxIdle="30" maxWait="10000"
            username="root" password="12345" driverClassName="com.mysql.jdbc.Driver"
            url="jdbc:mysql://localhost:3306/example?autoReconnect=true"/>
</Context>
```

注意：username 和 password 分别为 MYSQL 的用户名和密码，在装配 MYSQL 时已确定。

③打开文件 tomcat_home\conf\web.xml，找到标签 <welcome-file-list>，加入以下内容：

```
<welcome-file>login.jsp</welcome-file>
```

④将 GPSS/Java 提供的 web 模块（文件夹）ROOT 复制到 tomcat_home\webapps。

3. 进入主页注册管理员用户

确认 MYSQL 和 TOMCAT 服务已正确启动，在浏览器地址栏键入 Web 地址后进入 GPSS/Java 首页，点击注册按钮，进入注册页面；管理员用户名必须为 administ，密码随意。注意用户名不能含有汉字。

4. 进入与退出开发环境

(1) 进入开发环境：必须在 GPSS/Java 首页登录，经确认用户名和密码等正确后，便进入 Web 应用的开发环境主界面，如图 5.6 所示。

(2) 退出开发环境：在主界面点击"注销"按钮，将注销用户，退出开发环境，返回主页。

5. 模型操作

(1) 编辑模型：在开发环境主界面中，点击"模板"按钮，将在编辑窗口生成一个模型程序的代码框架。该程序框架本身就是一个可以提交运行的模型程序，用户可根据注释填写各种模型语句。与桌面应用的开发环境相似，基于 Web 的开发环境同样提供了 case 生成器和三个语句助手，用于自动生成 case 标号、资源定义语句、模块语句和各类控制语句等。

(2) 完成模型：点击"完成"按钮，将对当前模型程序进行若干语法检查，如类名的合法性和 case 标号的合法性等，若无错误，则提交按钮开启。

(3) 提交模型：点击"提交"按钮，将当前编辑窗口的模型程序提交应用服务器编译和运行。编译和运行错误的提示将会从服务端返回，在此按钮下方的消息窗口显示。用户可根据出错信息来调试模型程序。若模型运行成功，则在消息窗口显示运行成功的提示信息，点击查看结果的超链接可打开模型运行结果的窗口。值得注意的是，在提交模型时，系统会自动在服务器端生成模型的源程序文件。

(4) 保存模型：如果模型未经提交而退出开发环境，则当前编辑的模型源程序不会在服务器端保存。故应在退出前点击"保存"按钮，将其保存在服务器端，以便下次进入时调出继续编辑。

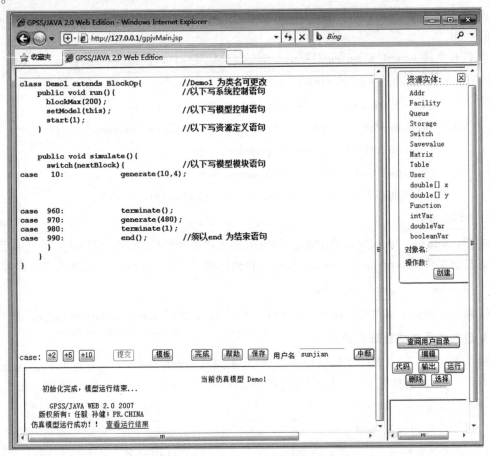

图 5.6　GPSS/Java Web 开发环境主界面

（5）中断模型：如果模型含有会产生死循环的逻辑错误，则模型的运行永不会终止。点击"中断"按钮会强制中断模型的运行。即使用户不中断模型的运行，系统也会在任一模型运行到一定时刻时自动中断其运行，以防止系统的资源被个别用户过多地占用。因此如果出现模型运行被系统强制中断的提示信息，也不一定是用户模型产生了死循环的错误。这种情况下，用户应该减少模型的模拟时间，来观察模型是否可以正常地结束运行。

（6）帮助文档：点击帮助按钮将打开仿真类库的帮助文档，该文档详细介绍了各仿真基础类及其封装的各种模块、控制和属性语句的详细功能、语法和作用。

6. 文件管理

系统为每一个合法登录用户在服务器端创建了一个目录。该用户所有创建的源程序文件和运行结果文件等都保存在此目录中。开发环境主界面右侧窗口为文件管理窗口。文件管理窗口界面可实现对用户目录和文件的浏览、编辑、运行和删除等操作。

（1）浏览用户目录。

点击"浏览用户目录"按钮，将在按钮上方的子窗口列出当前用户的所有模型文件名。

（2）编辑用户原有模型。

在用户目录文件列表中选择要编辑的模型，然后点击"编辑"按钮，则出现确认对话框，要求用户确认是否覆盖当前编辑窗口的模型程序,若选择确定,则以上所选模型的源程序将被读入至编辑窗口。

(3)运行用户原有模型。

在用户目录文件列表中选择要运行的模型,然后点击"运行"按钮,模型便开始运行。运行中的出错或运行成功的提示信息将显示在开发环境主界面左侧底部的消息窗口。

(4)查看原有模型结果。

在用户目录文件列表中选择要查看运行结果的模型,然后点击"输出"按钮,该模型运行结果便显示在弹出的输出结果窗口中。

(5)浏览原有模型代码。

在用户目录文件列表中选择要浏览的源程序代码的模型,然后点击"代码"按钮,该模型源程序代码便显示在弹出的窗口中。

(6)删除原有模型文件。

在用户目录文件列表中选择要删除的模型(其未在使用中),然后点击"选择"按钮,该模型名便显示在右侧文本框中;再点击"删除"按钮,便弹出一确认对话框;选择确定按钮,则与该模型所有相关的文件被从当前用户目录中删除。有关删除的信息会显示在开发环境主界面右侧底部的消息窗口中。

5.3.4 Web 应用类库构成

Web 应用的类库结构与桌面应用有很大的差别。这种差别主要由应用程序以不同方式在服务端运行的选择导致,即每个用户的模型在服务端以一个独立的进程或一个线程的方式来运行。相比现代应用服务器技术,前者显然具有较低的效率。要使每个提交的仿真模型以线程的方式运行,从而发挥应用服务的先进技术,就必须保证每个模型线程的安全性。最好的解决方案是:模型中用类库的各种接口类所创建的对象中不应含有任何全局静态类型的写入变量。如果提交的模型都含有这种变量,必然会使同时装载的多个模型线程间产生耦合和干扰,从而产生错误的运行结果。而 GPSS/Java 桌面应用的类库使用了较多的静态全局写入变量,因此必须重新组织类库的结构来满足 Web 应用的要求。最终的解决方法是:除了完全独立的类外,凡是需要通过全局静态写入变量来相互联系的类,都应作为内类来处理,所有的全局写入变量被定义为这些内类共同的外层类非静态成员变量。由于外层类的成员变量对于其所有内类来说是透明的,因此类库中采取这样的组织结构就能很好地解决模型线程间的耦合问题。

1. 类库组成

表5.2 列出了类库封装的所有公有接口和类及其功能。

表5.2 基于 WEB 的仿真类库 gpssjv

类名	类摘要
Constant	模型公用常变量接口:作为模块语句辅助操作符或功能标识操作数
类名	类摘要
BlockOp	操作模块类:继承了公共类、资源实体类、标准属性类和模块类,自身封装了标准分布函数和各类控制语句
Common	公共类:封装所有全局变量

续表5.2

类名	类摘要
GlobleSA	全局属性类:封装所有全局标准属性
OperationBlock	操作模块类:封装所有操作模块
Resource	资源类:封装所有资源实体类
ResourceBlock	资源模块类:封装所有包装的资源模块
ResourceSA	资源属性类:封装所有包装的资源标准属性

2. 类与接口的分层结构

类与接口的分层结构如下所示:

```
java.lang.Object
    gpssjv.Common
        gpssjv.Resource
            gpssjv.ResourceSA
                gpssjv.GlobleSA
                    gpssjv.OperationBlock
                        gpssjv.ResourceBlock
                            gpssjv.BlockOp（implements gpssjv.Constant）
            gpssjv.Resource.Addr
            gpssjv.Resource.Facility
            gpssjv.Resource.Function
            gpssjv.Resource.Matrix
            gpssjv.Resource.QTable
            gpssjv.Resource.Queue
            gpssjv.Resource.Savevalue
            gpssjv.Resource.Storage
            gpssjv.Resource.Switch
            gpssjv.Resource.Table
            gpssjv.Resource.User
            gpssjv.Resource.Variable
    gpssjv.Constant
```

由以上分层结构可知,类 Common 封装的所有成员变量可以为其所有直接或间接子类,以及这些子类的内类所访问,而这些成员变量都为非静态类型。子类 BlockOp 多层继承了类 Common、Resource、ResourceSA、GlobleSA、ResourceBlock 和 OperationBlock,并实现了接口.Constant。BlockOp 类中还定义了封装调度程序的内类 Diaodu,由于它是非公有的内类,所以无法被模型程序直接访问。子类 Resource 封装了所有实体类,而这些实体类是作为内类(公有)定义的,也被 BlockOp 类所继承。GPSS/Java 规定用户模型类必须继承 BlockOp 类,根据类的继承性,这意味着用户模型类中可以引用这些类(包括实体内类),包括类 BlockOp 以及接口

.Constant 中所有的公有方法和属性变量。对于这些类的内部的实现,Web 应用与桌面应用没有很大的差别。

3. 仿真基础类简述

(1)资源实体类。

根据资源实体的作用将其分为服务实体和辅助实体。这两类实体对应的基础类分别为:

①服务实体类:Facility 和 Storage。

②辅助实体类:Addr、Function、Matrix、Queue、QTable、SaveVlalue、Switch、Table、Vaiable 和 User。

所有资源实体在模型中必须先定义,后使用。分层结构图表示:所有资源实体类都以公有内类定义在 Resource 类中。

(2)操作模块类(OperationBlock)。

操作模块类封装了所有操作模块语句。它实际上对应桌面应用类库的 V＄OperationBlock 类。

(3)资源模块类(ResourceBlock)。

资源模块类包装了所有资源模块语句,使用户可以采取 GPSS 传统风格来表达这些模块语句。实际上,该类对应桌面应用类库的 V＄ResourceBlock 类。例如,对于设备实体 Facility 类中的方法 seize( ),在 ResourceBlock 类中定义了如下的包装方法:

```
public void seize(Facility f){
    f.seize();
}
```

其他资源实体模块语句采取同样的包装方式来处理。

(4)资源属性类(ResourceSA)。

资源属性类包装了所有资源实体的标准属性,使用户可以采取 GPSS 传统风格来表达这些标准属性。例如,对于设备实体 Facility 类中的标准数值属性 FR＄( ),在 ResourceSA 类中定义了如下的包装方法:

```
public double FR＄(Facility f){
    return f.FR＄();
}
```

其他资源实体的标准属性采取同样的包装方式来处理。

ResourceSA 与桌面应用类库的 V＄ResourceSA 完全等同。

(5)全局属性类(GlobleSA)。

所有与资源实体无直接关系的标准属性称为全局属性,如 AC＄( )和 RC＄( )(分别代表当前绝对时钟值和相对时钟值)等。这些标准属性被定义在此类中。

GlobleSA 与桌面应用类库的 V＄GlobleSA 完全等同。

(6)BlockOp 类。

由于历史原因此类的名被延续使用至今。BlockOp 类为一抽象类,因为其中定义了抽象方法 public void simulate( )和 public void run( )。用户模型类必须实现这两个方法,否则编译会出错。用户必须将模型模块语句置于 simulate 方法中,而将模型控制语句置于 run 方法中。除了继承其直接和间接父类中定义的语句外,该类本身定义了各种控制语句。与桌面应用的类库不同,Web 应用的类库的 BlockOp 类还封装了非公有的内类 Diaodu。

(7)常量接口(Constant)。

常量接口定义了所有辅助操作符和操作数标识符(助记符),比如用于表示逻辑开关状态的标识符 SET 和 RESET 等。

常量接口 Constant 与桌面应用类库的接口 Constant 完全等同。常量接口 Constant 中定义的常变量都是静态的,但是它们都是只读类型的变量,各个模型线程只是引用这些变量的值,而不会改变它们,因此不会影响线程的安全性。

GPSS/Java Web 开发环境提供的仿真类库 gpssjv 技术文档详细介绍了以上基础类的功能和用法,是用户建模的最有力的帮助工具。

第 6 章

GPSS/Java 常用语句及其使用

6.1 GPSS/Java 基本模块

在介绍 GPSS/Java 语言的基本模块之前,我们有必要对系统实体及 GPSS/Java 模块进行分类,这不仅可以使我们对各类实体和模块加深理解,而且也使我们进一步了解 GPSS/Java 语言的特点,了解它与其他计算机高级语言的区别,从而尽快入门。按 GPSS/Java 各模块的功能,或者按管理系统内各类设备及人的不同功能,我们可以将 GPSS/Java 语言中涉及到的基本实体分成两类。

6.1.1 活动(流动)实体

活动实体是 GPSS/Java 语言中最具有代表性的一种实体。活动实体是指系统中移动或活动的人、设备、设施等。这类实体在系统中没有固定的位置,它的位置是随事件的发生而变动的。比如在理发店系统中的顾客就是典型的活动实体,它在系统中经过到达、排队、服务和离开等多个环节,每个环节它都在系统内变换着位置和状态,直至它离开系统。因此活动实体在系统中移动的轨迹也就是我们编制程序的脉络。一个管理系统中可能存在多个活动实体,从这个意义上讲,GPSS/Java 程序的编制就是按每个活动实体的活动轨迹分别编制程序,从该实体的出现到它的消失(离开系统),每一步的移动都要在程序中反映出来。我们在阅读使用计算机高级语言编写的程序时,常常按程序中语句的执行顺序一句一句阅读,它的顺序可能由某个算法决定;但在阅读 GPSS/Java 程序时,我们应按每个活动实体在系统中活动的轨迹和顺序来阅读程序。这种观念的转变对学习和掌握好 GPSS/Java 语言十分重要。

应特别指出,并不是系统中所有能动的实体都是活动实体,判断和确定活动实体主要应注意系统研究的目的和实体在系统中所处的位置。比如在高速公路建设系统研究中,假设我们研究具体某一段公路的建设情况,那么参加建设公路的可移动的设备,如汽车、挖掘机、铺道机、压道机等等,都应作为活动实体一一进行模拟,从而统计出各类设备的利用率或找出存在问题的环节。但是如果我们研究的不是某一段具体的公路,而是某一个区域的高速公路的建设问题,那么情况就大不一样。这种情况下,上述各类施工设备可能就不能作为活动实体了,因为它们在系统中处于十分渺小的地位,以至于它们的移动对整个系统的研究不构成影响。这时,一个工程队或者一个筑路公司可能是系统中的活动实体。在第 2 章也曾讲过这一问题,也许读者还会有些印象。反复说明和强调这一问题,说明了如何确定活动实体是十分重要的。

确定系统的活动实体时应注意的另一个问题是:要将系统内所有应定为活动实体的实体都确定为活动实体,而不应定为活动实体的实体,尽管它可能是移动的,也不能确定为活动实体。确定的重要方式是判断该实体的移动是否会改变系统的状态。当然对于不同的研究目的,区别或确定活动实体的原则也不尽相同。

6.1.2 固定实体

与活动实体相对应的是固定实体。顾名思义,这是一类其位置在系统中相对固定的实体。比如车间内的各类车床、公路上的加油站、飞机场的跑道等等。他们除了具有不移动的特点外,其存在和工作情况对系统的状态是有影响的,否则也就不称其为固定实体。此外,不是所谓固定实体就不动,具体要看研究目的或系统的范围。比如具体研究露天矿某个工作面的工作情况,则电铲是一个活动实体,因为电铲的移动会改变系统的状态(产量、运输距离等);但是如果研究整个矿区的生产情况,那么每一台电铲的移动不能对系统的状态构成影响,它就可以不作为一个活动实体来对待,但它应作为一台固定实体来进行模拟,因为电铲的工作情况对生产是有影响的。

系统中属于固定实体的实体是很多的,为了进一步了解各类固定实体的性能,在此对固定实体再进行分类。由于不同的固定实体所使用的语句和数据都不相同,因此如下分类对于我们学习和理解 GPSS/Java 语言是有益的。

1. 资源实体

资源实体是指那些系统中具有资源性能的设备或设施,一般来说,资源实体可以提供各类服务或控制的工作。在 GPSS/Java 语言中属于资源实体的常用固定实体有如下几类:

(1)设施(Facility):系统中可提供服务性质工作的人、设备或设施,如公路上的加油站,飞机场的跑道、理发师、银行的出纳、食堂的卖饭口等等。

(2)队列(Queue):系统中需要排队等候之处。这是管理系统中最常见的一种固定实体,几乎所有的管理系统中都存在排队问题,因此队列的应用在 GPSS/Java 中是最多的。

(3)存储器(Storage):系统中可存储活动实体或某种系统元素的设备或设施,如仓库,物料场、煤仓等。有一些看上去像设施的实体,根据不同的考虑问题的方法或模型建立的思路,也可以当成存储器来对待。比如一个有四个加油器的加油站可以作为四个设施来模拟,也可以用容量为四的一个存储器来模拟。我们会在后面举例来具体讲授这一问题。

(4)逻辑开关(Logic):系统中仅具有两种工作状态的开关型设备,比如道岔、红绿灯、电开关、机械开关等。

(5)地址实体(Addr):用于在模型中创建一个地址对象,间接作为语句标号。

2. 统计实体

统计实体是系统中用来进行统计计算的各类工具,显然统计实体并不是一个具体的设备或元件。它是指各类统计表(TABLE)或用于某些特殊统计的变量($V\$j$)等。

3. 其他辅助实体

其他辅助实体如函数实体和保存值实体等。

按上述分类的原则,我们就可以将 GPSS/Java 语言的模块分成不同的类型。GPSS/Java 语

言中最基本的模块就是与资源实体有关的模块,大致可分成以下几类:

(1) 与活动(流动)实体有关的模块。

(2) 与设施有关的模块。

(3) 与队列有关的模块。

(4) 与存储器有关的模块。

(5) 与逻辑开关有关的模块。

我们就按上述分类来分别介绍 GPSS/Java 的基本模块,读者也可按其分类来记忆和使用这些模块。这里所分的 GPSS/Java 模块是有其特定的意义的,它区别于 GPSS/Java 语句。GPSS/Java 模块真正地模拟每一个典型的系统过程,在 GPSS/Java 的标准输出中将对每一个这样的模块进行系统地统计。而 GPSS/Java 语言还有另外一部分常称为语句的元素,比如控制语句、定义语句等,他们仅是起控制或定义模拟元素的作用,我们也会在介绍相关模块时加以说明。

6.2 与活动实体有关的模块

可以这样来形容活动实体在 GPSS/Java 语言中的地位:它是 GPSS/Java 程序的灵魂。读者在掌握 GPSS/Java 语言后就可深刻地体会到,系统中的活动实体是贯穿整个程序的绳索或纽带。程序从活动实体的产生开始运行,到活动实体的消失(离开)而结束,活动实体每运动一步,系统状态就要发生变化,模拟过程就要进行完整的模拟统计。GPSS/Java 语言的程序框图也是按活动实体的运动过程来绘制的。

活动实体本身在系统中所处的状态有四种,即活动实体的产生(进入系统)、延时(运动)、转向和消失(离开系统),同时活动实体所带参数的赋值问题也要由模块来实现,因此活动实体最常用的模块有五个。

6.2.1 generate 模块

1. 作用

产生活动实体的模块。任何一个活动实体的产生都是通过 generate 发生的,所产生的活动实体的各种特性是由它的数据域确定的。

2. 操作符、操作数与模块图

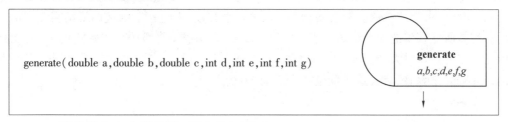

generate 模块共有 7 个操作数,其含义如下:

a:实型;常数;活动实体到达的间隔时间的均值;缺省为 0。

b:实型;常数;间隔时间的偏差;缺省为 0。

c:实型;第一个活动实体进入 generate 的时间;缺省为 0;表示到达间隔时间由 a 和 b 操作

数决定。

　　d:整型;要产生的活动实体总数;缺省为无限制。
　　e:整型;活动实体的优先级(0~1 000);缺省为 0。
　　f:整型;活动实体整型参数个数(小于等于100);缺省为 12 个。
　　g:整型;活动实体实型参数个数(小于等于100);缺省为 12 个。

3. 说明

　　(1) a 和 b 操作数:当 a 和 b 皆为常数时(a 必须大于等于 0 并且 a 大于等于 b),表示到达间隔时间服从均匀分布,平均到达间隔时间为 a,偏差为 b。例如,generate(5,3);表示活动实体进入 generate 模块的间隔时间可能为 2~8 之间的任一数值,且出现的概率相等。

　　如果 b 域是一个函数的标准属性码,则活动实体生成的时间间隔是由 a 域的值乘 b 域函数的值决定的。例如,generate(5,RN＄(1));代表每隔 5 * RN＄(1)的时间间隔有一个活动实体达到。

　　如果 b 缺省(或取值 0),则到达间隔时间为确定值,而非随机变量。例如,generate(5,0);可以表示为 generate(5);,代表每隔 5 个时间单位有一个活动实体到达。

　　(2) c、d 和 e 操作数:c 代表第一个活动实体流入 generate 模块进入模型时的绝对时间,通常这一时间也称为延迟时间;d 代表由该 generate 模块产生的活动实体总数,即超过此数,就不再产生新的活动实体;e 为该模块产生的活动实体所具有的优先权水平,通常具有较高优先级的活动实体会优先得到服务。GPSS/Java 定义的优先权水平为 0~1 000。例如,genenrate(3,3,10,5,7);表示:

　　①活动实体由该模块进入模型间隔时间为均匀分布,平均间隔时间为 3,偏差为 3。
　　②第 1 个活动实体于第 10 个时间单位进入模型。
　　③第 5 个活动实体进入模型后,不再有活动实体进入。
　　④ 5 个活动实体的优先级别都为 7。

　　(3)如果 c 值缺省,则说明第一个活动实体是从模拟钟 0 时开始经过一个时间间隔 a 后产生。d 指定了系统中具有该类活动实体的数目,比如在模拟市内公共交通系统时,某一路公共汽车仅有 21 辆,那么系统中模拟这一类公共汽车的活动实体也只能产生 21 个,这时可在 d 域写 21。d 值缺省时表明对活动实体的的数目没有限制。

　　(4)模拟系统中各个实体通常都会有一定的参数,比如汽车的型号、载重量、行车速度,某架飞机的型号、载客数目、载货量、飞行高度、飞行速度等等,这些参数在系统模拟中随时可能被用到,因此要求这些参数应随着活动实体的移动而移动,即这些参数应由活动实体携带。每个活动实体所能携带的参数个数可以由 f 和 g 设置,它相当于高级语言中数组的大小,无必要的情况不需要设置过大,缺省时为 12。活动实体所携带的各个参数的数值需要通过专门的赋值语句 assign 来设置,有关这个问题将在后面讲解。

4. 注意事项

　　(1) generate 模块操作数 a 和 d 不能同时缺省,即不能同时为 0,否则会使模型处于无休止的循环之中。

　　(2)依据所要解决的问题,模型中可以设置多个 generate 模块,代表接受服务的实体进入系统的多个入口。由于活动实体从这个模块产生,因此对于该活动实体来说,此模块前不应有任何模块,即不会有任何活动实体从另一个模块来到 generate 模块。generate 模块一般写在程序的开头。

(3) 当某些数据域中的数值缺省时要用逗号空开,保留其位置。因此对于 GPSS/Java 语言来讲,每个数据域的位置都至关重要,在模拟中使用参数时识别的是位置而非数据,如果数据的位置错误,则整个模块错误。例如:

generate (5,3,,25);	//在第 25 时间单位产生第一个活动实体
generate (5,2,,,15);	//优先级为 15
generate (18,4,,25);	//共产生 25 个活动实体

6.2.2 advance 模块

1. 作用

活动实体的延时模块。活动实体在系统中运动、停留、接受服务等过程都需要延时,可以用此模块实现。活动实体进入该模块,将在该模块滞留一个预先规定的时间间隔,表示开始接受服务的事件发生了。

2. 操作符、操作数与模块图

advance 模块有 2 个操作数,其含义如下:

a:实型;常数;平均滞留时间;缺省为 0。

b:实型;常数;滞留时间的偏差;缺省为 0。

3. 说明

a 和 b 操作数:当 a 和 b 皆为常数时(a 必须大于等于 0,并且 a 大于或等于 b),表示滞留时间服从均匀分布,平均滞留时间为 a,偏差为 b。如果 a 为常数而 b 缺省(或取值 0),则滞留时间为确定值,而非随机变量。例如,advance (5,3);表示活动实体在该模块的滞留时间可能为 2~8 之间的任一数值,且出现的概论相等。若有 advance (5,0);或者 advance (5);,则表示所有进入该模块的活动实体的滞留时间皆为 5 个时间单位。

如果 b 域是一个函数的标准属性码,则表示滞留时间是由 a 域的值乘 b 域函数的值决定的。

4. 注意事项

advance 模块是操作类型的模块,而与资源实体无内在联系。它不会拒绝活动实体的进入,并且对于同时滞留在其中的活动实体的数量没有限制。

6.2.3 terminate 模块

1. 作用

terminate 模块使活动实体消失(离开系统),将活动实体排出模型,使模拟终止计数器递减一个常数。模拟过程中,活动实体在离开系统时要通过 terminate 模块来实现。经过 terminate 模块的活动实体会永远离开系统,它不会再返回系统,也不会经其他路径进入程序的任何位置,因此 terminate 模块是一个终止型模块,它之后不会再有与该活动实体相关的其他模块接续它。generate 模块是活动实体的入口,terminate 模块是活动实体的出口。

2. 模拟终止计数器

为 GPSS/Java 内部定义的一个全局变量。模型开始运行时,通过控制语句接受用户赋予的一个初始值(大于 0);在模型运行中,当此值小于等于 0 时,模型停止运行。

3. 操作符、操作数与模块图

terminate 模块只有 1 个操作数,其含义如下:

a:整型;常数或表达式;使模拟终止计数器递减 a 操作数定义的值;缺省为 0。

a 表示某个活动实体经过 terminate 模块时,以某个实体数目为模拟终止计数的总数中应减少的该实体的个数。比如我们模拟某个公共汽车线路的运行时,以运输了 2 000 个顾客为模拟的终止目标,那么在每辆公共汽车到达站点后(即汽车这个活动实体经过 terminate 模块时),在系统模拟终止目标数目上要减去这辆汽车所载的乘客数目(假设为 42),在这种情况下,a 域就应是 42。

活动实体流入 terminate 模块即被排出模型,该活动实体所占用的内存空间被释放。之后处理程序会执行另一个操作:使模拟终止计数器当前值递减操作数 a 的指定值。当模拟终止计数器当前值小于等于 0 时,模型停止运行。

如果操作数缺省,那么活动实体流入此模块后,同样会被排出模型,但后一操作不会执行,即不会修正模拟终止计数器的当前值。因此可见,terminate 模块具有两种作用:一是将活动实体排出模型,代表接受服务的实体在接受服务后离开系统;二是与其他语句配合,使模型在持续运行一段指定的时间后能够终止。

terminate 模块是模型的终结点,因此只有流入的路径而没有流出的路径,其作用恰与 generate 相反。例如:

terminate (1);	//在模拟终止计数器中减去 1
terminate (10);	//在模拟终止计数器中减去 10
terminate;	//活动实体离开时,在模拟终止计数器中减去 0

terminate 模块经常与控制语句 start 一起用来控制模拟的终止。

6.2.4 transfer 模块

在模型中,transfer 模块会改变活动实体移动的流程,而对其产生转移的作用,这种转移的方式有多种。GPSS/Java 采用重载方法提供了其中最为常用的三种基本模式,即无条件转移、概率转移和 BOTH 转移模式。

1. 模块作用

改变活动实体的运动路径,使其转移某个指定模块。

2. 操作符、操作数和模块图

（1）无条件转移：改变活动实体的运动路径，使其无条件转移至另一具有某个语句标号的指定模块。

transfer(Addr a)

transfer 模块无条件转移模式只有 1 个操作数，其含义如下：

a：地址实体类型；标号对象；不能缺省。

（2）概率转移：改变活动实体的运动路径，使其以不同的概率转移至具有不同语句标号的两个指定模块。

transfer(double a, Addr b, Addr c)

transfer 模块概率转移模式有 3 个操作数，其含义如下：

a：实型；常数或表达式；其值要大于 0 且小于 1。

b：地址类型；标号对象；表示以概率 $1-a$ 转移至的模块的标号对象；不能缺省。

c：地址类型；标号对象；表示以概率 a 转移至的模块的标号对象；不能缺省。

transfer 模块具有以下重载形式：

transfer(double a, Addr c)

表示活动实体以概率 a 转移至标号对象为 c 的模块，以概率 $1-a$ 转移至其下一模块。例如，transfer(0.4,back1,back2);表示若有 1 000 个活动实体进入该 transfer 模块，大约有 400 个左右流至标号对象为 back2 的模块，而其他活动实体流至标号对象为 back1 的模块。就某一个活动实体来说，究竟流向何处，处理程序是这样决定的：产生一个[0,1)间隔的均匀分布的随机数 N，如果 $0 \leqslant N < a$，则该活动实体流至标号对象为 back2 的模块；若 $a \leqslant N < 1$，则该活动实体流至标号对象为 back1 的模块。

（3）both 转移：改变活动实体的运动路径。活动实体首先试图进入 transfer 操作数 a 所指示的模块，若被拒绝则转入操作数 b 所指示的模块，若仍被拒绝，则在 transfer 模块等待，直到 a 和 b 操作数指示的模块中有一个拒绝的条件不存在为止。

transfer(Addr a, Addr b)

transfer 模块 both 转移模式有 2 个操作数，其含义如下：

a：地址类型；标号对象；表示首次试图进入的模块的标号对象；不能缺省。

b：地址类型；标号对象；表示第二次试图进入的模块的标号对象；不能缺省。

例如，transfer(first,second);表示活动实体首先试图进入标号对象为 first 的模块，如果被拒绝，则试图进入标号对象为 second 的模块，如果仍被拒绝，则在此等待，直到这两个模块有一个拒绝的条件不存在为止。

3. 地址实体

地址实体也称标号实体,是辅助实体,同时也属于资源实体,用于在模型中创建一个地址对象并间接地将其作为语句标号。类库 gpssjv 提供的地址实体类的原型为 Addr。用此类创建的对象就称为标号实体对象,简称标号对象。例如:

```
Addr back = new Addr();
```

在 GPSS/Java 中,一个标号对象并不能直接用作一个模块语句的标号,它只能作为标号控制语句或模块语句的操作数。当它作为标号控制语句的操作数时,该标号控制语句就可以作为某一模块语句的标号使用。

标号对象在模型中具有两种作用,一是指示活动实体转移的位置,二是获得某一指定模块的编号属性。

4. 标号控制语句 A

(1)作用:定义某一模块语句的语句标号。

(2)操作符与操作数。

```
A(Addr a);
```

标号控制语句 A 只有 1 个操作数,其含义如下:

a:地址实体类类型;标号对象;不能缺省。

(3)用法举例:

```
case    10:                        generate(35,10);
case    15:A(back);                queue(barblin);
case    20:                        seize(barb);
case    25:                        depart(barblin);
case    35:                        advance(18,6);
case    40:A(made);                release(barb);
case    50:                        terminate(1);
```

以上模型程序片段为 queue 模块定义了标号 A(back);,其标号对象为 back。release 模块定义了标号 A(back);,其标号对象为 made。

在使用标号控制语句的过程中应注意:标号对象必须先定义后使用;标号控制语句 A 是 Java 语句,必须以英文分号结尾;标号控制语句 A 必须紧跟 case 标号,且在模块语句之前;只有模块语句才有标号;end() 是一个特殊的模块语句,它不被编号,标号对象和控制语句 A 对其不发生作用;标号语句没有对象的调用方式,如 back.A() 是错误的表达方式。

模块片段示例如下:

```
Addr back=new Addr();
:
case    10:                        generate(35,10);
```

```
case   15:A(back);          queue(barblin);
case   20:                  seize(barb);
case   25:                  depart(barblin);
case   35:                  advance(18,6);
case   40:                  release(barb);
case   50:                  transfer(back);//返回设定的back地址,即queue模块
case   90:                  terminate(1);
case   100                  end();
```

6.2.5 assign 模块

assign 模块是活动实体参数的赋值语句。模拟过程中活动实体本身常需要携带一定数目的参数,比如活动实体是设备,那么有关设备的型号、编号及其各类属性就要跟随活动实体的移动而移动,如果活动实体是人,那么有关人员的编号、姓名、性别及其他特征等也要随人员在系统中的移动而移动。参数的数值由参数赋值语句输入,活动实体的参数可以在活动实体产生之后立刻赋值,也可以在其他适当的时候赋值,并且可以重新赋值。

1. 作用

活动实体进入该模块,其某号参数的数值被修改。

2. 操作符、操作数与模块图

(1)标准模式。

① 整型参数赋值。

```
assign(int a,int b)
```

assign 模块有 2 个操作数,其含义如下:

a:整型;整型表达式或 SNA;代表要修改的参数编号;不能缺省。

b:整型;整型表达式或 SNA;代表要修改的参数为整型及其修改后的数值;不能缺省。

例如,assign(3,25);表示当活动实体进入此模块时,该活动实体的 3 号整型参数被修改为 25。

② 实型参数赋值。

```
assign(int a,double b)
```

assign 模块有 2 个操作数,其含义如下:

a:整型;整型表达式或 SNA;代表要修改的参数编号;不能缺省。

b:双精度实型;表达式或 SNA;代表要修改的参数为实型及其修改后的数值;不能缺省。

例如,assign(3,25.0);表示当活动实体进入此模块时,该活动实体的 3 号实型参数值被修改为 25.0。

(2) 递增模式。

① 整型参数赋值。

assignPlus 模块有 2 个操作数,其含义如下:

a:整型;整型表达式或 SNA;代表要修改的参数编号;不能缺省。

b:整型;整型表达式或 SNA;代表要修改的参数为整型及其修改后递增的数值;不能缺省。

例如,assignPlus(3,2);表示假设某活动实体进入该模块前,其 3 号整型参数值为 25,则该活动实体在进入后其 3 号整型参数值被修改为 27。

② 实型参数赋值。

```
assignPlus( int a, double b)
```

assignPlus 模块共有 2 个操作数,其含义如下:

a:整型;整型表达式或 SNA;代表要修改的参数编号;不能缺省。

b:双精度实型;表达式或 SNA;代表要修改的参数为实型及其修改后递增的数值;不能缺省。

(3) 递减模式。

① 整型参数赋值。

assignMinus 模块共有 2 个操作数,其含义如下:

a:整型;整型表达式或 SNA;代表要修改的参数编号;不能缺省。

b:整型;整型表达式或 SNA;代表要修改的参数为整型及其修改后递减的数值;不能缺省。

例如,assignMinus (3,2);表示假设某活动实体进入该模块前,其 3 号整型参数值为 25,则该活动实体在进入后,其 3 号整型参数值被修改为 23。

② 实型参数赋值。

```
assignMinus( int a, double b)
```

assignMinus 模块共有 2 个操作数,其含义如下:

a:整型;整型表达式或 SNA;代表要修改的参数编号;不能缺省。

b:双精度实型;表达式或 SNA;代表要修改的参数为实型及其修改后递减的数值;不能缺省。

下面是一个汽车装卸过程的程序示例,每辆载重汽车有两个参数,1 号参数表示汽车的载重量,单位是吨(t)。2 号参数表示汽车的装载状态,即 1 为空车,2 为重车。程序表示每台车先装 25 t 矿石,经过一段时间的运行后再装入 10 t,然后经过一段其他过程后卸入 1 号矿仓,变成空车后还会有一定的运行活动,最后离开系统。

```
case 20: generate(18,6,,,,2);        //每个实体有两个参数
case 30: assign(1,25);               //一号参数为汽车载重量,赋值25 t
case 40: assign(2,2);                //二号参数为空,重车标记
                                     //1为空车,2为重车
    :                                (程序的其他过程)
case 60: assignPlus(1,10);           //汽车载重量变为35 t
    :                                (程序的其他过程)
case 70: enter(store,35);            //卸入store仓库
case 80: assignMinus(1,35);          //汽车载重量变为0 t,等价assingn(1,0);
case 90: assign(2,1);                //变成空车
    :
case 95: terminate(1);
```

本例仅是为了说明活动实体的参数概念及其参数赋值语句 assign 的使用,因此程序并不完整。

6.3 与资源实体有关的模块

6.3.1 与设施有关的模块

设施是指具有服务性质的设备或设施,每次只能提供一个服务的实体,是服务实体,且属于资源实体。任一时刻,设备只可能有两种状态,即忙或者闲,分别代表提供服务的实体正在提供服务和未在服务状态。当活动实体到达某个设施面前要接受服务时,需要先看一看该设施是否正被其他实体占用,即观察设施是否空闲。当设施忙时,活动实体只能在旁边等候,一旦设施空闲,该活动实体会立即去占用这个设施。因此设施在模拟中经常处于被活动实体占用或被活动实体释放的状态,因此最常用于设施的模块为这两个。

模型分别用活动实体占用设备来模拟接受服务的实体获得提供服务的实体的服务;用活动实体释放设备来模拟提供服务的实体完成了对接受服务的实体的服务。显然,当设备忙时,活动实体是无法占用此设备的,只有当设备处于空闲才能占用。当活动实体释放一个设备时,此设备的状态立即由"忙"变为"闲"。同样,当活动实体占用一个设备时,此设备的状态立即变为忙。

GPSS/Java 要求:在模型中所有资源实体必须作为模型类的成员变量,先定义后使用。定义一个设备,就是使用仿真类库 gpssjv 提供的设备实体(Facility)类创建一个设备实体对象,例如:

```
Facility barber = new Facility( );        //处理程序自动取输出名为FACI1
```

或

```
Facility barber = new Facility("Barber Wang");    //用户定义输出名为Barber Wang
```

其中,barber 为设备实体对象名,简称设备名。

设备名必须是一个合法的 Java 标识符,即由英文字母、数字、下划线(_)或美元符号($)组成,不能以数字开头,且不能是 Java 的关键字。设备的输出名是指在模型运行结束时,产生的输出统计信息的文件中该设备的对应名。

设备实体类定义了两个方法:seize 和 release,分别对应 GPSS 模型中的模块语句 seize 和 release。这两个方法经过包装处理后,又由 BlockOp 类继承(所有与资源实体有关的模块语句和标准属性都进行了同样的包装处理和继承)。所以用户可以在模型中使用两种书写形式,一种为 GPSS 的传统风格,一种为 GPSS/Java 的面向对象风格。由于通过对象直接调用其方法模块省去了包装层,因此模块语句执行的速度较快,但鉴于 GPSS 的悠久历史而形成的使用习惯,本书书写时将沿用 GPSS 的传统风格。

1. seize 模块

(1)作用:活动实体流入此模块代表该活动实体占用某个设备的事件发生了。此时在 seize 模块中处理程序要对对应设备的状态进行修正。活动实体并非总能流入此模块,若对应设备已被占用(忙),则模块拒绝活动实体进入,于是活动实体停止运动,停留在其前一模块等待;若对应设备未被占用(闲),则模块允许活动实体进入,同时该设备状态变为忙。

(2)操作符、操作数与模块图。

seize 模块只有 1 个操作数,其含义如下:

a:设备对象,要占用的设备的对象名,不能缺省。

例如,seize(barber);表示活动实体试图占用设备 barber。

(3)面向对象风格的表示方法。

```
barber.seize();
```

2. release 模块

(1)作用:活动实体流入此模块代表该活动实体释放某个设备的事件发生了。此时在 release 模块中处理程序要对对应设备的状态进行修正,使该设备状态由"忙"变为"闲"。

(2)操作符、操作数与模块图。

release 模块只有 1 个操作数,其含义如下:

a:设备对象;要释放设备的对象名;不能缺省。

例如,release(barber);表示活动实体释放了设备 barber。

(3)面向对象风格的表示方法。

```
barber.release();
```

(4) 设备统计数据。

模拟结束后,产生的数据文件含有模型定义的每个设备在此模拟时间内的相关统计信息,例如:

①名称:设备输出名。

②总进入数:设备占用次数,可以表示接受服务的顾客总数。

③当前状态:1 代表当前忙,0 代表当前闲。

④平均服务时间:设备平均占用时间。设备被占用的总时间/设备被占用的总次数,表示每一顾客接受服务所需要的平均时间。

⑤忙闲率:设备利用率。设备利用率=设备总占用时间/模拟时间。

⑥当前占用实体:模拟结束时刻,仍占用设备的活动实体的编号。

⑦当前抢占实体:若设备发生抢占,模拟结束时刻,仍抢占设备的活动实体的编号。

第⑦项信息涉及设备抢占的功能,有兴趣的可参考其他相关文献。

注意:seize 和 release 模块是一个设施的两种状态,因此它们经常成对出现。这里所说的成对并不是一对一的,比如对于语句 seize(barber);,其程序后至少要有一个 release(barber);语句与其对应,否则设施将永远被占用,模拟将会出现不正常现象。活动实体试图占用或释放未经定义的设备对象,会在模型运行时产生异常;而释放未曾被占用的设备同样会发生运行异常。在模型中设置了设备被占用但未安排被释放,则模型可能会有逻辑方面的错误。

模型片段示例如下:

```
case  10:   generate(10);
case  20:   seize(barber);
case  30:   advance(20);
case  40:   release(barber);
case  50:   terminate();
```

6.3.2 与队列有关的模块

队列是管理系统模拟中最常见的一种固定实体,属于资源实体。任何活动实体在系统的任何位置需要排队等候时,都需要利用队列及其有关的模块进行统计。但有时定义排队实体时,并不一定对应实际系统中的某个排队实体,而仅仅是为了在可能发生的,因模型中服务实体服务能力的限制产生排队现象时,获得排队的相关统计信息而已。每一个排队实体可以记录、汇总和计算模型某处的排队统计信息,并且在模型运行结束后生成的输出文件中安排输出统计结果。反之,如果模型某处的队列信息对模型结果的分析、判断或决策无足轻重,那就根本不需要设置对应的排队实体。

GPSS 对于自然形成的排队队列采取的排队规则是:首先依据活动实体的优先权属性排列,即优先权水平高的排列在前;如果优先权水平相同,则先到达者排列在前。

与设备实体相同,GPSS/Java 要求排队实体必须作为模型类的成员变量,先定义后使用。定义一个队列,就是使用仿真类库 gpssjv 提供的排队实体(Queue)类创建一个排队实体对象,例如:

```
Queue line = new Queue ( );          //处理程序自动取输出名为 QUEU1
```

或

```
Queue line = new Queue ("Barber Line");    //用户定义输出名为 Barber Line
```

其中,line 为排队实体对象名,简称队列名。

活动实体在队列中的状态主要有两种,即排队和离开队列,因此与队列有关的模块也有两个。

1. queue 模块

(1)作用:使活动实体进入队列进行排队。模块 queue 可完成排队的全部过程,包括当排头离开队列后,后面的活动实体的向前移动以及每个排队的活动实体的等候时间的统计等。

(2)操作符、操作数与模块图。

queue(Queue a, int b)

queue 模块有 2 个操作数,其含义如下:

a:排队实体类类型;队列对象;要加入的队列的对象名;不能缺省。

b:整型常数;权重;活动实体排队后队长所增加的量;缺省时为 1。但有些活动实体排队后,队列的长度并不是增加 1,而可能增加其他数值,比如一个标准箱的半成品零件在某台机床前排队时,如果队列的长度是用零件的个数来表示的,那么队列长度的增加量就应等于标准箱内的零件数目,所以这里的 b 并不是永远等于 1。由于多数情况下 b 等于 1,所以当 b 等于 1 时可以缺省。

例如,queue(line);表示活动实体排入队列 line。缺省 b 参数,队列长度增加 1。

又如,queue(line,3);表示 1 个活动实体排入队列 line,占用 3 个队列单元,于是修正排队实体对象的属性时,由原本的加 1 改为加 3。

(3)面向对象风格的表示方法。

```
line. queue();
line. queue(3);
```

2. depart 模块

(1)作用:活动实体流入此模块代表该活动实体离开某个队列的事件发生了。此时在 depart 模块中处理程序要对对应的排队实体的状态进行修正,如队列当前长度减 1,计算该活动实体在此队列的等待时间、当前总等待时间,以及等待时间为 0 的活动实体数量等。

(2)操作符、操作数与模块图。

depart(Queue a, int b)

depart 模块有 2 个操作数,其含义如下:

a:排队实体类类型;队列对象;要离开的队列的对象名;不能缺省。

b:整型常数;权重;活动实体排队后队长所减少的量;缺省时为1。

例如,depart(line);表示活动实体离开队列 line,队列长度减1。

又如,depart(line,3);表示活动实体离开队列 line,让出3个队列单元,于是修正排队实体对象的属性时,由原本的减1改为减3。

(3)面向对象风格的表示方法。

```
line.depart();
line.depart(3);
```

3. 队列统计数据

模拟结束后,产生的数据文件含有模型定义的每个队列在此模拟时间内的相关统计信息,例如:

(1)名称:队列输出名。

(2)总进入数:加入过队列的活动实体总数,可以表示排过队的顾客的总数。

(3)零等待进入数:在队列中等待时间为0的活动实体总数,可以表示无须等待,可立即获得服务的顾客总数。

(4)当前队长:模拟结束时刻队列长度。

(5)平均队长:使用加权平均法计算的队长,即:平均队长 = $\sum$(每一步长的当前队长×每一步长的时间)/总的模拟时间。两次最靠近的时钟修正构成一个步长,而此时间间隔即为此步长的时间,因此累加每一步长的时间得到的总和就是总的模拟时间。

(6)最大队长:到模拟结束为止,队列出现过的最大长度。

(7)平均等待时间:总等待时间/总进入数。

(8)非零平均等待时间:总等待时间/(总进入数 − 零等待进入数)。

queue 与 depart 具有相关的性质,它们应当成对出现,但并不属于一对一的关系,因为排在同一个队列的活动实体有可能从不同的地方离开队列(如在多窗口排一个队时)。活动实体试图加入或离开未经定义的队列对象,会在模型运行时产生异常;而离开未曾进入的队列同样会发生运行时异常。在模型中设置了活动实体进入某队列但未安排其离开,则模型可能会有逻辑方面的错误。

模型片段示例如下:

```
case  10:          generate(18,6);
case  20:          joeq.queue();
case  30:          joe.seize();
case  40:          joeq.depart();
case  50:          advance(16,4);
case  60:          joe.release();
case  970:         terminate();
```

需要再次强调的是:排队实体不是绝对必需的,只在模型需要获得排队统计信息的位置设置排队实体的相关模块即可。除了可以模拟排队过程外,还可以利用它们的功能对某些类似排队的过程进行统计,相关内容见本章举例。

6.3.3 与存储器有关的模块

存储器是有存储功能的固定实体,具有一定的容量,是服务实体,且属于资源实体,代表实际系统中能够提供存储服务的实体。有时存储器也可以代表那些能够同时提供多个服务的实体。存储器能够同时提供服务的数量称为存储实体的容量,代表提供服务的实体具有的服务能力。存储实体提供的每一个服务都被假设为同质同量,即每一个服务无论在质量、数量还是其他方面是不会有区别的,因此顾客不会对其代表的服务实体提供的各个服务进行选择。

为了更加清楚地描述存储器在模型中的作用,可假设存储器由一个或多个成员组成,每个成员提供一个服务,成员的数量就是存储器的容量;可以把设备视作一个特殊的存储器,它只有一个成员。

当存储器的一个成员正在提供服务,则称此成员正忙,相反一个成员未在服务中,则称其闲。由于存储器的每个成员没有区别,所以对于以上情况,我们只能称存储器的某一成员忙或闲。如果一个存储器有 5 个成员,其中 3 个成员在忙,2 个成员闲,那我们称这一存储器的容量为 5,其当前容量为 2。当前容量也称为剩余容量或者富余能力。在模型中,一个存储器的状态通常用其剩余容量来描述。一个存储器的剩余容量为 0,意味当前它无法再提供任何服务,除非其某个成员完成了自身的服务。

模型分别用活动实体进入存储器来模拟接受服务的实体获得提供多个平行服务的实体中一个成员的服务;用活动实体离开存储器来模拟提供服务的实体的一个成员完成了对接受服务的实体的服务。显然,当存储器的剩余容量为 0 时(该存储器所有成员都忙),活动实体是无法进入此存储器的;而只有其剩余容量大于 0 时,活动实体才能进入。当活动实体进入一个存储器时,该存储器的一个成员由"闲"转为"忙",存储器的剩余容量减少 1,存储器的当前状态发生了变化。同样当一个活动实体离开某个存储器时,此存储器的状态也立即发生变化,其剩余容量增加 1,表示一个成员完成了服务,由"忙"变为"闲"。

与设备等实体一样,在模型中存储器也要作为模型类的成员变量,先定义而后使用。定义一个存储器,就是使用仿真类库 gpssjv 提供的存储器(Storage)类创建一个存储器对象。Storage 类具有多个重载的构造方法,所以创建一个存储器对象可以采取如下四种形式:

> Storage shop = new Storage ( );

定义了存储器对象 shop,容量为无限大,自动命名输出名为 STOR1。

> Storage shop = new Storage ("BarbShop");

定义了存储器对象 shop,容量为无限大,输出名为 BarbShop。

> Storage shop = new Storage (5);

定义了存储器对象 shop,容量为 5,自动命名输出名为 STOR1。

> Storage shop = new Storage ("BarbShop",5);

定义了存储器对象 shop,容量为 5,输出名为 BarbShop。

活动实体进入或离开存储器时会使存储器的当前存储量发生变化,与其相关的模块有两个。在使用存储器的过程中,存储器的容量是可以被重新定义的,可以使用与其相关的控制语句定义。

1. enter 模块

（1）作用：使活动实体进入某个存储器的模块。活动实体进入存储器会给存储器的当前存储量带来变化。活动实体流入此模块代表该活动实体获得某个存储器的一个成员的事件发生了。此时在 enter 模块中,处理程序要对对应的存储器的状态进行修正。活动实体并非总能流入此模块,若对应存储器剩余容量为 0,则模块拒绝活动实体进入,于是活动实体停止运动,在其前一模块等待。若对应存储器剩余容量大于 0,则模块允许活动实体进入,同时该存储器的剩余容量减少。

（2）操作符、操作数与模块图。

enter 模块有 2 个操作数,其含义如下：

a：存储器类类型；存储对象；要进入的存储器的对象名；不能缺省。

b：整型常数；权重；代表一个活动实体进入时占用的单元或成员数量；缺省则为 1。

例如,enter(shop)；表示活动实体试图进入存储器 shop,将占用其 1 个成员。

又如,enter(shop,3)；表示 1 个活动实体进入存储器 shop,将占用其 3 个单元。

（3）面向对象风格的表示方法。

```
shop.enter();
shop.enter(3);
```

2. leave 模块

（1）作用：使活动实体离开某存储器的模块。活动实体离开存储器时也有可能使当前存储量发生变化。活动实体流入此模块代表该活动实体离开某个存储器的事件发生了,此时 leave 模块中处理程序要对对应存储器的状态进行修正,使该存储器的剩余容量增加。

（2）操作符、操作数与模块图。

leave 模块有 2 个操作数,其含义如下：

a：存储器类类型；存储对象；要离开的存储器的对象名；不能缺省。

b：整型常数；权重；代表一个活动实体离开存储器时释放的单元或成员数量；缺省为 1。

例如,leave(shop)；表示活动实体离开存储器 shop,将释放其 1 个单元。

又如,leave(shop,3)；表示 1 个活动实体离开存储器 shop,将释放其 3 个成员。

（3）面向对象风格的表示方法。

```
shop.leave();
shop.leave(3);
```

3. 存储器控制语句 redefine

（1）作用：重新定义某个存储器的容量，值得注意的是存储器重新定义的容量不能小于原来的容量。

（2）操作符与操作数。

```
redefine(Storage a, int b)
```

redefine 语句有 2 个操作数，其含义如下：

a：存储器类型；存储对象；要重新定义容量的存储器的对象名；不能缺省。

b：整型常数；重新定义的容量；不能缺省。

例如，redefine(shop,4)；表示将存储器 shop 的容量重新定义为 4。

（3）面向对象风格的表示方法。

```
shop.redefine(4);
```

（4）注意事项。

redefine 是在部分资源实体中定义的模型控制语句，必须在 run 方法中使用。通常与 clear（清除模型所有状态变量的当前值）语句配合，在新的一轮模拟中通过改变这些资源实体的属性来观察模型的状态或统计数据的变化。

如果在模拟结束时，某存储器仍有活动实体滞留，那么重新定义该存储器的容量则会在运行时产生异常。因此 redefine 通常在 clear 语句之后使用，clear 语句将会清除模型中的所有活动实体，并将各种实体归于初始状态。

4. 存储器统计数据

模拟结束后，产生的数据文件含有模型定义的每个存储器在此模拟时间内的相关统计信息，例如：

（1）名称：存储器输出名。

（2）总进入数：活动实体进入的次数，可表示接受服务的顾客总数。

（3）容量：存储器成员总数，表示能同时提供的服务的数量。

（4）平均容量：模拟期间平均处于忙的成员的数量（采取时间步长加权平均法计算）。

（5）剩余服务能力：模型运行结束时刻存储器剩余容量。

（6）最大同时服务数：存储器同时在忙的最多成员数量。

（7）平均服务时间：一个活动实体从进入到离开存储器平均需要的时间，即为一个顾客服务所需要的平均时间。

（8）存储器利用率：存储器各成员忙的总时间/（模拟的总时间×存储器成员总数）。

活动实体试图进入或离开未经定义的存储对象，会在模型运行时产生异常；而离开未曾进入的存储器同样会发生运行时异常。在模型中设置了活动实体进入存储器而未安排它离开，模型可能会有逻辑方面的错误。因此 enter 和 leave 模块如同 seize 和 release 以及 queue 和 depart 一样，通常配对使用。

如下模型片段：

```
Storage shop = new Storage("WorkShop",50);
Storage fixer = new Storage("Fixer",2);
```

```
         :
         :
case  10:                              generate(0,0,0,num);
case  15:                              enter(shop);
case  20:                              advance(157,25);
case  22:                              leave(shop);
case  25:                              queue(wait);
case  30:                              enter(fixer);
case  40:                              depart(wait);
case  50:                              advance(7,3);
case  70:                              leave(fixer);
```

6.3.4 与逻辑开关有关的模块

对于系统中具有二态性质的设施或设备,可用逻辑开关来控制它的状态。逻辑开关为 1 时表示合,逻辑开关为 0 时表示断。两者也可相互交换。在一个 GPSS/Java 语言程序中可能有许多逻辑开关。逻辑开关是辅助实体,且属于资源实体。它的值助记为 SET 或 RESET,代表两种不同的逻辑状态(真或假,假或真)。

1. 逻辑开关的定义与引用

开关实体必须先定义后使用。定义一个开关实体,就是使用类库 gpssjv 的类 Switch 创建一个开关对象。Switch 类提供相应重载的构造方法,用于对开关对象的状态进行初始化,创建一个开关对象可以采用如下四种形式:

```
Switch(String s)
```

其中,s 为输出名,初始状态缺省为 RESET。

```
Switch( )
```

其中,输出名缺省,系统自动命名为 SWIT1,初始状态缺省为 RESET。

```
Switch(String s,int state)
```

其中,s 为输出名,初始状态为 state,state 只能为助记符 SET 或 RESET。

```
Switch(int state)
```

其中,输出名缺省,系统自动命名为 SWIT1,参数 state 意义同上。

例如,

```
Switch ls = new Switch("Logic swich",SET);
```

定义了开关实体 ls,输出名为 Logic swich,初始状态为 SET。

2. logic 模块与开关状态的改变

(1) 作用:logic 模块的功能是对指定的开关进行置位或变位,因此在这个模块中应指明要变位的开关号及要置位的状态。

(2) 操作符、操作数与模块图。

logic 模块有 2 个操作数,其含义如下:

a:开关对象;代表要改变状态的开关实体;不能缺省。

b:助记符;代表开关实体被设置的状态;不能缺省。合法的助记符如下:

```
SET
RESET
REV
```

其中,REV 表示将开关设置为与原状态相反的状态。

例如,logic(ls,SET);表示将开关 ls 状态设置为 SET,再执行语句 logic(ls,REV);则使开关 ls 状态变为 RESET。

(3)面向对象形式:

```
ls.logic(REV);
```

3. 开关状态的重新定义

使用模型控制语句 redefine 重载形式,可以在新的一轮模拟开始时对模型的原有开关状态进行重新定义。

```
redefine(Switch name,int state)
```

其中,name 为重定义的开关对象名,state 为重新定义的初始状态。

例如,redefine(ls,SET);表示重新定义开关 ls 初始状态为 SET。

开关重定义语句应置于 clear 语句之后使用,clear 语句使所有开关状态设置为 RESET。

4. 逻辑开关的输出

模拟结束时,逻辑开关状态将作为标准输出包含在输出结果文件中,其形式如下:

```
开关实体输出名  开关当前状态
```

上面我们重点介绍了五类模块,它们是最常用的模块,读者应十分熟练地掌握这些模块。为了使读者对这些模块有一个更深的认识,在表 6.1 中将它们归纳在一起,希望对读者有所帮助。

表 6.1 GPSS/Java 语言常用模块分类汇总

类序号	分类原则	相关模块及其功能
1	与活动(流动)实体有关的模块	generate 产生活动实体 advance 延时模块 transfer 活动实体转向模块 assign 参数赋值模块 terminate 活动实体离开系统

续表6.1

类序号	分类原则	相关模块及其功能
2	与设施有关的模块(语句)	Facility 创建、定义 seize 活动实体占用设施 release 活动实体释放设施
3	与队列有关的模块(语句)	Queue 创建、定义 queue 活动实体排队 depart 活动实体离开队列
4	与存储器有关的模块(语句)	Storage 创建、定义 enter 活动实体进入存储器 leave 活动实体离开存储器 redefine 容量重新定义
5	与逻辑开关有关的模块(语句)	Switch 定义与引用 logic 设置逻辑开关的状态 redefine 状态重新定义

6.3.5 应用举例

1. queue 与 depart 模块统计功能的使用

模块 queue 与 depart 是一组排队模块,它们的主要功能是对各类排队过程进行模拟和统计,最后可输出平均排队长度、平均排队等待时间、最大排队长度等信息。但是我们也可以利用 queue 模块的这种功能做一些其他统计工作。

请看下面的两个程序段,它们所用模块的数目是相同的,唯一不同的地方是两个程序中 depart 模块的位置,左边的程序中 depart 模块在第三句,而右边程序的 depart 模块在第五句。那么两个程序的模拟结果会有什么不同呢?

| :
queue(line);
seize(joe);
depart(line);
advance(8,2);
release(joe);
: | :
queue(line);
seize(joe);
advance(8,2);
release(joe);
depart(line);
: |

为了清楚地说明这个问题,我们将两个程序所表示的系统图形绘制出来。depart 模块位置的不同对模拟结果的影响如图 6.1 所示。图 6.1(a)表示左边程序的队列情况,这个程序中 depart 模块在设施之前,因此它统计的是从顾客开始进行排队到离开队列接受服务之前这一段过程。而右边程序的队列(图 6.1(b))情况就不一样,由于 depart 模块在顾客离开以后,因此这个队列统计的不只是排队过程,也包括服务过程。也就是说,右边程序中 queue 与 depart 模块所统计出来的"平均排队时间"实际上是顾客在系统中的平均滞留时间。这个例子告诉

我们,如果我们要统计某一段模拟过程所用的时间,就可以利用 queue 与 depart 两个模块的这种功能来实现。

(a) 左边程序的队列　　　　　　　(b) 右边程序的队列

图 6.1　depart 模块位置的不同对模拟结果的影响

2. 单窗口串联排队系统的模拟

某汽车加油站只有一台加油器,加油的汽车到达间隔时间为均匀分布,均值为 100 s,方差为 10 s。到达加油站后先排队等候,再加油,加油服务时间也为均匀分布,均值为 80 s,方差为 8 s。加油后司机要去交费窗口排队等待交费,交费时间也为均匀分布,均值为 50 s,方差为 30 s。求解:

(1) 加油站与交费窗口的利用率。

(2) 加油与交费的平均等候时间。

该模型模拟程序如下:

```
// Demo6_1.java
import gpssjv.*;
public class Demo6_1 extends BlockOp{
public void run(){
setModel(this);
start(100);
}
Queue wait1 = new Queue("Wait1");
Queue wait2 = new Queue("Wait2");
Facility oiler = new Facility("oiler");
Facility charge = new Facility("charge");

public void simulate(){
switch(nextBlock){
case  80: generate(100,10);
case  90: queue(wait1);
case 100: seize(oiler);
case 110: depart(wait1);
case 120: advance(80,8);
case 125: release(oiler);
case 130: queue(wait2);
case 140: seize(charge);
case 150: depart(wait2);
case 160: advance(50,30);
case 170: release(charge);
```

```
case  190: terminate(1);
case  200: end();
}}}
```

图 6.2 是这一系统的示意图。从图中可见,这是一个单窗口串联的排队系统,整个系统中有两个队列和两个服务窗口(设施),为此系统模型设计如下:

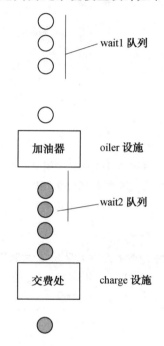

图 6.2 串联排队系统示意图

活动实体:加油的汽车为活动实体。
队列:等候加油的队列为 wait1 队列。
　　　等候交费的队列为 wait2 队列。
设施:加油器为 oiler 设施。
　　　收费员为 charge 设施。
模拟长度:共模拟 100 辆汽车。

由于程序比较简单,我们就不过多地解释,希望读者能认真地读懂它,因为这毕竟是本书中第一个完整的模型和程序。以下是这个程序的标准输出,我们将在 6.6 节详细介绍。从输出中可见,本系统加油器的利用率为 79%,交费窗口的利用率为 49%,而两个队列的平均排队长度几乎为零,说明系统的工作并不饱和。

模型 Demo6_1.java 运行结束
绝对时钟:10101.092817011777　　相对时钟:10101.092817011777
模块统计

| 模块 | 当前数 | 总数 | 模块 | 当前数 | 总数 |

1		101	11		100
2		101	12		100
3		101			
4		101			
5	1	101			
6					100
7					100
8					100
9					100
10					100

设备统计

名称	总进入数	当前状态	平均服务时间	忙闲率	当前占用实体	当前抢占实体
oiler	101	1	79.079	0.791	101	0
charge	100	0	49.566	0.491		0

队列统计

名称	总进入数	零等待进入数	当前队长	平均队长	最大队长	平均等待时间	非零平均等待
Wait1	101	101	0	0.0000	1	0.0000	
Wait2	100	100	0	0.0000	1	0.0000	

3. 家电修理部系统模拟

已知一家电修理部,除管理人员外,有一名普通修理工干各种零活,两个有经验的专家负责较难的技术性工作。需要修理的家电中有 70% 可由普通修理工完成,其余 30% 是具有较难的技术性问题的家电,要由经过训练的两个专家之一完成。需要专家服务的顾客应先由普通修理工完成检查和初步修理工作,再由专家进行修理。修理部原始记录表明:

①顾客到达间隔时间为 (11 ± 5) min,均匀分布。

②无需专家修理的家电的服务时间为 (13 ± 5) min,均匀分布。

③需要专家修理的家电应先由普通修理工检查或修理 (4 ± 2) min(均匀分布),再由一个专家修 (62 ± 20) min(均匀分布)。

④平均每天服务约 45 个顾客。

求解:

(1)普通修理工及专家的平均利用率。

(2)普通修理工及专家队列的平均等待时间。

(3)普通修理工及专家队列的平均队长。

(4)普通修理工修理一件设备的平均时间。

图 6.3 是这一系统的工作示意图。在此系统中,可将来修理的家电定义成活动实体,普通修理工定义为设施,两名专家因为具有相同的特性可以统一考虑作为存储器对待。系统应有两个队列,一个是普通修理工队列,另一个是需要专家修理的专家队列。Demo6_2 系统模型设计的各类实体的名称和代号见表 6.2。

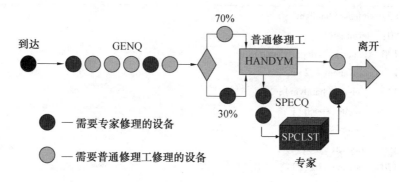

图 6.3　模型 Demo6_2 工作示意图

模拟的长度可按每天接待的顾客数为准,为 45 个,也可以按上班时间设定,这里先按 45 个顾客来设定模拟长度。

表 6.2　Demo6_2 系统模型设计的各类实体的名称和代号

实体类别	实体名称	实体代号
设施	普通修理工	HANDYM
存储器	两名专家	SPCLST
队列一	普通修理工队列	GENQ
队列二	专家队列	SPECQ

模型模拟程序如下:

```
//模型程序文件名为 Demo6_2.java
import gpssjv.*;
public class Demo6_2 extends BlockOp{
public void run(){
setModel(this);
start(45);
}
Queue genq = new Queue("普通修理工队列");
Queue specq = new Queue("专家队列");
Facility handym = new Facility("普通修理工");
Storage spclst = new Storage ("专家",2);
Addr handy = new Addr();
Addr spec = new Addr();
public void simulate(){
switch(nextBlock){
case 10: generate(11,5);
case 20: queue(genq);
case 25: seize(handym);
case 40: transfer(0.7,spec,handy);
case 50:A(handy);    depart(genq);
case 70: advance(13,5);
```

```
case  80: release(handym);
case  90: terminate(1);
case 100: A(spec);  depart(genq);
case 120: advance(4,2);
case 130: release(handym);
case 140: queue(specq);
case 150: enter(spclst,1);
case 160: depart(specq);
case 170: advance(62,20);
case 180: leave(spclst,1);
case 990: terminate(1);
case 1000: end();
}}}
```

下面给出了 45 个顾客的模拟输出结果,读者可自行模拟练习。

设备统计

名称	总进入数	当前状态	平均服务时间	忙闲率	当前占用实体	当前抢占实体
普通修理工	50	1	9.238	0.804	50	0

队列统计

名称	零等待进入数	平均队长	最大队长	平均等待时间	非零平均等待时间
普通修理工队列	19	0.6485	4	7.0269	10.9537
专家队列	2	2.2622	4	61.8615	68.3732

存储统计

名称	平均容量	最大同时服务数	总进入数	平均服务时间	存储实体利用率
专家	1.9242	218	61.386	0.962	

模拟结果汇总如下:

(1)普通修理工的平均利用率约为 80%。
(2)专家的平均利用率约为 96%。
(3)普通修理工队列的平均等待时间:7.03。
(4)专家队列的平均等待时间:61.89。
(5)普通修理工队列的平均队长:0.65。
(6)专家队列的平均队长:2.26。
(7)普通修理工修理一件设备的平均时间:9.24。

应特别指出的是,上述数值仅是一次模拟的结果,当我们重新设置随机数发生器的种子后(可利用 rmult 语句完成),模拟结果将会发生变化。一般情况下,我们应利用不同的随机数发生器种子对系统模拟多次,再求其平均值。所需模拟的次数与所要求的模拟精度有关,我们将在第 10 章输出数据分析这一章中讲解模拟次数的确定问题。

6.4 GPSS/Java 语言的控制语句

学习了 GPSS/Java 语言的基本模块,我们就能够编写一些简单程序了,但是为了更好地控制模拟过程,还需要了解 GPSS/Java 语言的一些常用命令。这些命令是用来控制模拟过程的,比如模拟的开始、模拟的结束,以及有关统计和模拟输出等问题。GPSS/Java 语言常用的命令如下,我们分别进行说明。

6.4.1 控制语句 SetModel

1. 作用

创建调度程序对象,并通过其构造方法向其传递模型"主类"对象。

2. 调度程序对象

由封装调度程序的调度程序类创建的对象通过构造方法获得模型"主类"对象,并通过"主类"对象得到 simulate( ) 方法中定义的模型信息,从而完成对模型的初始化操作。调度程序是 GPSS/Java 实现仿真算法的核心程序,是时钟修正和系统状态修正的操作不断交替进行的一个循环过程,而循环结束的条件是模拟终止计数器当前值小于等于 0。

3. 模型"主类"对象

在模型"主类"的"主方法"中创建"主类"对象,通过此对象调用 run 方法(亦可由开发环境创建模型类的对象来调用 run 方法)来启动模型的运行和控制。run 方法中可以通过 this 引用,获得"主类"对象。

4. 操作符与操作数

```
setModel( BlockOp a)
```

setModel 语句只有 1 个操作数,其含义如下:

a:"主类"对象;操作数 a 的类型为 BlockOp;由于 BlockOp 为所有模型"主类"的父类,因此作为其父类型的引用变量 a 自然可以引用其子类对象;模型类的对象。

控制语句 setModel 应置于模型类的 run 方法中,并先于其他模型控制语句使用,例如:

```
//Demo6_3.java    模型运行时间控制
import gpssjv.*;                      //引入仿真类库
public class Demo6_3 extends BlockOp{  //模型类须继承类库中的类 BlockOp
  public void run( ){                  //实现其父类抽象方法 run
    setModel(this);                    //this 引用的是模型类对象,
    start(1);                          //启动调度程序开始模型运行,并为模拟终止
  }                                    //计数器赋初值 1

  public void simulate( ){             //实现其父类抽象方法 simulate
    switch(nextBlock){                 //以下写仿真模型模块语句
      case 980: generate(480);         //第 480min,一个活动实体到达
```

```
        case  990： terminate(1)；           //第480min,一个活动实体流出,模拟终止计
        case  1000： end( )；                数器减1为0,模型运行终止
    ｝｝｝
```

setModel 语句应先于其他模型控制语句使用,来创建调度程序对象。其他模型控制语句依赖于此调度对象,否则模型运行时会产生异常。

6.4.2 控制语句 start

1. 作用

启动调度程序,开始运行模型;同时初始化模拟终止计数器,控制模拟过程的终止,并控制部分输出内容。

2. 操作符与操作数

```
start( int a, int b, int c)
```

start 语句共有 3 个操作数,其含义如下:

a:整型;常数;模型开始运行时,操作数 a 的值被赋给模拟终止计数器。在模型运行过程中,当活动实体流入 terminate 模块时,会使模拟终止计数器当前值减少该模块 a 操作数的指定值,若此计数器当前数值小于等于 0,则模型停止运行。

b:整型;常数;是否输出模拟统计信息;缺省表示输出;取值 1 表示不输出。

c:整型;常数;模拟结束时是否输出各种链表的信息;缺省表示不输出;取值 1 表示输出。

start 语句常与 generate 和 terminate 两模块配合使用,来控制模型的运行时间,使模型运行用户指定的一段时间后自动停止。同时通过其操作数 b 和 c 的取值来决定是否输出相关统计信息。

例如,分析模型程序 Demo6_2.java:

(1) GPSS/Java 开发环境(桌面应用学生版)创建一个模型类对象,并通过该对象调用 run 方法。

(2) run 方法中,首先执行控制语句 setModel(this),此时实参 this 代表模型类对象, setModel 语句创建调度程序对象,并将 this 指向的模型类的对象传递给调度程序对象,在调度对象的构造方法中完成对模型的初始化操作。

(3) 继续执行 start 方法,执行模型输入操作,然后启动模型运行程序,开始模型的运行,同时取该语句的操作数 a 的值 1 作为模拟终止计数器的初值。

(4) 模型开始运行后的第 480 个时间单位,一个活动实体通过 generate 模块到达,同时流入 terminate 模块,使模拟终止计数器当前值减少 1 变为 0,模型终止运行。根据 start 语句的操作数,确定输出统计信息,而不输出有关链表信息。

GPSS/Java 将所有有关输出的信息输出到一个文本文件中,此文件以模型类名命名,扩展名为 .txt。

3. 应用举例

(1) 问题陈述。

某车间雇用 4 位工人装配某种小型设备,一人装配一台,装配完后需要使用包装机进行包装。车间仅有一台包装机,每次只能供一位工人使用,每位工人装配完一台设备后便去排队等待使用包装机。包装完后,返回再去装配下一台设备,每个工人的工作流程为:

①装配设备。
②排队等待使用包装机。
③使用包装机进行包装作业。
④返回①。

装配与包装一台设备平均所需时间分别为 30 min 和 8 min,服从均匀分布,偏差值分别为 5 和 2。建立模型,模拟 5 天,每天工作时间按 8 h 计,分析排队情况,确定包装机的利用率和一周的产量。

(2) 实体定义。

```
时间单位:1min
模型                输出名        实际系统
  活动实体
    子模型 1                     工人
    子模型 2                     时间控制员
  设备实体
    pack              Packer     包装机
  排队实体
    wait              WaitQ      输出排队统计信息
  地址实体
    back                         返回装配区
```

(3) 模块图。

模型 Demo6_4 模块图如图 6.4 所示。

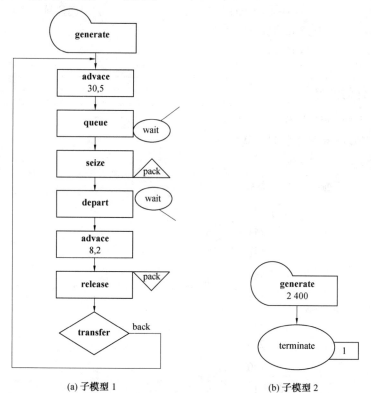

(a) 子模型 1　　　　　　(b) 子模型 2

图 6.4　模型 Demo6_4 模块图

(4) 模型程序。

```
// 模型程序文件名为 Demo6_4.java  装配与包装设备模型
import gpssjv.*;
public class Demo6_4 extends BlockOp{
public void run(){                          // 以下写模型控制语句
    setModel(this);
    start(1);
}
  Addr back = new Addr();                   // 以下定义资源语句
  Queue wait = new Queue("WaitQ");
Facility pack = new Facility("Packer");
public void simulate(){
    switch(nextBlock){                      // 以下写模型模块语句
case  10:       generate(0,0,0,4);          // 4 位工人同时到达
case  20:A(back);  advance(30,5);           // 装配设备
case  25:       queue(wait);
case  30:       seize(pack);
case  40:       depart(wait);
case  50:       advance(8,2);               // 包装设备
case  70:       release(pack);
case  90:       transfer(back);             // 返回装配设备
case 970:       generate(2400);             // 时间控制
case 980:       terminate(1);
case 990:       end();
}}}
```

(5) 输出文件的内容。

模型 Demo6_4.java 运行结束

绝对时钟:2400.0 相对时钟:2400.0

模块统计

模块	当前数	总数
1		4
2	3	244
3		241
4		241
5		241
6	1	241
7		240
8		240
9		1

	10		1				
设备统计							
名称	总进入数	当前状态	平均服务时间	忙闲率	当前占用实体	当前抢占实体	
Packer	241	1	7.883	0.792	4	0	
队列统计							
名称	总进入数	零等待进入数	当前队长	平均队长	最大队长	平均等待时间	非零平均等待时间
WaitQ	241	131	0	0.177	3	1.7659	3.8689

(6) 结果与分析。

输出的统计结果表明,模拟结束时,有 240 台设备完成包装,1 台正在包装;工人等待使用包装机的时间很短,平均不到 2 min;包装机的利用率大约为 80%;仍有潜力可挖。

模型中的 generate(0,0,0,4);表示:模拟开始时钟为 0 时,4 个活动实体依次进入模型,代表 4 位工人上班后立刻投入装配工作,并且 generate 产生了第 4 个活动实体后,不再产生其他活动实体。故模型中始终只有 4 个活动实体在循环流动。

6.4.3 控制语句 clear

1. 作用

控制语句 clear 清除模型所有状态变量(时钟、资源实体和模块计数器等)的当前值,释放模型中的所有活动实体,启动调度程序的模型输入操作模块,对模型重新进行输入操作。

2. 模型输入操作

依次执行模型的各个 generate 模块的输入操作部分,各自产生一个活动实体,标记其各项属性后,将它们放在未来事件链上。

3. 操作符与操作数

```
clear( )
```

clear 语句有三种重载形式,主要功能相同,以上为无操作数的 clear 语句。另外两种具有附加功能,即可以有选择地决定模型中某些保存值不被清除,但由于在本教材中很少设计这种情况,所以不再赘述。

控制语句 clear 通常用于对同一个模型在一次运行中实现多次试验。例如,一个模型运行 2 400 个时间单位,输出统计结果,改变其某个模块的操作数,然后再运行 2 400 个时间单位,输出统计结果。两次输出的统计结果必须是独立的,而不能是叠加的。当然,若分别编写两个模型,各自独立运行,结果当然不会产生干扰。但这样做一是费时费工,二是不便进行两个模型结果的比较。

GPSS/Java 解决以上问题的方法是在模型 1 的控制语句 start 之后,重新定义模型 1 的某些模块的操作数,接着调用 clear 语句清除模型 1 的所有痕迹,然后再次调用 start 语句开始运行模型 2(由模型 1 的重新定义而获得)。

GPSS/Java 使用两种方式来重新定义某一模块的操作数或某一资源实体的参数。第一种是使用全局变量来实现模块操作数的调整。用户在模型类中定义的成员变量,对于模型来讲,是全局有效的,即在 simulate 方法、run 方法以及用户自己在模型类定义的任何方法中都是有效的。第二种是 GPSS/Java 在所有其初始属性可能被改变的资源实体中都定义了一个方法 redefine,并经包装由类 BlockOp 继承。redefine 作为模型控制语句具有多个重载形式,用以对不同类型的资源实体对象的初始属性进行重新定义。

4. 应用举例一

(1) 问题陈述。

对模型 Demo6_4 所解决的问题做以下补充:

假设其他条件不变,工人的工资为 10 元$/(h \cdot 人^{-1})$,包装机的耗电、维修和折旧费用为 280 元/$8\ h$,设备的另配件和包装费用为 12 元/台,设备售价 40 元/台;确定最优雇工人数。

(2) 模型程序。

```java
// 模型程序文件名为 Demo6_5.java    装配最优雇工人数模型
import gpssjv.*;
public class Demo6_5 extends BlockOp{
    public void run(){
        setModel(this);
        start(1);                               //第一次运行时雇工人数为4
        num=5;
            clear();
            start(1);                           //第二次运行时雇工人数为5
            num=6;
            clear();
            start(1);                           //第三次运行时雇工人数为6
            num=7;
            clear();
            start(1);                           //第四次运行时雇工人数为7
    }                                           //以下为资源定义语句
    Addr back = new Addr();
    Queue wait = new Queue("WaitQ");
    Facility pack = new Facility("Packer");
    int num=4;                                  //成员变量 num 存放雇工人数
    public void simulate(){
        switch(nextBlock){                      //以下写模型模块语句
    case 10:            generate(0,0,0,num);
    case 20:A(back);    advance(30,5);
    case 25:            queue(wait);
    case 30:            seize(pack);
    case 40:            depart(wait);
```

```
        case  50:          advance(8,2);
        case  70:          release(pack);
        case  90:          transfer(back);
        case  970:         generate(2400);
        case  980:         terminate(1);
        case  990:         end();
}}}
```

(3)输出文件的内容(仅列出设备统计信息)。

设备统计(雇工4人)

名称	总进入数	当前状态	平均服务时间	忙闲率	当前占用实体	当前抢占实体
Packer	241	1	7.883	0.7924	0	

设备统计(雇工5人)

名称	总进入数	当前状态	平均服务时间	忙闲率	当前占用实体	当前抢占实体
Packer	284	1	8.005	0.9477	0	

设备统计(雇工6人)

名称	总进入数	当前状态	平均服务时间	忙闲率	当前占用实体	当前抢占实体
Packer	298	1	7.968	0.98914	0	

设备统计(雇工7人)

名称	总进入数	当前状态	平均服务时间	忙闲率	当前占用实体	当前抢占实体
Packer	296	1	8.019	0.98922	0	

(4)结果与分析。

以上输出结果表明,雇佣4、5、6和7人时,每周设备的产量分别为240、283、297和295台。

计算雇工4人的周利润:

成本:10元/(h·人$^{-1}$)×8 h×4 人×5 天+280 元×8 h×5 天/8 h+12 元/台×240=5 880 元。

销售收入:40 元/台×240=9 600 元。

生产利润:9 600 - 5 880=3 720 元。

得到雇工5人、6人和7人的利润分别为4 512 元、4 516 元和4 060 元。

可见最优雇工人数为5~6人。当雇工人数超过6人时,由于排队等待使用包装机的时间较长,反而减少了装配时间,从而使产量不升反降。

由于模型程序是一个 Java 程序,所以用户可以使用 Java 语句来实现相关操作。例如,采取以下的循环语句可以简化实验的控制部分:

```
public void run(){
    setModel(this);
    start(1);                  //第一次运行时雇工人数为4
    for(num=5;num<=7;num++){
```

```
    clear( );
start(1);
    }
 }
```

需要注意的是,模型控制语句 clear 并不对任一随机数流发生任何影响,即不会将当前随机数流返回其模型第一次开始运行时的初始位置。因此在 clear 之后的下一轮模拟时,模型采取的是同一个随机数序列。关于这一点会在第 7 章阐述。另外在 GPSS/Java 中,clear 不改变活动实体的编号发生器的当前值。这一点可以通过上例(3)中设备的统计数据项"当前占用实体"(当前占用设备的活动实体的编号)观察到。

如果在两个 start 语句间不设置 clear 语句,那么第一个 start 的输出信息,是第一个 start 控制的模拟时间结束时对应的模型状态的统计结果,第二个 start 开始于第一个 start 结束时的模型状态(模型中所有活动实体的状态不变,所有系统状态计数器不变),第二个 start 结束时的输出信息就是模型运行了一段时间(两个 start 各自控制的模拟时间之和)的统计结果。在与两个 stant 语句间设置了 clear 相比,不同的是,中间(第一个 start 控制的时间段)多输出了一次当时模型的统计结果。这种安排通常出现在用户需要观察或测试模型运行时间是否充分,是否处于稳态或是否能够处于稳态等的情况。关于这一点涉及的问题很多,故不在本书中予以更多讨论。

5. 应用举例二

(1)问题陈述。

某织布厂有一大厂房,每天工作 8 h,每周工作 5 天,可同时容纳 50 台织布机。每台织布机工作一段时间后会发生故障,一旦发生故障,备用机被投入使用,故障机被送往修理车间,修好后备用或立即投入生产。据统计,一台织布机平均可连续工作 157 h,均匀分布,偏差 25 h。修理车间可同时修理 2 台故障机器,修理一台机器平均需要 7 h,均匀分布,偏差 3 h。全厂目前共有 50 台织布机,每台织布机的产量是 1 匹/h。建立模型,模拟 100 个星期,比较无备用织布机和有 1~5 台备用织布机的产量变化情况,分析等待修理的排队情况,找出影响产量的瓶颈产生的原因。

(2)实体定义。

时间单位:1min		
模型	输出名	实际系统
活动实体		
子模型 1		织布机
子模型 2		时间控制员
存储实体		
fixer	Fixer	修理车间(容量为 2)
shop	WorkShop	织布车间(容量为 50)
排队实体		

wait	WaitQ	输出等待修理的排队统计信息
全局变量		
num		织布机总数
地址实体		
back		完成修理后织布机转入的地方

（3）模块图。

模型 Demo6_6 模块图如图 6.5 所示。

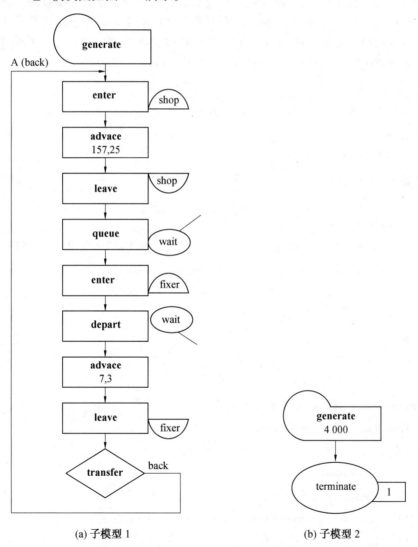

图 6.5　模型 Demo6_6 模块图

（4）建模提示。

在此模型中将活动实体而不是将存储器映射为织布机，织布机作为活动实体，在本模型中既是提供服务的实体（生产布匹），也是接受服务的实体（接受修理服务）。但我们所讨论的不是它提供服务的一面，而是其接受服务的一面，即在车间内停留一段时间后会发生损坏而离开车间去修理。可以想象:工作车间只有 50 个位置来同时容纳 50 台织布机,一台织布机进入车间便要占用一个位置,工作一段时间损坏后离开车间,便让出一个位置。于是工作车间便可映射为模型中容量为 50 的一个存储器。那么存储器的某个成员被一个活动实体占用时即织布机在工作,未被占用的时间,就是车间缺少了一台织布机而损失的工作时间。因此模拟期间映射为车间的存储器的平均利用率,就是 50 台织布机在此期间内的有效工作时间的比例。如果该车间中的每台织布机在 100 个星期内都不会损坏,则产量应为 200 000 匹,否则实际产量应为 200 000 匹与有效工作时间的比例的乘积。

假设 50 台织布机同时投入车间,各占一个位置,开始工作。经过一段时间,某些织布机出现故障,离开车间让出位置,被送往修理车间修理,若车间有空位且有备用机器或修好的机器,则这些机器可立即投入使用。送往修理车间的织布机完成修理后送往工作车间准备投入使用。这一业务流程就映射为模型中活动实体的流程(图 6.5)。

(5)模型程序。

```java
//模型程序文件名为 Demo6_6.java  纺织厂模型
import gpssjv.*;
public class Demo6_6 extends BlockOp{
    public void run(){
        setModel(this);
        start(1);
        for(num=51;num<=55;num++){           //将多轮实验组织在一个循环
            clear();
            start(1);
        }
    }
Addr back = new Addr();
    Queue wait = new Queue("WaitQ");
    Storage shop = new Storage("WorkShop",50);
    Storage fixer = new Storage("Fixer",2);
    int num = 50;
    public void simulate(){
        switch(nextBlock){
        case 10:          generate(0,0,0,num);       //产生织布机
        case 15:A(back);  enter(shop);
        case 20:          advance(157,25);           //织布机工作
        case 22:          leave(shop);               //织布机发生故障
        case 25:          queue(wait);
        case 30:          enter(fixer);
```

```
    case  40:           depart(wait);
    case  50:           advance(7,3);              //织布机被修理
    case  70:           leave(fixer);
    case  90:           transfer(back);            //织布机修好后可投入生产
          :
    case 970:           generate(4000);
    case 980:           terminate(1);
    case 990:           end();
}}}
```

(6) 输出文件的内容(经整理重新排列)。

模型 Demo6_6.java 运行结束

绝对时钟:4000.0　相对时钟:4000.0

WaitQ 队列统计

织布机数	总进入数	零等待进入数	当前队长	平均队长	最大队长	平均等待时间	非零平均等待时间
50	1090	39	0	4.279	37	15.7045	16.2873
51	1106	9	5	4.931	34	17.8326	17.9789
52	1112	16	6	5.466	37	19.6626	19.9497
53	1121	5	8	5.993	36	21.3839	21.4798
54	1117	4	6	7.213	36	25.8291	25.9219
55	1121	2	6	8.052	36	28.7332	28.7845

WorkShop 存储统计

织布机数	容量	平均容量	剩余服务能力	最大同时服务数	总进入数	平均服务时间	存储实体利用率
50	50	43.8065	1	50	1139	153.842	0.876
51	50	44.1053	6	50	1150	153.410	0.882
52	50	44.5338	6	50	1156	154.096	0.891
53	50	44.9642	7	50	1164	154.516	0.899
54	50	44.7011	4	50	1163	153.744	0.894
55	50	44.8420	3	50	1168	153.568	0.897

Fixer 存储统计

织布机数	容量	平均容量	剩余服务能力	最大同时服务数	总进入数	平均服务时间	存储实体利用率
50	2	1.9140	1	2	1090	7.024	0.957
51	2	1.9304	0	2	1101	7.013	0.965
52	2	1.9269	0	2	1106	6.969	0.963
53	2	1.9327	0	2	1113	6.946	0.966
54	2	1.9315	0	2	1111	6.954	0.966
55	2	1.9338	0	2	1115	6.938	0.967

(7) 结果与分析。

无论投入多少台织布机,车间 100 周的工作台时数 = 4 000×50×存储实体利用率。

投入 50 台织布机时,模拟时间内的存储实体利用率约为 88%。根据上式可得到其工作台时数为 175 200,产量为 1 752 匹/周。同样可以得到其他几种情况,结果列表如下:

投入织布机数量(台)	每周平均产量(匹)
50	1 752
51	1 764
52	1 782
53	1 798
54	1 788
55	1 792

由此可见当备用机为 3 台时,即投入织布机总数为 53 台时产量最高。从修理车间统计数据来看,其利用率很高,最小也在 95% 以上,说明修理车间很忙,排队等待修理的机器数量较多,而排队等待的时间也较长,平均等待时间最短也要 15.704 5 h(无备用机)。另外,生产车间的最高利用率还未达到 90%,因此可以断定,在投入 3 台备用机的条件下,影响产量的瓶颈在于修理车间的修理能力不足。

6.4.4 控制语句 reset

1. 作用

控制语句 reset 的作用是清除几乎所有系统状态统计计数器当前值,使其当前值归 0 或进行某种处理后作为其新的初始值,但不改变模型的状态,活动实体仍然保持在原来的位置,同时有以下元素的当前数值保持不变:

(1) 随机数流的当前位置不变。

(2) 相对时钟的当前数值归 0,但绝对时钟当前数值不变。

(3) 模块当前滞留的活动实体数量的计数不变。

在某些模型中,开始模拟的一段时间内,模型的运行无法反映实际系统的正常状态。如果将这一段时间内的统计数据记入整个模拟期间的统计数据内,那么势必会影响最终统计结果的准确性。reset 作为模型控制语句通常用于消除这种影响:在模拟一段时间后,设置 reset 语句清除与统计计数有关的计数器,但不改变系统中活动实体的状态,意味着不改变模型的运行状态,但摒除前一段时间的统计数据,然后设置另一个 start 控制语句继续模拟到结束。

2. 操作符与操作数

```
reset( )
```

reset 没有操作数。

reset 将所有统计值和模拟钟的相对时间恢复到零,而不改变模拟的当前状态,系统中的保存值、逻辑开关和活动实体的状态仍保留不变。reset 多用于模拟的预热过程。

并非所有构建的模型都具有这种初始状态与实际不符的问题,即使其在某些模型中存在,但影响的程度也不同,解决的方法也不只是使用 reset。对于初始状态影响不太严重的模型,也许只要采取加长模拟时间或在模型中直接构造消除这种初始影响的逻辑的方法来处理。但无论怎样,使用模型控制语句 reset 不失为一个简单易行的处理方法。

3. 应用举例一

以上织布厂的模型不考虑备用机,仅就 50 台织布机的情况,模拟 1 000 h 后,摒除此段时间的初始影响,再模拟 4 000 h,输出统计结果,加以比较。

模型程序如下(仅将与 Demo6_6.java 不同的部分列出):

```
//模型程序文件名为 Demo6_7.java
  ……
  start(1,1);              //运行模型 1000 个时间单位,不输出
  reset();                 //剔除前 1000 个时间单位的统计数据
  start(4);                //再运行模型 4000 个时间单位,输出
  ……
  generate(1000);
  teminate(1);
  ……
```

其中,第一个 start 模拟 1 000 h,结束时不输出结果;第二个 start 模拟 4 000 h,结束时输出统计结果。

此时模型中绝对时钟应为 5 000 h,而相对时钟应为 4 000 h;两者之差为 1 000 h,表示有 1 000 h 的统计数据被剔除。

输出文件内容如下:

模型 Demo6_7.java 运行结束					
绝对时钟:5000.0 相对时钟:4000.0					
模块统计					
模块	当前数	总数	模块	当前数	总数
1		0	11		4
2		1128	12		4
3	40	1128			
4		1136			
5	8	1136			
6		1128			
7		1128			
8	2	1128			
9		1128			
10		1128			
队列统计					

名称	总进入数	零等待进入数	当前队长	平均队长	最大队长	平均等待时间	非零平均等待时间
WaitQ	1136	34	8	3.680	10	12.9562	13.3559

存储统计

名称	容量	平均容量	剩余服务能力	最大同时服务数	总进入数	平均服务时间	存储实体利用率
WorkShop	50	44.3399	10	50	1176	150.816	0.887
Fixer	2	1.9805	0	2	1130	7.011	0.990

与前面输出数据比较,可以看出,初始状态对本模型的影响还是比较大的。例如,消除前 WorkShop 存储实体利用率数据为 0.876,而消除后数据为 0.887;消除前 WaitQ 队列平均等待时间为15.704 5 h,而消除后为 12.956 2 h。

4. 应用举例二

对于 Demo6_6.java 应用举例所陈述的问题,补充如下条件和要求:备用机为 1~10 台;第一轮模拟 1 000 h 后,摒除此时间的初始影响,再模拟 4 000 h,输出统计结果;第二轮开始模拟时,将修理车间的能力扩大到 3 台,同样模拟 1 000 h 后,摒除此时间的初始影响,再模拟 4 000 h,输出统计结果;确定两轮中最大产量时的备用织布机数。

模型程序如下(仅将与 Demo6_6.java 不同的部分列出):

```
//模型程序文件名为 Demo6_8.java
  ……
  start(1,1);                              //修理能力为 2 的实验
  reset( );
  start(4);
        for(num=51;num<=60;num++){
    clear( );
        start(1,1);
          reset( );
          start(4);
}
        for(num=50;num<=60;num++){       //修理能力为 3 的实验
    clear( );
          redefine(fixer,3);
  start(1,1);
          reset( );
          start(4);
    }
  ……
  generate(1000);
```

```
        teminate(1);
        ……
```

自行练习后,经过对输出文件统计数据的分析得到的结论是:当修理车间修理能力为 2 台时,需要有 2 台备用机,可获得最大产量 1 810 匹/周,而当修理车间修理能力为 3 台时,需要有 7 台备用机,可获得最大产量 2 000 匹/周。

6.4.5 有关模拟终止方法的讨论

模拟的终止方法有多种,各类方法有不同的特点,它们应用的场合也不同。这里我们先讨论常见的三种方法。

1. 利用 terminate 和 start 两个模块控制模拟长度

利用 terminate 模块中的 a 域和 start 语句中的 a 域的配合来控制模拟长度是最常用的办法:start 的 a 域定义模拟终止的计数值,程序中各个 terminate 模块的 a 域则定义每个活动实体经过该 terminate 模块时应从 start 的 a 域中减去的数值。比如某模型片段如下:

```
import gpssjv.*;
public class Demo6_9 extends BlockOp{
public void run(){
        setModel(this);
        start(25);
}
    Addr back = new Addr();
    Queue wait = new Queue("WaitQ");
    Facility pack = new Facility("Packer");
public void simulate(){
        switch(nextBlock){
case 10:             generate(5,3);
    :
    :
case 90:             terminate(1);;
case 990:            end();
}}}
```

这说明每一个活动实体经过 terminate 模块时,会从 start 语句 a(此处为 25)域中减去 1,当有 25 个活动实体经过 terminate 模块后,start 语句 a 域的值被减为 0,则模拟立刻终止。在这里模拟长度为 25 个活动实体,因为 terminate 模块的 a 域为 1。我们再看下例:

```
import gpssjv.*;
public class Demo6_10 extends BlockOp{
```

```
        public void run( ){
            setModel(this);
            start(50);
        }
            Queue wait = new Queue("WaitQ");
            Facility pack = new Facility("Packer");
        public void simulate( ){
            switch(nextBlock){
    case  10:            generate(5,4);
    case  20:            advance(30,5);
    case  25:            queue(wait);
    case  30:            seize(pack);
    case  40:            depart(wait);
    case  50:            advance(8,2);
    case  70:            release(pack);
    case  90:            terminate(2);
    case  970:           generate(7,1);
      :                     :
    case  1200:          terminate(1);
    case  1300:          end( );
        }}};
```

这段程序中包括两个 terminate 模块, 它们后面 a 域的值又不相同, 在这种情况下, 凡是有活动实体经过其中任何一个 terminate 模块, 都要从 start 语句的 a 域中(此例中为50)减去该 terminate 模块 a 域中的值。比如, 经过前面一个 terminate 时减去2, 经过后面一个 terminate 时减去1, 一直到 start 语句的 a 域减到0为止, 模拟终止。在这里模拟的就不是50个活动实体, 而是50个终止计数单位。

下面是其中一个 terminate 模块的 a 域为零的例子:

```
    import gpssjv.*;
    public class Demo6_11 extends BlockOp{
    public void run( ){
        setModel(this);
        start(50);
    }
        Queue wait = new Queue("WaitQ");
    Facility pack = new Facility("Packer");
```

```
public void simulate( ){
        switch(nextBlock){
case  10:              generate(5,4);
case  20:              advance(30,5);
case  25:              queue(wait);
case  30:              seize(pack);
case  40:              depart(wait);
case  50:              advance(8,2);
case  70:              release(pack);
case  90:              terminate(2);
case  970:             generate(7,1);
   :                      :
case  1200:            terminate(0);
case  1300:            end( );
}}}
```

在这个例子中,当活动实体经过后面的 terminate 模块时,应在 start 语句的 a 域中减去 0,也就是对 start 语句的 a 域不构成影响。这种情况下,后面的 terminate 模块可能仅作为系统的一种出口,并不起到控制模拟长度的作用。

2. 利用模拟钟的时间控制模拟长度

利用模拟钟的时间来控制模拟长度时,需要有一个专门控制模拟终止的活动实体,我们可以称其为终止活动实体。这个实体的产生也是由 generate 模块完成的,请看以下片段:

```
import gpssjv.*;
public class Demo6_12 extends BlockOp{
public void run( ){
        setModel(this);
        start(2);
}
   :
public void simulate( ){
        switch(nextBlock){
case  10:              generate(18,6);
case  20:A(back);      advance(30,5);
   :
case  90:              transfer(back);
case  970:             generate(3600);
```

case 980：	terminate(1)；
case 990：	end( )；

上面程序中共有两个 generate 模块,第一个 generate 模块是用来产生系统的活动实体的,而第二个 generate(3600)模块是专门用来产生控制模拟终止的终止活动实体的。3 600 表示在模拟开始后的 3 600 个时间单位(若时间单位为 s,3 600 s 即为 1 h)后产生一个活动实体,这个活动实体产生后立刻经过后面的 terminate(1)模块,因此在 start 的 a 域中减去 1,这个活动实体直接控制了 start 语句的终止计数器,因此我们可称它为控制终止的活动实体。再经过第二个 3 600 时间单位后,又产生第二个控制终止的活动实体,它产生后又立刻经过后面的 terminate 1 模块,同时将 start 语句中的 a 域的值减为 0,致使模拟终止。因此本程序模拟了 2 h。如果想模拟 8 h,只要将 start 语句中 a 域的值改为 8 即可。

这种利用时间来控制模拟长度的方法经常会用于系统的运行时间确定的情况下,比如银行的营业时间是 8 h 等。

3. 利用终止模块和终止事件控制模拟长度

处于模拟过程的程序因为某个事件的发生而应终止模拟时,可以利用这种终止事件来控制模拟的终止,一般情况下利用 GPSS/Java 语言的转向模块。当这种终止事件发生后,活动实体可立刻转向到可以使模拟终止的 terminate 模块上去,以使模拟终止。请看下面程序:

```
import gpssjv.*；
public class Demo6_13 extends BlockOp{
public void run( ){
        setModel(this)；
        start(1)；
}
    :
public void simulate( ){
        switch(nextBlock){
case 10：             generate(18,6)；
case 20：             advance(30,5)；
:
case 70：             terminate(0)；
:
case 90：             transfer(back)；
case 100：A(back)；   terminate(1)；
case 990：            end( )；
```

程序中的 transfer(back)模块是 GPSS/Java 语言的转向模块,它相当于高级语言中的 goto 语句,transfer(back)的意思就是要活动实体转向标号为 back 的模块,在这里就是转向 A(back)； terminate(1)模块,由于这个模块的 a 域为 1,所以它的执行使 start 语句的 a 域值变为0,从而使模拟终止。我们注意到,这个程序中在终止事件未发生时,所有活动实体都是经过另一个 terminate 模块离开系统的,而这个模块的 a 域为0,这说明它不影响 start 语句的计数。

6.5 应 用 举 例

6.5.1 电子仪器装配车间的模拟

1. 问题陈述

某车间装配一种电子仪器,已经装配好的仪器要送到检测站检测,检测站能同时检测两台仪器。经统计,仪器合格率为85%,合格的则送入包装车间包装,不合格的则送往修配室进行修配。该修配室一次只能修配一台仪器。经统计,交予修配的仪器有90%可以修好,而其他无法修配;修配好的仪器要再送到检测站检测,无法修配的仪器作为废品处理。已知装配好的仪器以 5.5 min 的平均间隔时间(均匀分布)到达检测站,偏差为 2 min;检测一台仪器平均需要 9 min,均匀分布,偏差为 3.2 min。修配一台仪器平均需要 30 min,均匀分布,偏差为 10 min。构造模型,运行 40 h,确定检验站和修配室前排队等待的最大队长和废品的产出率。

2. 实体定义

时间单位:1min		
模型	输出名	实际系统
活动实体		
子模型1		电子仪器
子模型2		时间控制员
存储实体		
test	TestStation	检测站(容量为2)
设备实体		
fixer	FixShop	修配室
排队实体		
testq	TestLine	检测站排队统计信息
fixerq	FixerLine	修配室排队统计信息
地址实体		
aFixer		检测不合格的仪器送往修配室
aTest		修好的仪器再次送往检测站

3. 模块图

模型 Demo6_14 模块图如图 6.6 所示。

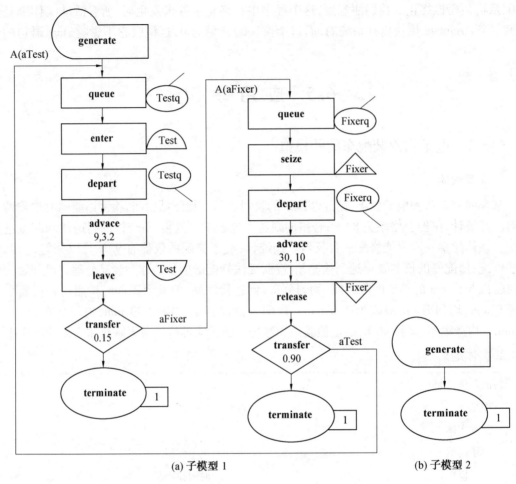

(a) 子模型 1　　　　　　　　　　　　　　(b) 子模型 2

图 6.6　模型 Demo6_14 模块图

4. 模型程序

```
//模型程序文件名为 Demo6_14.java 仪器检验与调试模型
import gpssjv.*;
    public class Demo6_14 extends BlockOp{
        public void run(){
      setModel(this);
      start(1);
            }
    Addr aTest = new Addr();
    Addr aFixer = new Addr();
        Queue Testq = new Queue("TestLine");
        Queue Fixerq = new Queue("FixerLine");
        Storage Test = new Storage("TestStation",2);
```

```
        Facility Fixer = new Facility("FixerShop");
    public void simulate(){
        switch(nextBlock){
case  10:              generate(5.5,2);         //仪器到达
case  15:A(aTest);     queue(Testq);            //等待检测
case  20:              enter(Test);
case  22:              depart(Testq);
case  25:              advance(9,3.2);          //进行检测
case  30:              leave(Test);
case  40:              transfer(0.15,aFixer);   //15%的仪器未通过检测,需修理
case  50:              terminate();
case  70:A(aFixer);    queue(Fixerq);           //85%的仪器通过检测送往包装车间
case  90:              seize(Fixer);
case 100:              depart(Fixerq);;         //等待修理
case 110:              advance(30,10);          //进行修理
case 120:              release(Fixer);
case 130:              transfer(0.90,aTest);    //90%的仪器修理后再去检测
case 150:              terminate();             //10%的仪器成为废品
     :
case 970:              generate(2400);
case 980:              terminate(1);
case 990:              end();
}}}
```

5. 输出文件的内容

模型 Demo6_14.java 运行结束

绝对时钟:2400.0　相对时钟:2400.0

模块统计

模块	当前数	总数	模块	当前数	总数
1		435	11		55
2		483	12	1	55
3		483	13		54
4		483	14		54
5	2	483	15		6
6		481	16		1

	7		481	17		1
	8		426			
	9		55			
	10		55			

设备统计

名称	总进入数	当前状态	平均服务时间	忙闲率	当前占用实体	当前抢占实体
FixerShop	55	1	29.591	0.678	430	0

队列统计

名称	总进入数	零等待进入数	当前队长	平均队长	最大队长	平均等待时间	非零平均等待时间
TestLine	483	199	0	0.394	3	1.9601	3.3336
FixerLine	55	25	0	0.417	3	18.1944	33.3564

存储统计

名称	容量	平均容量	剩余服务能力	最大同时服务数	总进入数	平均服务时间	存储实体利用率
TestStation	2	1.8006	0	2	483	8.947	0.900

6. 结果与分析

输出结果表明,检测站和修配室前的最大队长都是 3 台;由模块统计的模型结束时的状态可见,2 400 min 后,仪器成品数为 426 台,废品为 6 台;依此可算出废品率为 1.4%。

6.5.2 银行自动存取款机的模拟

1. 问题陈述

有一银行营业点设有一台自动存取款机(每天开放 12 h),顾客按一定的间隔时间到来,排队用机,先来先用,后来后用。顾客平均到达间隔时间为 8 min,均匀分布,偏差为 5 min。顾客存取款时间平均为 7 min,均匀分布,偏差为 2 min。顾客到达后,若当前正在排队的人数超过 3 人,则离去。管理人员想了解损失的顾客比例。建立模型,模拟 1 000 人的情况。

2. 实体定义

时间单位:1 min

模型	输出名	实际系统
活动实体		顾客兼做时间控制员
存储实体		
line	LineQ	排队队列(容量为 3)
设备实体		
bank	AutoBank	一台自动存取款机
地址实体		
first		排队使用取款机
second		离开

3. 模型模块图

模型 Demo6_15 模块图如图 6.7 所示。

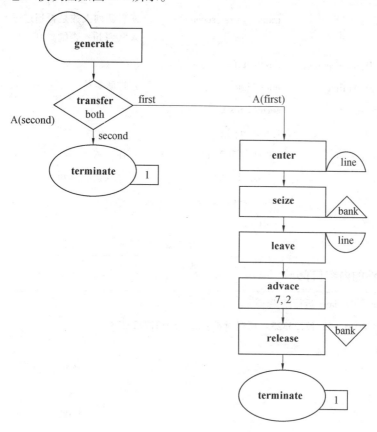

图 6.7 模型 Demo6_15 模块图

4. 模型程序

```
//模型程序文件名为 Demo6_15.java 自动存取款机模型
  import gpssjv.*;
  public class Demo6_15 extends BlockOp{
    public void run(){
        setModel(this);
        start(1000);
    }
  Addrfirst = new Addr();
  Addrsecond = new Addr();
    Storageline = new Storage("LineQ",3);
    Facilitybank = new Facility("AutoBank");
    public void simulate(){
```

```
        switch(nextBlock){
    case 10:              generate(8,5);           //顾客到达
    case 20:              transfer(first,second);  //看队列人数是否超过三人,若否则加
                                                   //入队列 line 否则离开
    case 30:A(second);    terminate(1);
    case 40:A(first);     enter(line);             //排队等待
    case 50:              seize(bank);
    case 60:              leave(line);
    case 70:              advance(7,2);            //存取款
    case 90:              release(bank);           //存取款后离开
    case 100:             terminate(1);
    case 990:             end();
        }
    }
}
```

5. 输出文件的内容(部分)

模型 Demo6_15.java 运行结束

绝对时钟:8026.893317725323　　相对时钟:8026.893317725323

模块统计

模块	当前数	总数
1		1000
2		1000
3		2
4		998
5		998
6		998
7		998
8		998
9		998

6. 结果与分析

由以上模拟结束时模型状态可见,1 000 个顾客中损失 2 人,比例为 0.2%。

6.6　GPSS/Java 标准输出管理

在用户没有做特殊的设计时,GPSS/Java 语言总是自动给出一个标准输出。标准输出中包括了各类用户常用的一系列统计数据和模型模拟主要状态的记录。一般情况下这种标准输出已经可以满足用户的需要,所以它给用户带来了极大的方便,这也是 GPSS/Java 语言的一大

特点。每当模拟运行成功,就会自动生成标准输出报告(.txt)。但是如果用户有一些特殊的要求,GPSS/Java 语言允许用户自行设计输出,包括统计表格等。

GPSS/Java 的标准输出主要由三大部分组成,各部分的主要内容如下:

6.6.1 标题(Title)

主要信息包括这份报告产生于哪个模型文件,以及模拟结束的绝对时钟、模拟结束的相对时钟。

```
模型 Demo6_14.java 运行结束
绝对时钟:2400.0    相对时钟:2400.0
```

6.6.2 模块统计表(Blocks)

GPSS/Java 语言标准输出的第二部分是模拟结束后各个模块状态的统计。其中包括每个模块在整个模拟中所通过的活动实体数目、模拟结束时存在该模块中的活动实体数。

模块统计					
模块	当前数	总数	模块	当前数	总数
1		435	11		55
2		483	12	1	55
3		483	13		54
4		483	14		54
5	2	483	15		6
6		481	16		1
7		481	17		1
8		426			
9		55			
10		55			

6.6.3 各类统计表

GPSS/Java 语言标准输出的最重要部分是其第三部分:各类统计表。标准输出中包括了用户常用的各类实体的模拟结果统计。统计值包含该类实体模拟过程主要参数的统计结果,包括其平均值、最大值、各种比较值等。按实体类型的不同这类输出中包括如下几部分:

(1)设施统计(facility)。
(2)队列统计(queue)。
(3)存储器统计(storage)。
(4)表统计(table)。
(5)逻辑开关状态统计(logicsswitch)。
(6)保存值统计(savevalue)。
(7)事物链统计(chain)。

设备统计

名称	总进入数	当前状态	平均服务时间	忙闲率	当前占用实体	当前抢占实体
FixerShop	55	1	29.591	0.678	430	0

队列统计

名称	总进入数	零等待进入数	当前队长	平均队长	最大队长	平均等待时间	非零平均等待时间
TestLine	483	199	0	0.394	3	1.9601	3.3336
FixerLine	55	25	0	0.417	3	18.1944	33.3564

存储统计

名称	容量	平均容量	剩余服务能力	最大同时服务数	总进入数	平均服务时间	利用率
TestStation	2	1.8006	0	2	483	8.947	0.900

其中设施、队列、存储器和逻辑开关已经介绍过,其他几种实体我们也会在相应的章节予以介绍。

本章习题

1. 在一家只有一位理发师的理发店里,顾客到达时间间隔(单位为 min)为整数 20±5 之间均匀分布,服务时间为 23±10 之间均匀分布,顾客到达后,若理发师闲,则立刻接受服务,否则按先来先接受服务的规则排队等待。编写程序模拟 100 个顾客被服务的过程,并分析理发师的工作强度。

2. 在一家只有一位理发师的理发店里,顾客到达时间间隔(单位为 min)为整数 20±5 之间均匀分布,服务时间为 23±10 之间均匀分布,顾客到达后,若理发师闲,则立刻接受服务,否则按先来先接受服务的规则排队等待。理发店一天工作 9 h,编写程序模拟该理发店 10 天的工作情况,并分析理发师的工作强度。

3. 在一家只有一位理发师的理发店里,顾客到达时间间隔(单位为 min)为整数 20±5 之间均匀分布,有 85% 的顾客只理发,其余 15% 的顾客除理发外还要烫发。假设理发的时间为 (20±7)min 的均匀分布,烫发需要(20±5)min 的均匀分布。编写程序模拟 100 个顾客被服务的过程,并分析理发师的工作强度及顾客的满意度。

4. 在一家只有一位理发师的理发店里,顾客到达时间间隔(单位为 min)为整数 20±5 之间均匀分布,有 85% 的顾客只理发,其余 15% 的顾客除理发外还要烫发。假设理发的时间为 (20±7)min 的均匀分布,烫发需要(20±5)min 的均匀分布。理发店一天工作 9 h,编写程序模拟该理发店 10 天的工作情况,并分析理发师的工作强度及顾客的满意度。

5. 在一家有一位理发师的理发店里,顾客到达时间间隔(单位为 min)为整数 20±5 之间均匀分布,有 50% 的顾客只需理发,25% 的顾客除理发外还要烫发,其余 25% 的顾客除理发、烫发外还要染发。假设理发服务时间为(20±7)min 的均匀分布,烫发需要(20±5)min 的均匀分布,染发需要(15±10)min 的均匀分布。编写程序模拟 100 个顾客被服务的过程,并分析理发师的工作强度。

6. 在一家有一位理发师的理发店里,顾客到达时间间隔(单位为 min)为整数(20±5) min 的均匀分布,有 50% 的顾客只需理发,25% 的顾客除理发外还要烫发,其余 25% 的顾客除理发、烫发外还要染发。假设理发服务时间为(20±7) min 的均匀分布,烫发需要(20±5) min 的均匀分布,染发需要(15±10) min 的均匀分布,理发店一天工作 9 h。编写程序模拟理发店 10 天的工作情况,并分析理发师的工作强度及顾客的满意度。

7. 在一家有三位理发师的理发店里,三名理发师的工作效率相同。顾客到达时间间隔(单位为 min)为整数 20±5 之间均匀分布,每位顾客的服务时间为 43±10 之间的均匀分布,该理发店一天工作 9 h,编写程序模拟该理发店 10 天的工作情况,并分析在这样的情况下这家理发店安排几位理发师比较合适。

8. 有一加油站有两台加油机,每天工作 8 h,驾车来加油的顾客按一定的间隔时间到达,先来的先加油,后来的后加油。顾客平均到达间隔时间为 9 min,均匀分布,偏差为 4 min。顾客加油和付费时间平均需要 10 min,均匀分布,偏差为 4 min。加油站设有一个小停车场,最多停放 2 辆车,顾客到达后,若停车场满,则离去到附近另一加油站加油。建立模型,模拟 40 h,确定顾客平均等待时间和损失的顾客所占比例,并比较停车场容量扩建为 3 辆时的情形。

9. 有一个牛奶订购站,订奶的人平均到达的间隔时间是 15 min,但它可短至 5 min,长至 25 min,均匀分布。订奶的人排成一队,等待订奶。订一份奶所需时间为 3~7 min,均匀分布。编写 100 个人完成订奶的模型程序。

10. 一个小港口只有一个码头,每次仅能容纳一条船,船的到达时间均匀分布,均值为 50 h,偏差 5 h,并按到达的次序卸货,卸货的时间也是均匀分布,均值 25 h,偏差 20 h,船一旦卸完货就离开码头。编写 50 条船到达并卸完货的模型程序,求货船的平均等待时间以及港口的忙闲状况。

11. 一个生产流程有三道工序。第一个工序由 A、B 两个工人承担,第二道工序有两台加工设备,第三道工序有一台检验设备。工人 A、B 分别以不同的间隔(工人 A 均值 8 min、偏差 3 min、均匀分布,工人 B 均值 5 min、偏差 2 min、均匀分布)向第二道工序各送去一件半成品,第二道工序加工一件半成品的时间服从均匀分布(均值 6 min,偏差 2 min),然后 20% 的成品需送到第三台检验设备进行抽样检查,检查一件成品的时间也服从均匀分布(均值 10 min,偏差 4 min),建立模型,求系统在第 480 min 时的状态。

12. 有一展览会,参会人员到达展览馆的时间间隔为(7±7) s,均匀分布。展览会只有一个售票口,每次仅能出售一张门票,每人购买门票的时间需(5±3) s,均匀分布。建立模型,模拟 300 人购票的情况,分析售票口的忙闲状况、等待队列的最大队长,平均队长等信息。

第 7 章

随机数发生器与函数实体

在前几章中我们一直在讲解有关系统中随机过程及其随机变量的问题,在第 2 章中我们仅仅假定已知某种随机变量的值,在第 4 章中我们介绍了如何确定某个随机过程的随机变量的概率分布。接下来面临的问题是如何按给定的概率分布来产生所需的随机变量,以便保证模拟的进行。本章主要讲解已知输入数据的概率分布后,如何在模拟中方便有效地产生需要的随机变量的值。

我们从介绍产生[0,1]间均匀分布随机变量的方法(也就是随机数发生器)开始,逐步讲解其他分布随机变量的产生方法,最后介绍 GPSS/Java 语言中各类随机变量的使用方法。在本章之前,我们接触的都是均匀分布的随机过程,本章结束后,我们就可以对具有任何随机过程的系统进行模拟研究了。

7.1 随机数发生器

随机数发生器是产生某种随机变量数值的装置,比如各类手动的摇奖机就是产生[0,9]之间均匀分布随机变量数值的随机数发生器;一个平衡的骰子应该是产生[1,6]之间均匀分布随机变量数值的随机数发生器。随机数发生器还有机械式、电子式、数表式等等。进入计算机时代后,利用计算机来产生各类随机变量数值显然更加方便和快捷。而利用计算机来产生各类随机变量数值就是要编制合适的程序来完成这一工作。目前最常用的是产生[0,1]之间均匀分布随机数的程序,几乎所有的计算机高级语言中都包括了这个程序(函数),我们统称为随机数发生器。因此在本书中除特殊说明外,随机数发生器只是指产生[0,1]之间均匀分布随机数的发生器。

我们研究和利用产生[0,1]之间均匀分布随机数的随机数发生器,不仅因为这类随机数应用的广泛性,还因为在应用计算机来产生所有其他各类随机变量时,都要以随机数发生器产生的[0,1]之间均匀分布随机数为基础而计算得来。因此要产生其他各类随机变量,必须首先要有产生[0,1]之间均匀分布随机数的随机数发生器。

7.1.1 对随机数发生器的基本要求

既然随机数发生器具有这么大的作用,那么它的质量和功能就十分重要了。一般情况下我们对随机数发生器有如下的基本要求：

(1)随机数发生器产生的随机数必须在[0,1)之间均匀分布。由后文中给出的随机数发生器的程序中可见，这类随机数发生器只能产生在[0,1)之间、可等于0、不能等于1的随机数。

(2)随机数发生器产生的随机数必须具备独立同分布（IID）的性质，也就是产生的所有随机数应具有同一个分布，而且相互之间又是独立的，不相关的。

(3)随机数发生器可多次产生相同的随机数列，又可以产生不同的随机数列。这一点对于程序的调试十分重要，因为在调试同一个程序时，我们总是希望使用同一个随机数列，以便观察输出结果是否正确。而在具体模拟实验时，我们又希望使用不同的随机数列，以便得到实验的统计结果。

(4)随机数发生器所产生的随机数列应具有足够长的(重复)周期。在本章内容结束时我们将会了解到，常用的随机数发生器所产生的随机数列仅是一种具有周期性质的重复的随机数列，我们要求这个周期尽可能大，以便满足系统模拟过程对大量随机数的要求。

(5)随机数发生器应能快速产生随机数，以便加快模拟的速度，进而满足实时控制的要求。

(6)随机数发生器所需要占用的内存要小。随机数发生器一旦被调用就要常驻内存，因此显然所占内存越小越好。

7.1.2 常见的随机数发生器

随机数不仅在模拟技术中需要，许多日常活动和研究工作中都需要随机数，因此对于产生随机数方法的研究已有较长的历史，也随之出现了各式各样的方法。其中最简单的方法可能是扔硬币，按其正、反面的随机性来模拟某个过程。在出现了机械式、电子式发生器后，又出现了具有一定规模的随机数表，人们只要闭上眼在随机数表上点一下就可以找到一个随机数。但是凡此种种方法都不能满足计算机模拟的要求，至少在速度和数量上都满足不了模拟的要求。所以在计算机技术飞速发展之前，模拟技术发展得也十分缓慢。计算机模拟使用的随机数只有用计算机来产生才能满足其要求，因此本节主要介绍常用随机数发生器的计算机方法。

1. 平方取中法

平方取中法是最可直观理解的一种产生伪随机数的方法。所谓伪随机数就是说它并不是真正意义上的随机数，通过这一节的学习我们将会了解到：凡是由计算机程序产生的所谓的随机数都是伪随机数。平方取中法是将一个四位数平方后得到一个八位数，取中间四位数为第一个随机数，然后再对已经得到的四位数平方，再取中间的四位数为第二个随机数，以此类推。例如：

$x_0 = 5\ 234$ $x_0^2 = 27\ 394\ 756$
$x_1 = 3\ 947$ $x_1^2 = 15\ 578\ 809$
$x_2 = 5\ 788$ ……

平方取中法易于退化，且均匀分布的差异显著。有兴趣的读者可以将上面的例子继续做下去，很快就会发现，所选择的四位数字将逐步地趋近于0。因此这种方法并不具有实用性。

2. 线性同余式发生器

目前可以满足对随机数发生器的种种要求，应用最广泛的随机数发生器是线性同余式发生器。这个名称来源于此发生器的算法采用的是一种线性同余公式。下面的循环公式给出了一个顺序的整数列 $Z_1, Z_2, \cdots, Z_i$ 为

$$Z_i = (aZ_{i-1} + c)(\bmod M)$$

其中，a, c 为常数；Z_i 为任意数；Z_{i-1} 为随机数种子；M 为随机数发生器的模。

为了得到 $[0,1)$ 之间的随机数 $U_i(i = 1, 2, \cdots, n)$，通常采用下式计算：

$$U_i = \frac{Z_i}{M}$$

mod 是一种运算，其算法如下：

对于 $Z = A \bmod M$，则 Z 为

$$Z = A - \left\lfloor \frac{A}{M} \right\rfloor \times M$$

其中，"$\lfloor \ \rfloor$" 是一种全舍尾的除法，将 A/M 所得商的小数点后的值全部舍去。

由于这种模运算具有一些特性，使同余数法具有了同样的特性。为了了解同余数法的这些特性，下面我们举例分析一下这些特性是如何影响随机数产生的。由

$$
\begin{array}{ll}
A = 0 & A(\bmod M) = 0 \\
A = 1 & A(\bmod M) = 1 \\
A = 2 & A(\bmod M) = 2 \\
\vdots & \vdots \\
A = M-1 & A(\bmod M) = M-1 \\
A = M & A(\bmod M) = 0 \\
A = M+1 & A(\bmod M) = 1 \\
\vdots & \vdots \\
A = 2M & A(\bmod M) = 0
\end{array}
$$

可见，当 A 在 0 和 $M-1$ 之间时，模运算的值也是从 0 到 $M-1$。而当 A 大于等于 M，小于 $2M$ 时，模运算的值又重新从 0 到 $M-1$ 重复一次。当 A 的数值再增加时，模运算的值又一次重复。因此经过模运算得出的数列是具有循环特性的，其周期近似等于 M。由此看来，只有当模数 M 相当大时，数列才可能具有随机的特点。从这一点来看，线性同余式所得的数列在实质上仅是一个具有周期性质的重复数列。此外由于模运算的最后结果不可能等于模数 M，由上述计算随机数的公式计算出来的随机数 U_i 就不会等于 1。说明由线性同余式发生器产生的随机数不会是 1，它产生的随机数的范围是 $[0, 1)$。

由上可见，计算机随机数发生器产生的随机数是一个具有一定周期的循环数列，说明计算机产生的随机数是一个伪随机数，它必须经过检验才能使用。我们有一系列的检验方法对所设计的随机数发生器进行检验，其中包括独立性、均匀性检验等，如果所设计的随机数发生器通过了所有的检验，我们可以认为它所产生的数列满足对随机数发生器的各项要求，可以使用，但实际上它仍然是一个重复的数列，因此我们常称其为伪随机数列。

读者可能已经注意到，对随机数发生器的检验是十分必要的，而随机数发生器的质量直接影响模拟的质量，这就更加深了我们对随机数发生器的选择和使用的重视。在一些旧式计算机上常装有质量不高的随机数发生器，当时的许多模拟工作者只好使用自己设计并通过检验的随机数发生器。随着计算机技术的不断发展，随机数发生器的质量也在不断地提高，目前在

多数高级语言中使用的随机数发生器都经过了严格检验，可以放心地使用。但是为了使读者对合格的随机数发生器有一个大致的了解，我们下面给出两个已经通过检验的随机数发生器：

$$Z_i = (7^5 Z_{i-1} + 1)(\mod 2^{31} - 1)$$

$$Z_i = (314159269 Z_{i-1} + 453806245)(\mod 2^{31})$$

这两个随机数发生器的模都是 2^{31}，都可以用在 32 位计算机上。其中 Z_{i-1} 可称为随机数发生器的种子，只要给它任意一个值，就会产生一个随机数列；换一个数值，就会产生一个新的数列。我们在编制模拟程序时，经常需要输入随机数发生器的种子，以便改变数列，就是这个原理。下面是上述给出的第一个随机数发生器的 FORTRAN 子程序，仅供感兴趣的读者参考，并不属于课程内容要求。

```
DOUBLE PRECISION FUNCTION DRAND(IX)
DOUBLE PRECISION A,P,IX,B15,B16,XHI,XALO,LEFTLO,FHI,K
DATA A/16807.DO/,B15/32768.DO/,B16/65536.DO/,P/2147483647.DO/
XHI = IX = B16
XHI = XHI-DMOD(XHI,1.DO)
XALO = (IX-XHI * B16) * A
LEAFTLO = XALO/B16
LEAFTLO = LEAFTLO-DMOD(LEAFTLO,1.DO)
FHI = XHI * A+LEZFTLO
K = XHI/B15
K = K-DMOD(K,1.DO)
IX = ((XALO-LEAFLO * B16)-P) * (FHI-K * B15) * B16)+K
IF (IX.LT.0.DO) IX = IX+P
DRAND = IX * 4.656612875D-10
RETURN
END
```

随机数发生器的种类很多，除了上述线性同余式发生器外，还有混合式发生器、复合式发生器、Tausworthe 发生器等，因为我们的目的毕竟不是从事随机数发生器的设计工作，这里就不一一介绍了，有兴趣的读者可参考有关书籍。

7.1.3 随机数发生器的检验

通过 7.1.2 节的讲解，我们了解了随机数发生器的基本原理及其存在的问题，特别是关于随机数发生器检验的问题。大多数计算机系统都装备有设计好的随机数发生器，将其作为应用软件的一部分。当这些随机数发生器真正地用于模拟之前，我们特别强调，使用者必须准确地了解该发生器的种类以及数值参数，除非其说明书中指明了该发生器已经过检验，否则一个尽职的模拟工作者应该对其进行实际检验。但是由于目前装备在新的计算机系统中的随机数发生器多数通过了检验，又由于随机数发生器的检验问题涉及的理论和方法太多，不适合占用太多篇幅讲解这个问题，因此我们仅简单介绍一下常用的方法。

随机数发生器常用的检验方法可分为两类：

1. 经验检验

检验一个随机数发生器最直接的办法是用它来产生一组随机数，然后对这些随机数进行统计检验，观察其与 IID $U[0,1]$ 随机变量的接近程度。这类似于在第 4 章介绍的拟合优度检验，它可以采用如下的方法：

（1）K-S 检验。

（2）χ^2 检验。

（3）序列检验。这是用于检验数列中各数据相关性的一种多维检验形式，可对随机数列进行多维均匀分布的检验。多维检验对各数据独立性的检验更全面。

（4）积累检验。这是对数列中各数据独立性的另一种检验形式，它首先判断数列中连续上升或连续下降数据的个数，然后通过分析这种上升或下降趋势的程度来检验数列的独立性。所以又可分为递增（run up）检验和递减（run down）检验两类。

2. 理论检验

理论检验是以随机数发生器的计算公式为基础，利用相关学科的知识来进行分析和判定。理论检验不需要运用被检验的随机数发生器产生任何随机数。它常采用分析常数 M、a 和 c 的方法，判断某个随机数发生器的性能。理论检验的结论是针对整个发生器的，而不是像经验检验那样仅适合于所检验的数据。由于理论检验需要专门学科的知识，这里就不进行详细介绍了。

用于检验一个随机数发生器的方法很多，其复杂的程度及其功能都还处于发展阶段。关于哪一种方法最好，理论检验是否一定比经验检验好的争论也一直存在着。实际上，仅靠某一种检验并不能确定所有发生器的好坏，通常建议对随机数发生器进行与其用途相适应的检验。比如，如果在模拟过程中随机数是成对使用的，那就应该检验成对的随机数的特性（多用序列检验法）；从通俗角度讲，如果所进行的模拟十分重要和昂贵，需要高的精度，那么在选择和检验随机数发生器时就要格外小心。

7.2 产生随机变量的方法

当我们手中拥有了合格的随机数发生器后，就可以用它来产生 $[0,1)$ 间均匀分布的随机数了，这也就给我们产生其他分布类型的随机数创造了条件。在本节我们假设数据的分布类型已经通过某些方法确定下来，并讨论如何从这个分布中产生模拟所需的随机变量。

根据已知的分布产生符合该分布的随机变量有许多不同的方法，使用的方法将取决于我们要产生的随机变量的分布形式。按这些方法的理论基础分类有以下几种：

7.2.1 逆转换法（Inverse Transform）

如果我们已知分布的分布函数，并可以从分布函数求出它的反函数，我们就可以利用它的反函数来产生已知分布的随机变量。这种利用拟合分布的分布函数的反函数来产生随机变量的方法称为逆转换法。顾名思义，它是利用其反函数来产生随机数的，因此反函数对这个方法来讲十分重要。逆转换法的步骤如下：

(1)确定随机过程中该随机变量的拟合分布。
(2)确定拟合分布的参数及分布函数 $F(x)$。
(3)求出分布函数的反函数 $x_i = G(U_i) = F^{-1}(U_i)$。
(4)用随机数发生器产生[0,1)间均匀分布的随机数 U_i。
(5)用 $x_i = G(U_i) = F^{-1}(U_i)$ 来计算,求得该分布的随机变量 x_i。
(6)返回到步骤(4),产生下一个随机变量。

图 7.1 表示了逆转换法的基本原理。图中所示是某个分布的分布函数图形,如同所有分布函数图一样,它是一个 S 形曲线,它的纵坐标表示的是累积分布值,其范围是从 0 到 1(对于常用的统计样本来讲,其最大的分布值不会等于 1)。从图中可以看出,我们利用随机数发生器产生[0,1)间均匀分布的随机数 U_i,也就是在纵坐标上随机地找到一个点,从这一点利用其反函数就可求得该分布在这一点的随机变量 x_i。只要我们利用随机数发生器不停地产生[0,1)间均匀分布的随机数 U_i,就可以得到一系列的该分布的随机变量 x_i。逆转换法的原理简单,易于使用,在多数情况下被采用。使用逆转换法的前提是我们必须能求得已知分布函数的反函数,这对于有些分布函数来说就很困难,比如正态分布函数。当然如果得不到反函数的公式,我们可以采用数值分析的方法来求其反函数的值,但这显然更麻烦一些。

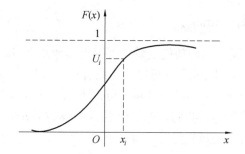

图 7.1 逆转换法产生随机变量基本原理示意图

下面我们以指数分布函数为例来说明利用逆转换法产生随机变量的过程。假设已知指数分布的分布函数为

$$F(x) = 1 - e^{-x/\mu}$$

其中,μ 是指数分布的均值。

通过推导可求得该分布函数的反函数为

$$F^{-1}(U) = G(U) = -\mu \ln(1 - U)$$

或者

$$F^{-1}(U) = G(U) = -\mu \ln(U)$$

对于第 4 章的银行汽车窗口例子来说,反函数可具体表示为

$$F^{-1}(U) = G(U) = -0.399 \ln(U)$$

因此,现在可用随机数发生器产生一系列的[0,1)间随机数 U_i,即可求出一系列的指数分布的随机变量。

7.2.2 合成法(Composition)

当我们要研究的样本的分布 F 可以表示成几个其他分布 $F_1, F_2, \cdots, F_n$ 的组合形式时,我们可以采用合成法。合成法在几何意义上可如下解释：当 x 为连续型随机变量时，其密度函数为 f。但密度函数 f 并不能用一个公式完整地表示出来，我们可以把 f 下的面积分成 P_1, P_2，$\cdots, P_n$，共 n 个小面积，就相当于把 f 分成 n 个密度函数一样。图 7.2 为合成法的基本原理示意图，它是一个随机过程的密度函数，共由三个不同分布的部分组成。那么我们第一步应先随机地选择一个小面积，第二步是从选定的小区域相应的分布中产生随机变量。由于合成法应用的机会不多，我们就不再举例。

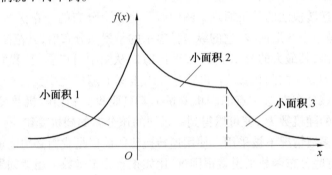

图 7.2　合成法基本原理示意图

7.2.3　结合法(Convolution)

对于许多重要的分布，其期望的随机变量 x 可以由其他几个 IID 随机变量结合而成，而这些 IID 随机变量又比较容易产生，我们就可以采用结合法。我们先举一个例子说明如下：

已知均值为 m 的 m-Erlang 分布随机变量 x 可以表示成 m 个参数为 μ/m 的 IID 指数分布随机变量的和。这样，为了产生 x，我们首先要产生 m 个参数为 μ/m 的指数分布随机变量 y_1，$y_2, \cdots, y_m$，则 m-Erlang 分布的随机变量可求得如下：

$$x = y_1 + y_2 + \cdots + y_m$$

初学者常把合成法和结合法混淆起来。结合法是将所求分布随机变量 x 用其他分布随机变量的和来表示；而合成法是指所求随机变量 x 的分布函数可由其他一些分布函数的和来表示，两种情况是截然不同的。

上面介绍的三种方法可以直接从所给的分布或随机变量中产生所求的随机变量，因此可统称为直接法。还有一些通过间接的手段来产生所需的随机变量的方法，我们统称为非直接法。非直接法包括接受-拒绝法和利用特殊性质产生随机变量的方法等，这里就不再一一介绍。

7.2.4　经验分布随机变量的产生

当我们只有实验数据，而得不到合适的拟合分布时，则可直接从数据中产生随机变量。通常我们利用实验数据的经验分布函数和逆转换法来产生所需的随机变量，下面仅用一例来说明这一方法的基本步骤。

已知某轴承寿命的样本见表 7.1，其经验分布随机变量产生示意图如图 7.3 所示，该图仅供参考，并没有按比例绘出完整的函数图形。

表 7.1 某轴承寿命调查数据样本

工作时间	轴承损坏比例/‰	$F(x)$
1 000	0	0
1 100	15	0.015
1 200	50	0.065
1 300	60	0.125
1 400	100	0.225
1 500	135	0.360
1 600	175	0.535
1 700	150	0.685
1 800	125	0.810
1 900	90	0.900
2 000	75	0.975
2 100	25	0.995
2 200	5	1.000

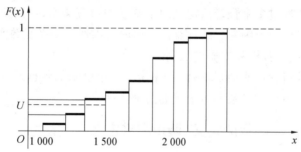

图 7.3 经验分布随机变量产生示意图

此经验分布随机变量可按如下方法产生：

(1) 先产生一个在[0,1]间均匀分布的随机变量 U。

(2) 判断 U 落入的区间，即可确定寿命的随机变量。比如产生的随机变量是 0.31，它介于 0.225 和 0.360 之间（见表 7.1），因此寿命的随机变量应为 1 400。

上面我们介绍了产生随机变量的基本原理和常用的方法，读者可能已经注意到，上述的任何一种方法都需要首先利用随机数发生器产生[0,1)之间的随机数，然后再利用一些其他手段产生所需的随机变量。因此我们一直强调的关于随机数发生器的重要性不言而喻。可以说随机数发生器是模拟技术处理随机过程的一个关键部分，GPSS/Java 语言的随机数发生器使用起来十分方便，我们可能看不到上述十分复杂的步骤和程序，但是其中的一些基本原理和方法仍然为 GPSS/Java 语言所使用，这对于每一个模拟工作者来讲显然是必须了解的。

7.3 GPSS/Java 语言的随机数发生器

在以上几节中，我们讲述了有关随机数发生器及随机变量的产生的基本原理和方法，那么在 GPSS/Java 语言中其随机数发生器及有关随机变量的产生是如何实现的呢？这一节我们将详细讲解 GPSS/Java 语言本身，学习利用 GPSS/Java 语言实现对各类分布的随机过程的模拟。

GPSS/Java 使用 Randum 类定义了 8 个 Randum 类型的对象，初始种子分别取值 100、200、300、400、500、600、700 和 800，能够产生 8 个不同的随机数流。将这 8 个对象的方法 nextDouble( )包装成 8 个 GPSS/Java 随机数发生器：RN＄(int n)，其中，$n=1,2,\cdots,8$。例如，RN＄(1)代表 1 号随机数发生器，产生初始种子为 100 的一个 0~1 间隔均匀分布随机数流的随机数。

1 号随机数发生器为缺省使用的随机数发生器，即在产生某间隔均匀分布的随机数时，未指定随机数发生器，则处理程序使用一号随机数发生器。例如，transfer 模块的概率转移模式如下：

> transfer(double a,Addr b,Addr c)

当动态实体进入 transfer 时，由 1 号随机数发生器 RN＄(1)产生一个随机数，如果 RN＄(1)小于操作数 a，则转入标号对象为 c 的模块，否则转入标号对象为 b 的模块。

7.4　GPSS/Java 函数实体

在现实世界中通过各种实验或调查所获得的数据很多，这些数据中有的无法用一个合适的公式来表示，而需要通过多个预定值定义两个变量的对应关系，再对应自变量的实际取值。依据这种对应关系，可以获得因变量的计算值。这时可以通过定义函数实体来解决这类问题，在概念上它与数学上的函数没有本质的区别。

GPSS/Java 函数实体是一种辅助实体，用来定义一组已知的数据所构成的函数，已知的数据应包括函数的类型、数据的点数和每个点的两个坐标值。

7.4.1　GPSS/Java 函数的定义、调用和重定义

1. GPSS/Java 函数的定义

定义一个 GPSS/Java 函数实体就是用 gpssjv 类库的函数实体类 Function 创建一个函数实体对象，简称函数，并对其进行初始化。函数对象通过初始化获得函数变量(因变量)和自变量的预定关系。这种预定关系由多个值对(自变量与因变量的取值)描述，并使用两个一维数组分别存放自变量和因变量的预定值。函数实体类定义了如下的构造方法：

> Function(String name,int flag,int g,double[ ] x,double[ ] y)

其中，name 为字符串类型，为用户指定的输出名；flag 为操作数功能标识符，取 D 或 C，分别代表所定义的函数为离散函数或者连续函数类型；g 为"值对"个数；x 和 y 皆为一维数组(实型)；x 存放自变量预定值；y 存放函数变量对应的预定值；x 存放的自变量的值必须随标号的增大而增大。

构造方法重载的形式如下：

> Function(int flag,int g,double[ ] x,double[ ] y)

此时函数输出名由系统指定，模拟标准输出结果不包含函数的信息，所以多采用这种形式的构造方法。

如下示例定义了一个名为 profit 的函数对象,函数类型为离散型,具体数据关系如图 7.4 所示。

```
double x1[ ] = {0.15,0.35,0.60,1.00};
double y1[ ] = {2,5,8,12};
Function profit = new Function("Profit",D,4,x1,y1);
```

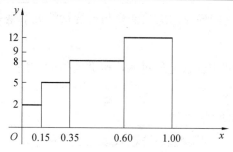

图 7.4　离散型函数示意图

离散型函数是一种跳跃式的阶梯型函数,它的特点是各个数据点之间是跳跃式发生变化的,而不是连续的,在这类函数中一个数据点左右两边的值是不同的。

我们已知的数据是由多对以 x,y 为坐标的间断点数值组成的。如果数据本身是连续型的,各点之间应该有不间断的数据,但由于数据来源于实验或采集,各数据之间肯定会有间断。所以在构造模拟模型时我们必须将这些数据组成连续型函数。由这些数据所构成的连续型函数的特点是各间断点之间用折线连接,成为了形式上的折线式连续型函数。这种连续型函数折线上各点的值是由采用线性内插法所定义的函数计算出来的。例如我们已知下列由四个点组成的一组数据:

x 轴:0、0.2、0.7、1.0。

y 轴:0、0.3、0.8、1.0。

图 7.5 是由上述数据点所绘出的连续型函数示意图。

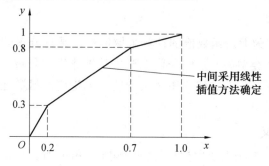

图 7.5　连续型函数示意图

这个函数的定义语句应按如下格式书写:

```
double x[ ] = {0,0.2,0.7,1.0};
double y[ ] = {0,0.3,0.8,1.0};
Function profit = new Function("Pro",C,5,x,y);
```

作为资源实体,函数必须作为模型类的成员变量,先定义后使用;同时,存放预定值的数组也必须定义为模型的成员变量。存放预定值的这两个数组的长度可以不同,但都必须大于等于"值对"数 g。特别需要注意的是,每一个函数都应定义一对数组,否则会出现用同一对数组描述的关系应用于不同的函数对象的情况。

接着上面定义的函数实体,又定义了另一个函数实体 arriv 如下:

    Function arriv = new Function("Arrive",D,5,x1,y1);

则 arriv 和 profit 没有区别,它们描述的函数变量与自变量的关系是完全相同的。

2. 函数的调用

函数定义后便可使用,调用函数是通过调用函数实体的方法 FN $ 来实现的。这一方法包装后的原型为:

    double FN $ (Function f,double var)

其中,f 为调用的函数对象;var 为实型表达式,代表自变量的值。

FN $ (Function f,double var) 不是模块语句,而是作为模块的操作数或表达式的操作对象来使用,每调用一次便返回一个对应自变量值的函数值,在 GPSS 中被归属于标准数值属性(标准数值属性相关内容将在第 8 章介绍)。

如果希望调用函数的返回值为整型,则可使用函数调用的如下形式:

    int FNI $ (Function f,double var)

其中,f 为调用的函数对象;var 为实型表达式,代表自变量的值;函数值取整后返回。

函数调用允许使用面向对象的书写形式。假如 profit 为已定义的函数实体,那么也可以通过以下形式调用 profit 函数:

    profit. FN $ (RN $ (1))

其等效于

    FN $ (profit,RN $ (1))

3. 函数返回值的计算

对于离散函数(类型为 D),函数值的计算采取能产生某种分布的离散随机数的"逐段查值方法";对于连续函数(类型为 C),则采取能产生某种非均匀分布的连续随机数的"线性插值方法"。函数值的计算是在函数被调用时实现的。无论离散函数还是连续函数,其返回值都是双精度实数。

4. 函数实体的重定义

函数实体允许在 run 方法中使用模型控制语句 redefine,对其初始属性状态(函数变量与自变量的映射关系)进行重新定义。重定义函数实体须使用 redefine 的如下重载形式:

    public void redefine(Function f,int g,double[ ] x,double[ ] y)

其中,f 为要重定义的函数实体名,g 为重定义的值对总数,x 和 y 为重定义值对数组。

函数实体重新定义的关键问题是:

(1)如果 g 的值不变,则可以在 run 方法中,事先改变数组 x 和 y 的值。

(2)如果 g 的值大于重新定义前的值,则有两种解决方案。

一是在最初定义 x 和 y 所引用的数组时,将其长度留有余地。例如:

```
……
public void run( ){
    setModel(this);
    start(1);
    x1[0]=1; x1[1]=2; x1[2]=3; x1[3]=4; x1[4]=5;
    y1[0]=10; y1[1]=15; y1[2]=25; y1[3]=50; y1[4]=70;
    redefine(profit,5,x1,y1);
    clear( );
    start(1);
}
double x1[5]={1,2,3};
double y1[5]={10,15,25};
Function profit = Function(C,3,x1,y1);
……
```

二是在 run 方法中,重定义前,定义新的值对数组。例如:

```
……
public void run( ){
    setModel(this);
    start(1);
    double x1[ ]={1,2,3,4,5};
    double y1[ ]={10,15,25,50,70};
    redefine(profit,5,x1,y1);
    clear( );
    start(1);
}
double x1[ ]={1,2,3};
double y1[ ]={10,15,25};
Function profit = Function(C,3,x1,y1);
……
```

值得注意的是,第二种方案中,run 方法中的 x_1 和 y_1 两数组不是类成员变量的 x_1 和 y_1,而是新定义的局部变量,它们隐藏了类成员变量的 x_1 和 y_1。第一种方案中,run 方法中的 x_1 和 y_1(两数组)就是类成员变量的 x_1 和 y_1,因为类成员变量 x_1 和 y_1 的作用域是整个模型类。

7.4.2 用函数产生非均匀分布的随机数

函数变量与函数自变量的预定值对就是函数变量和函数自变量的映射关系。将 0~1 间隔均匀分布随机数转换为非均匀分布的随机数,就是通过表达它们的映射关系的非均匀分布随机数值和其累积频率值对表来实现的,因此函数变量对应非均匀分布随机变量,而函数自变量对应 0~1 间隔均匀分布随机变量。随机数预定值和其预定的累积频率值对对应描述函数关系的预定函数值和自变量值的值对数组。显然离散函数可以描述离散随机变量,而连续函数可以描述连续随机变量。以下例子说明了如何使用函数定义这种映射关系和通过函数调用产生服从某种分布的随机数。

例如:假设某一离散随机变量的值及其频率的统计结果见表 7.2。

表 7.2 离散随机变量的值及其频率的统计

随机变量取值	频率
2	0.15
5	0.20
8	0.25
9	0.22
12	0.18

计算累积频率获得累积频率分布见表 7.3。

表 7.3 累积频率分布

随机变量取值	频率	累积频率
2	0.15	0.15
5	0.20	0.35
8	0.25	0.60
9	0.22	0.82
12	0.18	1.00

通过函数调用获得服从该分布的随机数,程序片段如下:

```
……
double  p[ ] = {0.15,0.35,0.60,0.82,1.00};     //函数定义
double  y[ ] = {2,5,8,9,12};
Function arriv = new Function(D,5,p,y)
……
   generate(FN $ (arriv,RN $ (1)));              //函数调用
   advance(8,2);
   terminate();
……
```

其中,RN $ (1)为函数的自变量,对应 1 号随机数发生器每产生的一个 0~1 间隔均匀分布的随机数。

如果数据的关系为连续型,则可定义连续函数描述,并产生服从该分布的随机数,程序片段如下:

```
……
double   p[ ] = {0.15,0.35,0.60,0.82,1.00};
double   y[ ] = {2,5,8,9,12};
Function arriv = new Function(C,5,p,y)
……
  generate(FN $ (arriv,RN $ (1)));
  advance(8,2);
  terminate();
……
```

函数可以在模型中描述某个随机变量的取值的概率分布,并可通过对函数的调用产生服从这种分布的随机数。但函数在模型中的作用不仅仅如此,有时它被用来构造具有复杂逻辑结构的模型,或用来简化模型的构造逻辑。相关的内容在后面章节的建模实践中会得到应用。

7.4.3 函数调用方法的包装与重载

GPSS/Java 函数的定义和调用与 GPSS 有所不同,GPSS/Java 在定义函数时无须指定函数的自变量,但在调用函数时,必须指定函数的自变量,而 GPSS 恰好相反。Java 难以直接表达 GPSS 方式的函数,但用户(特别是那些熟识 GPSS 并习惯 GPSS 表达方式的用户)可以通过定义包装或重载方法来使 GPSS/Java 函数调用的表达方式类似于 GPSS。

1. 包装函数调用方法

例如:

```
……
double   p[ ] = {0.15,0.35,0.60,0.82,1.00};
double   y[ ] = {2,5,8,9,12};
Function arriv = new Function(C,5,p,y)
double arrivFN(){return arriv.FN $ (RN $ (1));}
//或者 double arrivFN(){return FN $ (arriv,RN $ (1));}
……
generate(arrivFN());
advance(6,2);
terminate();
……
```

由以上程序片段可见,用户可以直接定义一个 Java 方法,其返回值表达式是某函数实体的调用。于是某函数的调用转换为对应 Java 方法的调用。

2. 重载函数调用方法

例如：

```
……
    double   p[ ] = {0.15,0.35,0.60,0.82,1.00};
    double   y[ ] = {2,5,8,9,12};
    Function arriv = new Function(C,5,p,y);
    double   p1[ ] = {0.15,0.35,0.60,0.82,1.00};
    double   y1[ ] = {2,3,4,5,7};
    Function serv = new Function(C,5,p1,y1);
    double FN $ (Function f){
        if(f==arriv)    return    arriv.FN $ (RN $ (1));
        //或者 return FN $ (arriv,RN $ (1));
        if(f==serv)    return    serv.FN $ (RN $ (1));
        //或者 return FN $ (serv,RN $ (1));
        return 1;
    }
……
    generate(FN $ (arriv));
    advance(FN $ (serv));
    terminate( );
……
```

由以上程序片段可见,用户定义的方法 FN $ (Function f)重载了标准的函数调用方法 FN $ (Function f,double var)。在重载方法中,根据形参对象的不同而发生不同的函数调用。

函数调用可以采取以上两种形式的任一种。如果模型中使用的函数不多,我们可以直接使用函数的标准调用方法或其包装的形式;如果定义的函数较多或建模者要坚持 GPSS 的表达风格,则可采取重载函数的标准调用方法。

7.4.4　标准分布随机函数

GPSS/Java 类库定义了若干标准分布随机函数,如指数分布、正态分布、三角形分布和均匀分布等随机函数,用以产生服从这些分布的随机数。用户要理解这些函数参数的实际意义,才能正确地调用它们,产生它们所代表的分布的随机数。

1. 指数分布

```
double expntl(int r,double x)
```

其中,r 为随机数发生器编号;x 为平均值。

指数分布是社会生活中一种常见的分布,有一个形象的比喻:如果把 100 粒花生扔给 20 个猴子,它们会将花生平分吗? 不,在最任意的情况下,有的猴子抢到了很多,有的得到的很少,猴子得到的花生数一般会符合指数分布,多数的猴子得到的少,少数的得到的多。在实际生活中,统计部门公布的平均工资就是按照指数分布计算出来的,高于平均工资的人数大约占统计样本的 40% 左右。

在实践中,指数分布经常作为某个事件发生间隔时间的分布而出现。指数分布还是唯一具有无记忆性的分布。离散事件系统中独立事件发生的间隔时间一般服从指数分布。例如,排队系统中服务台前顾客到达的时间间隔,生产系统中故障率为常数的设备的正常工作时间等等。指数分布是"威布尔"分布的特殊情况或"伽玛"分布,可看作"威布尔"分布中形状系数等于 1 的特殊分布。

2. 正态分布

> double normal(int r, double x, double s)

其中,r 为随机数发生器编号;x 为平均值,必须大于 0;s 为标准差。

对于正态分布,如果平均值较小,则函数返回值可能小于 0,此时 GPSS/Java 取其绝对值,以保证函数 normal 不会返回负数。

正态分布也称高斯分布,在自然现象和社会现象中,大量随机变量都服从或近似服从正态分布。如零件尺寸、化学成分、测量误差和人体高度等。正态分布常用来描述由众多独立随机因素共同作用下产生的偏差变量,如炮弹的弹着点等。在实际系统中,当一个随机变量影响因素的个数 n 为 5~6 个时,该随机变量的分布往往就渐近于正态分布。

3. 三角形分布

> double triang(int r, double a, double c, double b)

其中,r 为随机数发生器编号;a 为左边界值;b 为右边界值;c 为模值;含边界值。

三角形分布是一种近似的分布形式,常用于对生产作业时间分布的近似描述。由于它求取方便,需要收集的数据较少,又不失仿真的精度,因此在生产系统仿真研究中会经常用到这种分布形式。

4. 均匀分布

> double uniform(int r, double a, double b)

其中,r 为随机数发生器编号;a 为下界值;b 为上界值;含上界和下界值。

均匀分布的值在最大值 b 和最小值 a 之间随机抽取。当我们遇到一个未知分布的随机参数时,首先想到的应是它是否服从均匀分布,将判断结果作为"初定"分布。

5. 整型均匀分布

> int uniformInt(int r, int a, int b)

其中,r 为随机数发生器编号;a 为下界值;b 为上界值;含上和下界值。

该方法首先产生一个在 $[a,b]$ 区间均匀分布的随机变量,强制转换成整型变量后输出。

其他标准分布随机函数请参阅 gpssjv 类库的帮助文档。

7.5 应用举例

7.5.1 应用举例一

1. 问题陈述

在模型 Demo6_4 应用举例的设备装配与包装问题基础上,假设经过对大量观测数据的统计处理,得到装配一台设备需要的时间服从的分布见表 7.4,包装一台设备需要的时间服从的分布见表 7.5,其他条件不变,编写模型程序,运行模型。

表 7.4 装配一台设备需要的时间服从的分布

时间	26.0	28.0	30.0	32.0	34.0
频率	0.10	0.15	0.35	0.25	0.15

表 7.5 包装一台设备需要的时间服从的分布

时间	6.0	7.0	8.0	9.0	10.0
频率	0.07	0.20	0.40	0.25	0.08

2. 模型程序

```
//模型程序文件名为 Demo7_1.java   设备装配与包装模型
//(装配与包装所需时间为非均匀分布)
import gpssjv.*;
public class Demo7_1 extends BlockOp{
    public void run()(){
        setModel(this);
        start(1);
    }
    Addr back = new Addr();
    Queue wait = new Queue("WaitQ");
    Facility pack = new Facility("Packer");

    double x1[] = {0.10,0.25,0.60,0.85,1.00};
    double y1[] = {26.0,28.0,30.0,32.0,34.0};
    Function assembl = new Function(C,5,x1,y1);     //定义了表 7.4 的关系
    double x2[] = {0.07,0.27,0.67,0.92,1.00};
    double y2[] = {6.0,7.0,8.0,9.0,10};
    Function packing = new Function(C,5,x2,y2);
    public void simulate(){                          //定义了表 7.5 的关系
```

```
            switch(nextBlock){
case  10:           generate(0,0,0,4);
case  20:           A(back); advance(FN $ (assembl,RN $ (1)));
case  25:           queue(wait);              //函数 assembl 调用返回装配时间
case  30:           seize(pack);
case  40:           depart(wait);
case  50:           advance(FN $ (packing,RN $ (2)));
case  70:           release(pack);            //函数 packing 调用返回包装时间
case  90:           transfer(back);
  :
case  970:          generate(2400);
case  980:          terminate(1);
case  990:          end();
}}}
```

7.5.2 应用举例二

1. 问题陈述

有一个汽车修配站,能够同时修理两辆车,车辆分为两类,一类为公务用车,另一类为非公务用车,公务用车比例为 35%。公务用车要先接受服务,若需要排队,即便后来也要排在前。车辆到达间隔时间为均匀分布,平均到达间隔时间为 10.9~17.5 min。假设修理一辆车所需时间可能为均匀分布(平均需要 29.4 min,偏差为 7.5 min)、指数分布(平均需要 29.4 min)或正态分布(平均需要 29.4 min,标准差为 7.5 min)。

编写模型程序,运行模型,模拟 40 h,观察服务所需时间的分布对模拟结果的影响。

2. 模型程序

```
//模型程序文件名为 Demo7_2.java  公车修配模型(比较不同分布的修理时间的影响)
import gpssjv.*;
public class Demo7_2 extends BlockOp{
  public void run()(){
      setModel(this);
      start(1);
  }
  Queue line = new Queue("Line");
  Queue linePub = new Queue("LinePub");
  Storage fixer = new Storage("FixMen",2);
  Addr aFixer = new Addr();
```

```
public void simulate() {
    switch(nextBlock) {
    case  10:           generate(uniform(2,10.9,17.5));    //到达间隔时间皆为均匀分布
    case  20:           transfer(0.65,aFixer);
    case  30:           priority(2);                       //35%公务车具有优先权
    case  40:           queue(line);
    case  50:           queue(linePub);
    case  60:           enter(fixer);
    case  70:           depart(linePub);
    case  80:           depart(line);
    case  90:           advance(normal(3,29.4,7.5));       //修理时间为正态分布
    case 100:           leave(fixer);
    case 110:           terminate();
    case 120:A(aFixer): queue(line);
    case 130:           enter(fixer);
    case 140:           depart(line);
    case 150:           advance(normal(3,29.4,7.5));       //修理时间为正态分布
    case 160:           leave(fixer);
    case 170:           terminate();
    case 180:           generate(2400);
    case 190:           terminate(1);
    case 990:           end();
    }}}
```

3. 实验的组织

要考察服务时间的分布对模型结果的影响,须对模型进行如下 3 次实验。

(1) 到达间隔时间和服务时间皆为均匀分布。

(2) 到达间隔时间为均匀分布,服务时间为指数分布。

(3) 到达间隔时间为均匀分布,服务时间为正态分布。

同时为了 3 次实验相互之间具有可比性,必须保证 3 个模型中使用相同序列的随机数。例如,它们在模拟结束时刻,进入模型的动态实体总数应该相同,公务用车的总数应该相同。模型在三处使用了随机数发生器来产生随机数序列,在 transfer 模块模型使用了缺省的 1 号随机数发生器,来实现动态实体的概率转移;在第一个 generate 模块使用 2 号随机数发生器产生顾客到达间隔时间的样本值;而在两个 advance 模块使用了 3 号随机数发生器产生顾客接受服务所需时间的样本值。如果将以上 3 个实验构成在 3 个独立的模型程序中分别运行,就能保证获得比较所需要的相同条件。因为每个模型独立运行时,三个随机数发生器产生的随机数流,都重新从初始位置开始。

实验(1)~(3)的模型程序,及对应使用的产生到达间隔时间和服务时间的标准随机函数如下所示:

实验(1)	Demo7_2_1.java	uniform(2,10.9,17.5)	uniform(3,21.9,36.9)
实验(2)	Demo7_2_2.java	uniform(2,10.9,17.5)	expntl(3,29.4)
实验(3)	Demo7_2.java	uniform(2,10.9,17.5)	normal(3,29.4,7.5)

4. 结果与分析

模型 Demo7_2_1(uniform(2,10.9,17.5) uniform(3,21.9,36.9))输出结果如下:

队列统计

名称	零等待进入数	平均队长	最大队长	平均等待时间	非零平均等待时间
Line	26	0.829	3	12.1333	14.4193
LinePub	9	0.187	2	7.0070	8.1536

存储统计

名称	平均容量	最大同时服务数	总进入数	平均服务时间	存储实体利用率
FixMen	1.9560	2	162	28.978	0.978

模型 Demo7_2_2(uniform(2,10.9,17.5) expntl(3,29.4))输出结果如下:

队列统计

名称	零等待进入数	平均队长	最大队长	平均等待时间	非零平均等待时间
Line	33	2.893	13	42.3383	53.0036
LinePub	13	0.354	3	13.2869	16.6738

存储统计

名称	平均容量	最大同时服务数	总进入数	平均服务时间	存储实体利用率
FixMen	1.8420	2	159	27.803	0.921

模型 Demo7_2(uniform(2,10.9,17.5) normal(3,29.4,7.5))输出结果如下:

队列统计

名称	零等待进入数	平均队长	最大队长	平均等待时间	非零平均等待时间
Line	10	1.521	4	22.2530	23.6980
LinePub	4	0.224	2	8.3989	8.9589

存储统计名称	平均容量	最大同时服务数	总进入数	平均服务时间	存储实体利用率
FixMen	1.9582	2	162	29.011	0.979

由以上输出结果可见,在其他条件相同的情况下,服务所需时间的分布对队列的平均队长、最大队长和平均等待时间等统计指标的影响十分显著。当然还需要进一步观察和分析服务时间分布的特征值的变化,即均值和标准差的变化在这种影响中所发生的作用。

7.6 模型控制语句 rmult

对应 GPSS 中的 rmult 控制语句,GPSS/Java 有三个作用相似的控制语句,它们分别是 rmultSet、rmult14 和 rmult58。这三个控制语句都是模型控制语句,用于设置随机数发生器的种子值。

7.6.1 控制语句 rmultSet

(1)作用:设置某些随机数发生器种子值,以改变它们产生的随机数序列。
(2)操作符与操作数。

```
rmultSet( int a)
```

rmultSet 操作数为变元参数,其含义如下:
a:整型;随机数发生器编号和种子值对列表;随机数发生器编号取值范围为 1~8;种子值要大于 0。

例如,rmultSet(4,3895,6,566);表示将 4 号随机数发生器种子值设置为 3895,将 6 号随机数发生器种子值设置为 566。

7.6.2 控制语句 rmult14

(1)作用:设置 1~4 号随机数发生器种子值,以改变其随机数发生器产生的随机数序列。
(2)操作符与操作数。

```
rmult14( int a, int b, int c, int d)
```

rmult14 有 4 个操作数,其含义如下:
a:整型;1 号随机数发生器的种子值;缺省为 0,表示种子值不变。
b:整型;2 号随机数发生器的种子值;缺省为 0,表示种子值不变。
c:整型;3 号随机数发生器的种子值;缺省为 0,表示种子值不变。
d:整型;4 号随机数发生器的种子值;缺省为 0,表示种子值不变。

例如,rmult14(54,0,0,1000);表示将 1 号随机数发生器种子值设置为 54,4 号随机数发生器种子值设置为 1 000,其他随机数发生器种子值保持不变。

7.6.3 控制语句 rmult58

(1)作用:设置 5~8 号随机数发生器种子值,以改变其随机数发生器产生的随机数序列。

(2) 操作符与操作数。

> rmult58(int a,int b,int c,int d)

rmult58 有 4 个操作数,其含义如下:
a:整型;5 号随机数发生器的种子值;缺省为 0,表示种子值不变。
b:整型;6 号随机数发生器的种子值;缺省为 0,表示种子值不变。
c:整型;7 号随机数发生器的种子值;缺省为 0,表示种子值不变。
d:整型;8 号随机数发生器的种子值;缺省为 0,表示种子值不变。

例如,rmult58(54,0,0,1000);表示将 5 号随机数发生器种子值设置为 54,8 号随机数发生器种子值设置为 1 000,其他随机数发生器种子值保持不变。

rmult 在模型中的主要作用是为模型的实验在随机数流的产生方面创建相同的实验比较条件。比如,比较两个模型时,如果两个模型中对应的顾客到达间隔时间或接受服务所需时间都一一对应且相同,那么产生的运行结果就具有较好的可比性。rmult 可以使一个随机数流在产生一定的随机数后回归其初始位置,然后产生与先前随机数完全对应且相同的随机数。建模者正是利用伪随机数序列可以重复产生的这一特性,来实现建模者创建相同的实验比较条件的目的。当然如果在实验中两个模型的模拟时间足够长,这种实验条件差异的影响可能也就不足为虑了。

7.6.4 应用举例

1. 问题陈述

在 Demo7_2 汽车修配站问题的基础上,假设我们要增加修配工人数,使同时修配的车辆数增至 3,模拟 1 000 辆车完成修理,比较修配能力变化前后给排队情况带来的影响。其中,假设车辆到达间隔时间仍为均匀分布,平均到达间隔时间为 10.9~17.5 min;修理一辆车所需时间为正态分布,平均需要 29.4 min,标准差为 7.5 min;其他条件不变。

2. 模型程序

```
//模型程序文件名为 Demo7_3.java   公车修配模型(比较修配能力变化的影响)
import gpssjv.*;
public class Demo6_4 extends BlockOp{
   public void run(){
       setModel(this);
       rmult14(100,200,300,0);        //第 1 轮实验修配能力为 2,模型共使用了 3 个随
                                      机数发生器,为其种子赋初值
       start(1000);
       rmult14(100,200,300,0);
       clear();                       //第 2 轮实验修配能力为 3,要使用与第 1 轮实验
                                      完全相同的三个随机数序列
       redefine(fixer,3);
       start(1000);
```

```java
        }
        Queue line = new Queue("Line");
        Queue linePub = new Queue("LinePub");
        Storage fixer = new Storage("FixMen",2);
        Addr aFixer = new Addr();
        public void simulate(){
            switch(nextBlock){
                case 10:          generate(uniform(2,10.9,17.5));
                case 20:          transfer(0.65,aFixer);
                case 30:          priority(2);
                case 40:          queue(line);
                case 50:          queue(linePub);
                case 60:          enter(fixer);
                case 70:          depart(linePub);
                case 80:          depart(line);
                case 90:          advance(normal(3,29.4,7.5));
                case 100:         leave(fixer);
                case 110:         terminate(1);
                case 120:A(aFixer); queue(line);
                case 130:         enter(fixer);
                case 140:         depart(line);
                case 150:         advance(normal(2,29.4,7.5));
                case 160:         leave(fixer);
                case 170:         terminate(1);
                case 990:         end();
            }}}
```

3. 结果与分析

修配站修理能力为 2 时，平均队长为 13.357 辆，最大队长为 31 辆，公务用车最多时有 2 辆在等待修理。而修配能力为 3 时，平均队长为 0.006 辆，最大队长为 1 辆，公务用车最多时有 1 辆在等待修理。Demo7_3 的第一轮和 Demo7_2 修配能力都为 2，但结果差距较大的原因是 Demo7_2 模拟时间较短（完成修理的车辆数约 162 辆）。

本章习题

1. 两变量 x 和 y 具有表 7.6 的关系:

表 7.6　变量 x 和 y 的关系

x	y
4	101
8	120
6	11
10	112
12	104

以 x 为自变量,定义名为 val1 和 val2 的 GPSS/Java 的离散和连续的函数,来描述 y 与 x 的关系。请问函数调用 FN＄(val1,5)、FN＄(val2,12.5) 和 FN＄(val2,10.5),各返回的值是多少?

2. 指出以下程序片段的错误。

```
public void run(){
rmultSet(1800);
setModel(this);
start(1);
clear();
rmultSet(1800);
start(1);
}
```

3. 邮局有长途电话业务和包裹邮寄业务,共有 4 台电话机对外服务,有 1 名包裹处理人员和 2 名收款人员,打电话的顾客到达间隔时间呈均值为 4 min,方差为 2 min 的均匀分布,到达后若所有的电话机都被使用则先等候,顾客打完电话后排队缴费。顾客平均打电话时间服从均值为 5 min 的指数分布。邮寄包裹的顾客到达间隔时间呈均值为 8 min,方差为 2 min 的正态分布,邮寄包裹的时间服从均值为 10 min,方差为 5 min 的均匀分布,邮寄完包裹后排队缴费,收费员的收费时间呈指数分布,均值为 3 min。邮局每天工作 8 h。用 GPSS World 程序模拟十天的工作情况。

4. 某邮局有长途电话业务和包裹邮寄业务,共有 3 台电话机对外服务,有一名包裹处理人员和一名收款人员,打电话的顾客到达间隔时间呈均值为 5 min 的指数分布,到达后若所有的电话机都被使用则先等候,顾客打完电话后排队缴费。顾客平均打电话时间服从均值为 5 min,方差为 2 min 的均匀分布。邮寄包裹的顾客到达间隔时间呈均值为 8 min 的指数分布,邮寄包裹的时间服从均值为 10 min,方差为 5 min 的均匀分布,邮寄完包裹后排队缴费,收费员的收费时间呈均匀分布,均值为 3 min,方差为 1 min,每天工作 8 h,用 GPSS/Java 程序模拟一天的工作。

5. 有一理发馆,顾客到达间隔时间服从表 7.7 所示的分布,理发时间为 12.3~18.5 min,均匀分布,构造模型分别模拟理发馆有 1 个和 2 个理发师的情况;比较两种情况理发师的忙闲率和顾客排队的队长变化,两个模型各取 2 000 个顾客样本。

表7.7 顾客到达时间分布

到达间隔时间/min	频率
10.2	0.10
12.5	0.15
15.0	0.50
17.5	0.18
20.0	0.07

6. 有一条电视机生产线,半成品电视机以均匀分布到达(均值 4 min,偏差 2 min),首先在第一道工序进行加工。第一道工序有四台加工机器,加工时间为离散型随机变量,其概率与变量值的对应关系经统计分别为 0.3,13 min;0.5,15 min;0.2,18 min。在第一道工序完成之后,有 90% 的电视机质量合格,不合格的电视机被送到第二道工序检查问题,检查问题所需的时间 Y(工序 2 持续时间)是连续型的随机变量,其持续时间分布图如图 7.6 所示。不合格电视机找到问题后再被送到第一道工序重新进行加工。建立模型,对系统分别模拟 480 min、960 min 和 1 440 min,观察输出信息的变化。

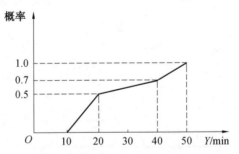

图 7.6 工序 2 持续时间分布图

7. 有一个单队列单服务台的系统,顾客到达的间隔时间服从均值为 5 min 的指数分布,队列的初始设计容量为 2(即可容纳 2 人),当顾客进入系统时发现队列已满,便会放弃服务要求而离开系统,这个顾客便被认为是损失的顾客。顾客接受服务的时间服从参数为(3,5,8)min 的三角形分布。建立模型,分析队列容量分别为 2、3、4 和 5 时,系统损失的顾客数量。

8. 医院外科门诊部有一个医生,病人到来的间隔时间服从均值为 10 min 的指数分布。病人中有 10% 为急症病人,规定急症病人优先就诊。医生诊治一个急症病人所需时间服从均值为 30 min,偏差为 10 min 的均匀分布,诊治一个普通病人所需时间服从均值为 15 min,偏差为 6 min 的均匀分布,构造模型,模拟 200 个病人的就诊情况。

9. 假设有一个加工系统,零件以 6 个/h 的确定到达率进入。一共有三种不同的零件,它们进入系统的概率分别为 0.3、0.3 和 0.4。加工系统中共有 3 个加工中心(工序):A、B 和 C。所有的零件完成加工后,从同一个出口离开系统。零件类别、工序和加工时间对照见表 7.8(时间单位:min)。假设零件在不同的工序之间,以及各道工序与出口之间的运转时间都是

2.5 min。模拟这个系统 1 000 min，并采集每一种零件的平均加工时间、每一个加工中心的利用率和平均队列长度。

表 7.8 零件类别、工序和加工时间对照表

零件类别	工序 A 加工时间	工序 B 加工时间	工序 C 加工时间
1	Norm(10,1.3)	—	Tria(8,11,14)
2	Norm(7,1)	Unif(6,10)	Tria(4,7,10)
3	—	Norm(12,1.5)	Tria(9,11,14)

注：Norm 代表正态分布，Tria 代表三角形分布，Unif 代表均匀分布。

10. 某制造业企业有一个库存系统，零件成批进入库存系统，到达的时间间隔服从均值为 2 min 的指数分布。其中每批零件的具体个数各不相同，30% 的概率为一个零件，40% 的概率为 2 个零件，30% 的概率为 3 个零件。到达的零件首先经过一道入库检验和编号的工序，然后再通过库内转运设施安排就位。入库检验及编号的时间服从参数为(1,2,3)的三角形分布（单位：min）。订单到达间隔时间服从均值为 5 min 的指数分布，每张订单订购的零件数量也不相同，40% 的订单订购 1 个零件，30% 的订单订购 2 个零件，剩余 30% 的订单定购零件数为 3。当一份订单到达时，如果系统内的现有库存量不足，则该订单成为排队等候的积压订单。反之，该订单则可以直接进入下一道取货发运过程，其所需时间符合参数为(1,3,4)的三角形分布。模拟该系统 1 000 min，求积压订单的平均数量和平均等待时间。假设入库检验过程和取货发运过程共享两名操作人员。忽略因转运而耽误的时间。

11. 有一家学生餐厅，学生们随机地来到餐厅就餐，其到达间隔时间服从均值为 5 min 的指数分布，他们首先排队等候付钱，收银员的服务时间服从均值为 2 min 的指数分布。接着学生们加入另一条队伍排队等候，依次由同一位就餐服务员提供其点出的饭菜，这个过程花费的时间服从均值为 2.5 min、标准差为 1 min 的正态分布。请为该餐厅服务系统建立一个计算机模型，模拟运行 1 000 min，采集下列统计数据：顾客在付款队列和点菜队列里的平均等待时间，收银员和就餐服务员的平均忙闲状况，以及模拟期间到达该服务系统的顾客总数。

12. 有一个机械加工中心，被加工的零件随机地进入该中心，其到达间隔时间服从均值为 1.5 min 的指数分布。该加工中心只有一台机床，该机床加工一个零件所需时间服从均值为 3 min、标准差为 0.5 min 的正态分布。加工完的零件要进行质量检验，根据以往的统计数据，88% 的零件可以通过检验，成为成品被送往包装车间。未能通过检验的零件被送往一道返工工序进行返工处理（返工处理工序只有一个工人，一次只能处理一个零件）。返工工序的时间服从参数为(1,2,3)的三角形分布（单位：min）。返工的零件中大约有 15% 的零件不能通过检验，成为废品，其余通过检验的返工零件则被作为合格零件送往包装车间。为该加工中心建立一个仿真模型，模拟 8 h，采集以下统计信息：

(1) 一次性合格、返修合格和报废零件的数量。

(2) 加工中心和返工工序的资源利用率。

13. 有两种零件，A 型与 B 型，随机地进入一条包装线，其到达间隔时间分别是均值为 4 min 和 6 min 的指数分布。首先这些零件要经过一道喷洗工序，由一台喷洗机进行喷洗，零件 A 的喷洗时间服从参数为(1,2,4)的三角分布，而零件 B 的喷洗时间则服从参数为(2,4,6)的三角分布（单位：min）。完成喷洗工序后，零件 A 进入包装工作台 A，其包装工序所需时

间服从参数为(3,0.5)的正态分布,而零件 B 则进入包装工作台 B,所需时间服从参数为(4,1)的正态分布。完成包装工序后,两种零件都离开系统。模拟 480 min,并采集以下统计数据:

(1)模拟期间完成包装的零件 A 和 B 的数量。
(2)每种零件的平均包装时间。
(3)喷洗工序的资源利用率。
(4)零件在喷洗工序的平均等待时间。

14.零件随机地进入一个加工中心,其到达的间隔时间服从均值为 3 min 的指数分布。加工时间服从均值为 3 min、标准差为 0.5 min 的正态分布。加工完毕后,5% 的零件需要(在同一个加工中心)返工。该中心生产计划为每天工作 8 h,同时安排两个工人工作,一个工人一次只能加工一个零件。模拟该系统一周(5 个工作日),并采集以下相关信息:

(1)加工一个零件平均所需时间。
(2)加工中心的平均排队长度。
(3)工人的平均利用率。

第 8 章

中级 GPSS/Java 的程序设计

8.1 标 准 属 性

利用 GPSS/Java 语言实现系统模型时,各类系统状态参数或活动实体所携带的参数可能不是常数,它们会在系统的模拟过程中不断地发生变化,这就提出一个新的问题,这种在模拟中变化的参数如何使用呢?

标准属性在 GPSS/Java 中可以用来获得模型运行时的系统状态属性和动态实体的属性值。GPSS/Java 则提供了标准的方法,并通过这些标准方法的返回值来取得与之对应的标准属性。根据标准属性值的类型,可将标准属性分为标准数值属性(简称 SNA)、标准逻辑值属性(简称 SLA)和标准实体属性(简称 SOA)。标准数值属性返回值为一数值,标准数值属性的类型只有两种:一种为整型,对应 Java 的 int 类型(4 个字节);一种为实型,对应 Java 的 double 类型(16 个字节)。标准逻辑值属性返回一逻辑值,对应 Java 的 boolean 类型,取值为 true(真)或 false(假);而标准实体属性返回的是一实体对象。根据是否允许可读写的性质来划分,标准属性又可分为只读标准属性和可读写标准属性。

8.1.1 系统标准属性

系统标准属性可分为资源实体标准属性和全局标准属性。那些与资源实体直接关联的标准属性称为资源实体标准属性,它们以方法的形式封装在各个资源实体类中。其他与资源实体无直接关联的标准属性称为全局标准属性。资源实体标准属性请参见附录 3 中附表 7(包装的资源实体标准属性列表)及附表 8(全局标准属性列表)。

例如,查附录 3 中附表 7 可知:

Q $ (Queue q):队列标准数值属性,返回队列对象 q 当前队长。

F $ (Facility f):设备标准数值属性,若设备 f 忙返回 1,否则返回 0。

R $ (Storage s):存储实体标准数值属性,返回存储实体 s 当前剩余容量。

查附录 3 中附表 8 可知:

AC $ ( ):全局标准数值属性,返回当前绝对时钟时间。

M1 $ ( ):全局标准数值属性,返回动态实体在模型中的驻留时间。

P $ (int num):全局标准数值属性,返回动态实体指定编号整型参数值。

每个标准属性码都具有唯一的确定的意义,它在程序中表示该标准属性码所代表的系统参数在程序所在位置的数值或状态。因此值得强调的是,同一个标准属性码在程序中的不同位置上可能具有不同的数值。在程序中使用标准属性码十分方便,它可以在程序中的各类语句、模块的数据域使用,特别是在程序中存在许多相似程序段时,利用标准属性码将大大简化程序的编制。阅读以下模块片段,体会标准属性码:

```
public void simulate(){
    switch (nextBlock){
    case  20:  generate(18,6,,,,2);        //每个实体有两个参数
    case  30:  assign(1,25);               //1号参数为汽车载重量,25 t
    case  40:  assign(2,2);                //2号参数为空,重车标记
                                           //1为空车,2为重车
     :                                     //(程序的其他过程)
    case  60:  assignPlus(1,10);           //汽车载重量变为35 t
     :                                     //(程序的其他过程)
    case  70:  enter(store,P$(1));         //按1号参数中的载重量数值卸入到store仓库
    case  80:  assignMinus(1,P$(1));       //汽车载重量变为0 t
    case  90:  assign(2,1);                //变成空车
     :
    case  95:  terminate(1);
    case 160:  end();
}}
```

由上述模块可知,汽车向 store 仓库所卸的重量就是由活动实体的1号参数来自动计算的,而不会像第6章汽车装卸过程示例程序那样出现35的情况。这样更加符合结构化程序设计的要求。如果其他过程都是一样的话,这两个模型的运行结果是相同的。

下面的例子是由两种型号的载重汽车组成的一个运输系统。两种型号汽车的载重量分别为35 t 和 70 t,它们到达的速率不相同,但是向同一个矿仓卸矿。两种汽车到达并装载后经不同的路径去卸矿仓模块 xc 卸矿。语句 xc 中的 P$(1)是各个汽车的载重量,在程序的前面已经分别赋值。本例中出现的一个活动实体转向语句是无条件转向语句,无条件地、直接地转入 xc 所指的地址模块。还有一个新的现象:本例中有两个 generate 模块,但这两个 generate 模块之间在程序上没有任何联系。由第一个 generate 模块产生的汽车经过转向语句 transfer 后已经转到第二个 generate 模块的后面,它不可能也不被允许进入或经过第二个 generate 模块。这一点对于 GPSS/Java 语言来讲十分重要,需要读者注意。

```
case  20:  generate(18,6);             //载重量为35 t汽车到达
case  30:  assign(1,35);               //将35 t赋于1号参数
 :
 :                                     //(程序的其他过程)
```

```
case   50:           transfer(xc);              //转向去卸车
case   60:           generate(45,10);           //载重量为70 t汽车到达
case   70:           assign(1,70);              //将70 t赋于1号参数
        :                                       //(程序的其他过程)
        :
case   90:A(xc);     enter(store1,P$(1));       //向store存储器中卸入1号参数值表示的载重量
        :                                       //(程序的其他过程)
        :
case   120:          terminate(1);
case   130:          end();
```

标准数值属性在模型中可以作为模块的操作数或函数实体的自变量使用。例如随机数发生器为标准数值属性,可以作为某函数实体的自变量。

8.1.2 应用举例

1. 问题陈述

某一汽车冲洗站只有一个冲洗工。汽车平均到达时间为 5 min,指数分布。冲洗一辆汽车的时间也服从指数分布,但平均冲洗时间取决于队列长度,等待冲洗的汽车较少时,服务时间较长;等待的车辆较多时,服务时间加快。观测得到的服务时间统计数据见表 8.1。

表 8.1 服务时间统计表

队列长度	平均服务时间/s
0	330
1、2	300
3、4、5	270
≥6	240

建立模型,模拟冲洗 1 200 辆车,确定冲洗一辆车平均所需时间。

2. 实体定义

```
时间单位:10s
模型                          实际系统
  动态实体
    子模型1                    洗车车辆
  设备实体
    server                    冲洗工
  排队实体
    waitQ                     获得排队信息
  函数实体
    mean                      平均冲洗时间,自变量Q$(waitQ),类型C,值对数4
```

3. 模型程序

```java
//模型程序文件名为 Demo8_1.java  汽车冲洗模型
import gpssjv.*;
public class Demo8_1 extends BlockOp{
public void run(){
    setModel(this);
    start(1200);
}
Facility server=new Facility("server");
double x1[] = {0,2,5,6};
double y1[] = {33,30,27,24};
Function mean = new Function(C,4,x1,y1);    //队列长度与平均冲洗时间的关系
Queue waitQ = new Queue("waitQ");            //通过此队列的标准属性可获得
                                             //运行时队列的当前队长
   public void simulate(){
      switch(nextBlock){
case  10:       generate(expntl(1,30));                    //车辆到达
case  20:       queue(waitQ);                              //加入队列
case  30:       seize(server);                             //获得服务
case  40:       depart(waitQ);                             //离开队列
case  50:advance(expntl(1,FN$(mean,Q$(waitQ))));           //服务要持续的时间
case  60:       release(server);                           //完成服务
case  70:       terminate(1);                              //离开
case  80:       end();
}}}
```

4. 输出结果

冲洗一辆车平均需要 281.99 s。

8.1.3 动态实体参数

任一动态实体都具有两组可读写的标准数值属性（称为动态实体参数），一组为标准整型，一组为双精度实型。

1. 动态实体参数的定义与使用

（1）参数个数的定义。

参数个数由 generate 模块的操作数 f 和 g 定义。f 操作数定义了所产生的动态实体的整型参数的个数，取值 0 代表缺省，缺省则定义 12 个整型参数。g 操作数定义了所产生的动态实

体的实型参数的个数,取值 0 代表缺省,缺省则定义 12 个实型参数。一个动态实体最多可定义的整型和实型参数的个数分别为 100 个。

(2) 参数的引用。

动态实体整型参数的标准属性的原型如下:

intP $ (int num)

其中,num 为参数编号,编号从 1 开始。

动态实体实型参数的标准属性的原型如下:

doublePD $ (int num)

其中,num 为参数编号,编号从 1 开始。

例如,P $ (1) 返回当前活动的动态实体 1 号整型参数的数值,PD $ (2) 返回当前活动的动态实体 2 号实型参数的数值。

(3) 参数的初始值。

由 generate 模块产生的动态实体的参数初始值一律为 0。

(4) 参数的意义。

动态实体每个参数的值为动态实体的一个属性的值,其意义由用户隐含指定。例如,某模型中动态实体代表实际系统的汽车,则动态实体(汽车)1 号、2 号整型参数,及 3 号实型参数的意义可由用户说明为:

P $ (1)(汽车颜色)	P $ (2)(制造厂家)	PD $ (3)(载重量)	
1 棕色	1 上海	10	10 t
2 蓝色	2 长春	20	20 t
3 绿色	3 湖北	40	40 t
4 灰色	4 北京	60	60 t

动态实体参数作为一种标准数值属性,可作为模块的操作数和函数的自变量等来使用。

2. 应用举例

(1) 问题陈述。

有一小超市由三个商品区组成,摆放不同类型商品,超市出口设有一收银台,只有一个服务员收款。顾客到达超市的平均间隔为 75 s,指数分布,到达后在入口处取一个装货的手推车,然后去三个商品区挑选商品。顾客去三个商品区的概率、在每区停留的时间和所选商品个数见表 8.2。

表 8.2 相关数据统计表

商品区	概率	停留时间/s	选中商品个数	分布
1	0.75	120±60	3±1	均匀分布
2	0.55	150±30	4±1	均匀分布
3	0.82	120±45	5±1	均匀分布

顾客选完商品后去收银台排队付款,付款处有一小商品货架,顾客排队时会选 2±1 个小商品(均匀分布),服务员收款时间取决于顾客所买商品数量,平均每件需要 3 s,顾客交款以

后将装货小车放回入口处。构造模型,模拟 40 h,确定该超市需要配备装货手推车的最大台数。

(2) 实体定义。

时间单位:1s	
模型	实际系统
动态实体	
子模型 1	顾客
P＄(1)	存放该顾客挑选商品的数量
子模型 2	时间控制员
设备实体	
girl	收银员
存储实体	
carts	装货手推车(容量无限大)
排队实体	
girlQ	输出收银台排队统计信息
标准函数	
uniformInt(1,2,4)	在商品区 1 所选商品数目
uniformInt(1,3,5)	在商品区 2 所选商品数目
uniformInt(1,4,6)	在商品区 3 所选商品数目
uniformInt(1,1,3)	排队时会所选小商品数目
地址实体	
try2	商品区 2 通道
try3	商品区 3 通道
pay	收银台

(3) 建模提示。

动态实体 1 号整型参数 P＄(1)存放顾客在各个商区和排队时选择的商品数量。顾客进入超市占用一辆小车,离开时放回一辆小车,最终所求为配备装货小车的最大台数。因此假设小车充足,取一很大成员数目(容量)的存储实体代表所提供的小车服务,根据此存储实体的最多同时忙的成员数(在超市中最多时的顾客数)可以确定需要小车的最大台数。

(4) 模型程序。

```
//模型程序文件名为 Demo8_2.java  超市购物模型 1
import gpssjv.*;
public class Demo8_2  extends BlockOp{
public void run(){
    setModel(this);
start(5);
```

```
}
Facility girl = new Facility("girl");
Storage carts = new Storage("carts");
Queue girlQ = new Queue("girlQ");
Addr try2 = new Addr();
Addr try3 = new Addr();
Addr pay = new Addr();

public void simulate(){
    switch(nextBlock){
        case  10:       generate(expntl(1,75));            //顾客到达
        case  20:       enter(carts);                      //占用一辆装货小车
        case  30:       transfer(0.25,try2);               //25%的人不去商区1而直接去
                                                           //了其他商区
        case  40:       advance(120,60);                   //75%的人在商区1选商品
        case  50:       assign(1,uniformInt(1,2,4));       //将在商区1所选商品件数记录
                                                           //下来
        case  60:A(try2);  transfer(0.45,try3);            //45%的人不去商区2而直接去
                                                           //了商区3或其他//地方
        case  70:       advance(150,30);                   //55%的人在商区2选商品
        case  80:       assignPlus(1,uniformInt(1,3,5));   //将在商区2所选商品件数累加
                                                           //记录下来
        case  90:A(try3);  transfer(0.18,pay);             //18%的人不去商区3而直接去
                                                           //了收银台
        case 100:       advance(120,45);                   //82%的人在商区3选商品
        case 110:       assignPlus(1,uniformInt(1,4,6));   //将在商区3所选商品件数累加
                                                           //记录下来
        case 120:A(pay);  queue(girlQ);                    //排队等待付款
        case 130:       assignPlus(1,uniformInt(1,1,3));   //将排队等待时所选小商品件数
                                                           //累加记录下来
        case 140:       seize(girl);                       //占用收银台
        case 150:       depart(girlQ);                     //离开队列
        case 160:       advance(3*P$(1));                  //付款时间取决于购物件数
        case 170:       release(girl);                     //离开收银台
        case 180:       leave(carts);                      //还回装货小车
```

```
case   190:          terminate();                    //离开超市
case   200:          generate(28800);
case   210:          terminate(1);
case   220:          end();
}}}
```

(5)输出结果。

输出结果表明:存储实体 carts 的最大同时服务数为 14。因此超市提供 14 辆小车即可在最忙时满足使用需求。

8.1.4 动态实体的驻留与传输

动态实体的驻留与传输是指其在模型中的驻留与传输。一个动态实体从进入模型到其流出模型的期间内一直驻留在模型中,一个动态实体从模型的一个模块到另一个模块的运动称为传输。

1. 动态实体驻留时间

动态实体驻留时间是指从动态实体进入模型开始到当前时刻在模型中停留的时间。其标准数值属性 M1$() 返回某动态实体的驻留时间。示例如下:

```
……
start(2);
……
generate(25);
advance(30,10);
print(NEW,"Resident time=",M1$());
terminate(1);
……
```

分析以上模型程序片段,假设由 generate 模块最先产生的两个动态实体在 advance 模块的滞留时间分别是 20 和 32,那么 1 号动态实体于时间 25 进入模型,于 45 离开 advance 进入 print,此时调用 M1$() 返回该动态实体,驻留时间为 20;同理 2 号动态实体于时间 50 进入模型,于 82 离开 advance 进入 print,驻留时间为 32。

2. 动态实体传输时间

动态实体传输时间是指动态实体从模型的一个模块移动至另一模块所需的时间。从这一角度分析,动态实体驻留时间是动态实体传输时间的一个特例,即其起始模块是产生它的 generate 模块。确定一个动态实体的传输时间要按照以下三步来实现。

(1)设 n 为该动态实体的 n 号实型参数。

(2)在起始点,使用 mark(n)模块将绝对时钟时间复制到 n 号实型参数。

mark 为操作模块,动态实体流入时,将当前绝对时钟时间值复制到该动态实体指定的 n 号实型参数。

mark 模块操作符、操作数及模块图。

mark 模块只有 1 个操作数,其含义如下:

a:整型;代表动态实体的某实型参数的编号;不能缺省。

(3)在终点,调用标准数值属性 MP＄(n),获得当前绝对时钟时间值与该动态实体的 n 号实型参数值之差,即为该动态实体由起始点到终点的传输时间。

标准数值属性 MP＄原型如下:

double MP＄(int a)

其中,a 为动态实体的 a 号实型参数;属性返回值为绝对时钟的当前值与 a 号实型参数值之差。

例如以下程序片段:

……
mark(1);
enter(line);
advance(30,5);
leave(line);
print(NEW,"trans time=",MP＄(1));
terminate();
……

该程序片段可以获得每个动态实体由 enter 到 leave 模块的传输时间。

8.2 GPSS/Java 变量实体

GPSS 语言运用计算的能力较弱,一般在程序中不能直接使用公式进行运算。当有已知的公式需要在程序中使用时,我们应在程序之前定义它。GPSS/Java 语言的变量定义语句就是用来定义一组已知公式的,它与某些高级语言中的函数自定义语句相似,但是在结构和使用上则完全不同。GPSS 定义了两类变量,一类称为算术变量,代表一个数值表达式;一类为逻辑变量,代表一个逻辑表达式。算术变量又分为整型变量和实型变量。

在模型中使用变量实体而不直接使用表达式具有以下好处:

(1)意义明确。通过变量名我们可以概括表达式的意义。

(2)程序简洁。如果表达式很长,或模型多处要引用同一表达式,使用变量调用比直接使用表达式意义更加明确,且十分简洁。

8.2.1 算术、关系和逻辑表达式

GPSS/Java 可以直接使用 Java 的所有语言成分和元素,因此模型中出现的算术、关系和逻

辑等表达式必须符合 Java 的语法和规定。在表达式中还可以运用数学运算符、逻辑运算符和算术比较运算符,常用运算符见表 8.3。

表 8.3 常用运算符

Operator	Action	Result	Arity	Assoc
–	Negation	The Additive Inverse	Unary	Right
^	Exponentiation	The Arithmetic Power	Binary	Right
"NOT"	Invert	1(TRUE) or 0(FALSE)	Unary	Right
"AND"	Logical AND	1(TRUE) or 0(FALSE)	Binary	Left
"OR"	Logical OR	1(TRUE) or 0(FALSE)	Binary	Left
"G" >	Greater Than	1(TRUE) or 0(FALSE)	Binary	Left
"L" <	Less Than	1(TRUE) or 0(FALSE)	Binary	Left
"E" =	Equal To	1(TRUE) or 0(FALSE)	Binary	Left
"NE" !=	Not Equal	1(TRUE) or 0(FALSE)	Binary	Left
"LE" <=	Less Than or Equal	1(TRUE) or 0(FALSE)	Binary	Left
"GE" >=	Greater Than or Equal	1(TRUE) or 0(FALSE)	Binary	Left
# (or *)	Multiplication	The Arithmetic Product	Binary	Left
/	Division	The Arithmetic Quotient	Binary	Left
\	Integer Division	The Integer Quotient	Binary	Left
@	Modulo Division	The Integer Remainder	Binary	Left
+	Addition	The Arithmetic Sum	Binary	Left
–	Subtraction	The Arithmetic Difference	Binary	Left

算术运算符有:+、–、*(#)、/和%,分别实现加、减、乘、除和整除的运算操作。

关系运算符有:>、<、>=、<=、== 和 !=,分别实现大于、小于、大于等于、小于等于、等于和不等于的关系运算操作,后两者具有较高的优先运算级别。

逻辑运算符有:!、&&、||,分别实现逻辑非、逻辑与、逻辑或的逻辑运算操作。其中"非"运算优先级别最高,其次是"与",最后是"或"运算。

由算术运算符和运算对象组成的表达式称为算术表达式。GPSS/Java 的标准数值属性可以作为合法的运算对象出现在算术表达式中。

由关系运算符和运算对象组成的表达式称为关系表达式。通常关系运算符>、<、>=和<=的运算对象为数值类型的基本类型数据,而关系运算符==和!=的运算对象不仅可以是数值类型也可以是逻辑类型或其他复合类型的数据,但它们的两个操作对象必须是类型相同的数据。关系表达式的运算结果是 boolean 类型的逻辑值 true 或 false,分别表示关系成立或不成立。GPSS/Java 的标准数值属性可以作为关系运算的运算对象,而 GPSS/Java 的标准逻辑值属性只能作为后两个关系运算符的运算对象。

由逻辑运算符和运算对象组成的表达式称为逻辑表达式。逻辑运算对象必须是逻辑值,逻辑表达式的运算结果与关系运算的结果相同,为 boolean 类型的逻辑值 true 或 false,分别表示逻辑关系成立或不成立。逻辑运算对象可以是一个关系表达式,而关系运算的对象可以是算术表达式,因此逻辑表达式中可同时含有算术运算符、关系运算符和逻辑运算符。这种情况下要根据不同类型运算符的优先级别来正确组织运算的先后顺序。

以上运算符的优先级别是:！>算术>关系>与>或。

关于 Java 表达式的语法规则请参考 Java 的有关书籍,不再多述。

8.2.2 变量实体的定义

GPSS/Java 使用类似其他资源实体的数据结构定义了变量实体类(Variable),目的是使变量的调用能够以更标准的 GPSS 的形式进行,用户可以使用 Variable 类创建变量实体对象。使用如下的构造方法在创建变量对象时,对其进行初始化。

```
Variable( String v)
```

其中,v 为用户指定的变量输出名。

```
Variable( )
```

其中,输出名缺省,系统自动命名为 VARIB1。

示例如下:

```
Variable profit = new Variable("Profit");
```

定义了输出名为 Profit 的变量对象 profit。

8.2.3 变量的调用方法

变量调用方法的标准形式建议为 V $ ( )、VI $ ( ) 和 VB $ ( )。方法原型建议如下:

```
doubleV $ ( Variable v)
intVI $ ( Variable v)
booleanVB $ ( Variable v)
```

其中,v 为变量对象;V $ (Variable v) 返回 v 代表的实型表达式的值;VI $ (Variable v) 返回 v 代表的实型表达式的值取整后的值;VB $ (Variable v) 返回 v 代表的逻辑表达式的值。例如:

```
……
Addr done1 = new Addr( );
Addr done2 = new Addr( );
Variable profitv1 = new Variable( );
Variable profitv2 = new Variable( );
double V $ ( Variable v) {
    if( v = = profitv1)    return   5.00 * N $ ( done1) -10 * num
    if( v = = profitv2)    return  10.0 * N $ ( done2) -20 * num;
    return 1;
}
……
case   10:         assign(1,V $ ( profiv1));
```

```
case  20:         assign(2,V$(profiv1));
        ……
```

由以上程序片段可见,变量实体 profitv1 代表了表达式 $5.00 * N\$(done1) - 10 * num$,而变量实体 profitv2 代表了表达式 $10.0 * N\$(done2) - 20 * num$。它们在模块 10 和 20 处采取了类似 GPSS 的标准的统一调用格式。

需要注意的是,函数和变量调用方法是不能采取面向对象的形式来表达的。比如 V$(profiv1)不能表达为 profiv1.V$()。

8.3 GPSS/Java 保存值实体

在模拟过程中,每时每刻都会有许多参数和变量出现或发生变化,我们常常需要将其中一些有价值的参数或变量在某一时刻的数值记录下来,以便之后的使用或在输出中统计出来。在其他高级语言中,我们只要设计各类不同名称的变量就可以完成这一工作。但在 GPSS 语言中各类参数或变量都是以标准数字属性码出现的,而且这些标准数字属性码的值随模拟的进程在不停地变化,虽然可以在模拟结束时把它们打印出来,但输出的仅是模拟结束时的值。为此 GPSS 语言专门设计了可在任何时刻将任何数值存放在给定地址的存储模块 savevalue。

保存值实体简称保存值或保留值,是辅助实体,属于资源实体。保存值实体存放一个数值并且允许其在模型运行过程中被修改。保存值实体与变量实体不同,保存值实体从被定义时开始,它始终存放某个数值;变量实体则不同,只有被调用时才有返回值;用户只能通过变量实体调用获得其返回值,但不能也无法修改其值,因此变量实体是只读的,而保存值实体是可读又可写的。如果保存值不被修改,那么在模型不同位置上或模型运行的不同时间调用保存值,它返回相同的值。但是变量实体则不同,如果变量表达式含有系统标准属性,那么在模型的不同位置上或模型运行的不同时间,由于这些标准属性值的变化,变量调用返回的值也不同。因此 GPSS 的保存值类似于 Java 等高级语言中的数值型变量,而 GPSS 的变量则类似于 Java 等高级语言的方法或函数。从性质上来看,保存值更接近于动态实体参数,存放一个数值同时又可读可写。但不同的是动态实体参数属于某个动态实体,而每个动态实体的同一号参数代表不同的 Java 变量。一个保存值仅代表一个 Java 变量,因此可见保存值更接近于 Java 的数值型的类成员变量(模型类成员变量)。不过在 GPSS/Java 中使用保存值比使用成员变量作为模块操作数更加安全,因为在模型初始化操作时,不会执行修改保存值的写入操作。

8.3.1 保存值实体的定义与引用

保存值实体必须先定义后使用。定义一个保存值实体,就是使用类库 gpssjv 的类 Savevalue 创建一个保存值对象。Savevalue 类提供了如下重载的构造方法,用于对保存值的对象的初始化操作。

```
Savevalue(String s)
```

其中,s 为输出名,保存值实体初始值缺省为 0。

第 8 章 中级 GPSS/Java 的程序设计

```
Savevalue( )
```

其中,输出名缺省,系统自动命名为 SAVA1,保存值实体初始值缺省为 0。

```
Savevalue(. String s,double v)
```

其中,s 为输出名,保存值实体初始值为 v。

```
Savevalue(double v)
```

其中,输出名缺省,系统自动命名为 SAVA1,保存值实体初始值为 v。

如下示例:

```
Savevalue profit = new Savevalue ("Profit",20.0);
```

定义了保存值实体 profit,输出名为 Profit,初始值为 20.0。

保存值的数值类型为双精度实型,保存值实体定义后,在模型中可通过其标准数值属性来引用,其原型如下:

```
doubleX $ ( Savevalue s)
```

其中,s 为保存值对象。

例如,X $ (profit) 返回保存值实体 profit 的值。

另一个保存值的标准数值属性的原型为:

```
int XI $ ( Savevalue s)
```

其中,s 为保存值对象,该属性将保存值 s 的值取整后返回。

8.3.2 保存值的修改

1. 作用

动态实体进入该模块,修改指定的保存值实体的数值。

2. 操作符、操作数与模块图

(1)标准模式。

saveValue 模块有 2 个操作数,其含义如下:

a:保存值对象;代表要修改的保存值实体;不能缺省。

b:实型;实型表达式或 SNA;代表要修改的保存值实体修改后的数值;不能缺省。

例如,saveValue (profit,25) ;表示当动态实体进入此模块时,保存值实体 profit 的值被修改为 25。

（2）递增模式。

savePlus 模块有 2 个操作数，其含义如下：

a：保存值对象；代表要修改的保存值实体；不能缺省。

b：实型；实型表达式或 SNA；代表要修改的保存值实体修改后递增的数值；不能缺省。

例如，savePlus（profit,4）；假设某动态实体进入该模块前，profit 值为 25，则该动态实体在进入后，其值被修改为 29。

（3）递减模式。

saveMinus 模块有 2 个操作数，其含义如下：

a：保存值对象，代表要修改的保存值实体，不能缺省。

b：实型，实型表达式或 SNA，代表要修改的保存值实体被修改后递减的数值，不能缺省。

例如，saveMinus（profit,4）；假设某动态实体进入该模块前，profit 值为 25，则该动态实体在进入后其值被修改为 21。

以上三模块为资源模块语句，允许使用如下面向对象形式：

```
profit.saveValue（25）；
profit.savePlus（4）；
profit.saveMinus（4）；
```

8.3.3 reset 和 clear 语句对保存值的影响

模型控制语句 reset（）不影响保存值，模型控制语句 clear（）使所有保存值的数值归 0。使用如下 clear 语句的重载方法，可以使指定的保存值实体保持原值，而不被归 0。

```
clear(int  a)
```

其中，a 为不被归 0 的保存值实体编号列表。

保存值实体依照在模型中定义的先后顺序被依次编号，编号从 1 开始。例如：

```
clear(5,2);
```

表示模型清除时将保持 5 和 2 号保存值实体值不变，而其他保存值实体值被归 0。或者使用如下 clear 语句的重载方法，也可以使指定的保存值实体保持原值，而不被归 0。

```
clear( Savevalue   a)
```

其中，a 为不被归 0 的保存值实体对象列表。例如：

```
clear(count,profit);
```

表示模型清除时将保持 count 和 profit 保存值实体值不变,而其他保存值实体的值被归 0。

8.3.4 保存值的重新定义

使用模型控制语句 redefine 如下的重载形式,可以在新的一轮模拟开始时对模型的原有保存值的初始值进行重新定义。

```
redefine(Savevalue name,double v)
```

其中,name 为重新定义值的保存值对象名;v 为重新定义的初始值,为一实型表达式。

例如:

```
redefine(profit,45);
```

重新定义保存值 profit 初值为 45。

保存值的重定义语句应置于 clear 语句之后。

8.3.5 保存值的输出

模拟结束时,变量和动态实体参数的值不包含在输出结果文件的标准输出中。但保存值作为标准输出包含在输出文件中,其形式如下。

```
保存值实体输出名    保存值实体值
```

8.3.6 应用举例

1. 问题陈述

对于 Demo6_4 设备装配与包装的问题,要求将利润计算安排在模型中,使输出结果直接显示不同雇工人数的日均生产利润。给出的利润计算条件为:工人的工资为 10 元/(h·人),包装机的耗电、维修和折旧费用为 280 元/8 h,设备的另配件和包装费用 12 元/台,设备售价 40 元/台。

2. 实体定义

时间单位:1min		
模型	输出名	实际系统
动态实体		
子模型 1		工人
子模型 2		时间控制员
设备实体		
pack	Packer	包装机
排队实体		
wait	WaitQ	输出排队统计信息
地址实体		

back		返回装配区
made		成品区
成员变量		
num		雇工人数,初值为 4
变量实体		
profitV		日平均利润
保存值实体		
number		输出方案雇工人数
profitS		输出方案日平均利润

3. 模型程序

```
//模型程序文件名为 Demo8_3.java 设备装配与包装模型(安排计算每个方案的利润)
import gpssjv.*;
public class Demo8_3 extends BlockOp{
public void run( ){
          setModel(this);
start(1);
for(num=5;num<=7;num++){                              //第二到四次运行时雇
                                                      工人数为5,6,7

          clear( );
                                                      //成员变量 num 存放雇
                                                      工人数
start(1);
          }
}
Addr back = new Addr( );
Addr made = new Addr( );
    Queue wait = new Queue("WaitQ");
    Facility pack = new Facility("Packer");
int num=4;                                            //第一次运行时雇工人
                                                      数为4

Variable profitv = new Variable( );
double profitV( ){
return  (40.0 - 12.0) * N$(made)/5 - 280.0 - 10.0 * num * 8;  //计算日生产利润
}
Savevalue number = new Savevalue("雇工人数");
```

```
Savevalue profitS = new Savevalue("生产利润");
    public void simulate( ){
   switch(nextBlock){
  case   10:              generate(0,0,0,num);
  case   20:A(back);      advance(30,5);
  case   25:              queue(wait);
  case   30:              seize(pack);
  case   40:              depart(wait);
  case   50:              advance(8,2);
  case   70:A(made);      release(pack);
  case   90:              transfer(back);

  case  970:              generate(2400);
  case  972:              saveValue(number,num);        //存放该方案雇工总数
  case  974:              saveValue(profitS,profitV( ));//计算和存放该方案日
                                                        均生产利润
  case  980:              terminate(1);
  case  990:              end( );
  }}}
```

4. 输出结果(部分)

保留值统计:

　　雇工人数=4.00　生产利润=744.00

保留值统计:

　　雇工人数=5.00　生产利润=904.80

保留值统计:

　　雇工人数=6.00　生产利润=903.20

保留值统计:

　　雇工人数=7.00　生产利润=812.00

8.4 其他 GPSS/Java 语句模块

　　本节讲授的 GPSS/Java 语言的模块主要是用于测试、比较、循环等方面的内容,这将会大大地提高我们的编程能力。同时在这一节里,我们会把重点放在整个程序的编制上,介绍编程的技巧和其他应注意的地方。

8.4.1 gate 测试模块

gate 模块是用来测试各类实体的当前状态的,其中包括设施、存储器、逻辑开关等,在程序中需要了解某个实体的当前状态时可使用 gate 模块。gate 模块具有转移和拒绝两种模式。

1. 作用

gate 模块根据模块辅助操作符指定的操作数 a 代表的资源实体状态存在与否,决定动态实体是进入该模块,还是转移至某指定模块。如果辅助操作符指定的状态存在,则动态实体流入该模块,否则转入 c 操作数指示的模块。

2. 操作符与操作数

```
gate( int x, Object a, Addr b)
```

转移模式的 gate 模块有 3 个操作数,其含义如下:

a:或逻辑开关/设备/存储器对象/标号对象;不能缺省。

b:标号对象;若辅助操作符所定义的状态不存在,动态实体所转入的模块的标号对象;不能缺省。

x:辅助操作符;代表操作数 a 表示的资源实体的当前状态,若此状态存在则返回真,否则返回假,有效的辅助操作符及其意义如下:

辅助操作符	代表的实体的当前状态
LS	逻辑开关为 SET
LR	逻辑开关为 RESET
U	设备正被占用
NU	设备未被占用
I	设备当前被抢占
NI	设备当前未被抢占
SF	存储器剩余容量为 0
SNF	存储器剩余容量大于 0
SE	存储器空
SNE	存储器未空

其中,设备被抢占或未被抢占的状态将在第 9 章讨论。

例如,gate(NU,barber,bybye);表示若设备 barber 当前未被占用,动态实体将流入此模块,否则转入标号对象为 bybye 的模块。以上为 gate 模块的转移模式,其拒绝模式采取如下的重载形式:

```
gate( int x, Object a)
```

其辅助操作符 x 和操作数 a 的意义同上。当辅助操作符 x 定义的操作数 a 代表的资源实体的状态存在时,动态实体被允许进入该模块,否则停留在其前一模块,直到状态出现。

例如,gate(NU,barber);表示若设备 barber 当前未被占用,动态实体将流入此模块,否则将停留在其前一模块。

8.4.2 test 比较测试模块

在模拟过程中我们常常要对两个参数或变量的值进行比较,以便决定活动实体下一步应去的路线,这就需要一个可完成比较测试的模块。test 模块可以通过测试来比较两个标准数字属性码数值的大小,并按比较的结果来控制活动实体的运行。

1. 关系模式

(1)作用。

test 模块根据模块辅助操作符指定的操作数 a 和 b 的关系成立与否,决定动态实体是进入该模块,还是转移至某指定模块;如果辅助操作符指定的关系成立,则动态实体流入该模块,否则转入 c 操作数指示的模块。

(2)操作符、操作数与模块图。

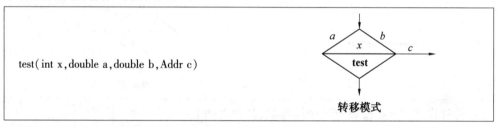

关系转移模式的 test 模块有 4 个操作数,其含义如下:

a:实型;SNA 或算术表达式;不能缺省。

b:实型;SNA 或算术表达式;不能缺省。

x:辅助操作符,表示操作数 a 和 b 的关系,有效的辅助操作符及其意义如下。

辅助操作符	代表的关系
G	$a>b$
GE	$a \geq b$
L	$a<b$
LE	$a \leq b$
E	$a=b$
NE	$a \neq b$

c:标号对象;若 x 定义的关系不成立,所转入的模块的标号对象;不能缺省。

例如,test(GE,X$(line1),X$(line2),bybye);表示若保存值 line1 的值大于等于保存值 line2 时,动态实体将流入此模块,否则将转入标号对象为 bybye 的模块。

以上为 test 模块的关系转移模式,其关系拒绝模式采取如下的重载形式:

其辅助操作符 x 和操作数 a 与 b 意义同上。当辅助操作符 x 定义的操作数 a 与 b 的关系成立时,动态实体被允许进入该模块,否则停留在其前一模块,直到关系成立。

例如,test(GE,X\$(line1),X\$(line2));表示若保存值 line1 的值大于等于保存值 line2 时,动态实体将流入此模块,否则将停留在其前一模块。

2. 逻辑模式

(1)作用。

test 模块根据模块辅助操作符指定的操作数 a 的值为真还是假,决定动态实体是进入该模块,还是转移至某指定模块;如果辅助操作符指定的关系成立,则动态实体允许流入该模块,否则转入 b 操作数指示的模块。

(2)操作符、操作数与模块图。

逻辑转移模式的 test 模块有 3 个操作数,其含义如下:

x:辅助操作符;表示操作数 a 的值为真还是为假的成立关系,有效的辅助操作符及其意义如下。

①T:操作数 a 返回真,则为真。

②F:操作数 a 返回假,则为真。

a:boolean 类型;关系表达式、逻辑表达式或逻辑变量。

b:标号对象;若 x 定义的关系不成立,所转入的模块的号对象;不能缺省。

例如,test(T,Q\$(line1)>Q\$(line2) || Q\$(line1)>Q\$(line3),bybye);表示若队列 line1 的当前队长大于队列 line2 的当前队长,或者队列 line1 的当前队长大于队列 line3 的当前队长,则动态实体将流入此模块,若两条件都不成立则转入标号对象为 bybye 的模块。

以上为 test 模块的逻辑转移模式,其逻辑拒绝模式采取如下的重载形式:

其辅助操作符 x 和操作数 a 意义同上。当辅助操作符 x 定义的操作数 a 的关系成立时,动态实体被允许进入该模块,否则停留在其前一模块,直到关系成立。

例如,test(T,Q\$(line1)>Q\$(line2) && Q\$(line1)>Q\$(line3));表示若队列 line1 的当前队长既大于队列 line2 的当前队长又大于 line3 的当前队长时,动态实体将流入此模块,否则停留在其前一模块。

逻辑模式用于构造复杂的关系,建议在模型中先定义逻辑变量实体来表达这种关系,然后将其作为 test 模块逻辑模式的 a 操作数。

3. 应用举例一

（1）问题陈述：有一理发馆，有两位理发师同时工作，顾客到达间隔时间为 4～11 min，均匀分布，理发所需时间为 10～22 min，均匀分布。理发馆早 8 时开门，晚 6 时关门，中午不休息。晚 6 时关门后，若有顾客到达不再提供服务，但此前到达的顾客将全部理完发，再离开。建立模型，模拟 100 天，确定平均每天有多少顾客在晚 6 时到理发师下班期间没理上发。

（2）实体定义。

时间单位：1 min		
模型	输出名	实际系统
动态实体		
子模型 1		顾客，有较高优先权表示关门在后，进入在先
子模型 2		时间控制员
1 号参数 P＄(1)		记录工作天数
存储实体		
barb	Barber	理发馆，容量为 2
排队实体		
barbQ	Line	获得队列信息
保存值实体		
lost	LostNum	未理上发的顾客数，初始值为 0
开关实体		
lock	Lock	理发馆开门或关门，初始状态为 RESET
变量实体		
boolean closeV( )		返回理发馆中是否还有顾客 return QE(barbQ) && SE(barb);
地址实体		
nServ		未能理发而离开
day		开始新的工作日

（3）模块图。

模型 Demo8_4 模块图如图 8.1 所示。

（4）建模提示。

子模 2 控制模拟的总时间。模拟结束时，绝对时钟的时间应该是每天实际工作时间的总和，它可能大于 100×10×60＝60 000 min。时间控制员动态实体的 1 号整型参数记录当前工作天数，在当天工作 10 h 后，他立即关闭理发馆大门，检查理发馆是否有顾客在排队或正在理发，如果是，大门保持关闭，那么后来的顾客未能进门理发而离开；如果某时刻他检查发现理发馆中已经无顾客，便打开大门，开始新的一天；如果他发现已经工作了 100 天，便结束模型的运行。

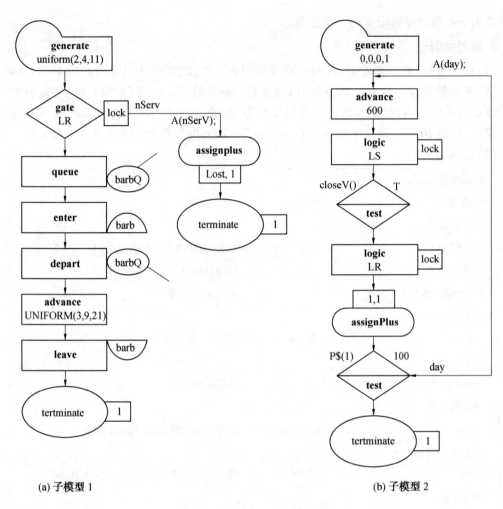

(a) 子模型 1　　　　　　　　　　　　(b) 子模型 2

图 8.1　模型 Demo8_4 模块图

(5) 模型程序。

```
//模型程序文件名为 Demo8_4.java
import gpssjv.*;
public class Demo8_4 extends BlockOp{
    public void run(){              //以下写系统控制语句
        blockMax(200);
        setModel(this);             //以下写模型控制语句
        start(1);
    }                               //以下写资源定义语句
    Storage barb = new Storage("Barber",2);
    Queue barbQ = new Queue("Line");
    Savevalue lost = new Savevalue("LostNum");
    Switch lock = new Switch("Lock");
```

```
            Addr nServ = new Addr( );
            Addr day = new Addr( );
            boolean closeV( ){return QE(barbQ) && SE(barb);}
            public void simulate( ){
                switch(nextBlock){              //以下写模型模块语句
        case  10:           generate(uniformInt(2,4,11));
        case  15:           gate(LR,lock,nServ);
        case  20:           queue(barbQ);
        case  25:           enter(barb);
        case  30:           depart(barbQ);
        case  35:           advance(uniformInt(3,9,21));
        case  40:           leave(barb);
        case  960:          terminate( );
        case  962:A(nServ); savePlus(lost,1);
        case  965:          terminate( );
        case  970:          generate(0,0,0,1);
        case  972:A(day);   advance(600);
        case  974:          logic(lock,SET);
        case  976:          test(T,closeV( ));
        case  978:          logic(lock,RESET);
        case  980:          assignPlus(1,1);
        case  982:          test(GE,P $ (1),100,day);
        case  985:          terminate(1);
        case  990:          end( );            //须以 end 为结束语句
                }
            }
        }
```

(6)结果。

平均每天有 4.27 位顾客在晚 6 时后到理发馆真正关门时没理上发。

8.4.3 loop 模块

循环是各类程序编制中所不可缺少的。各类高级语言中都有循环语句,GPSS/Java 语言的循环过程通过以下两种方式实现。

1. 产生动态实体的循环

在模型中可以使用 assign 和 test 模块的配合来产生动态实体的局部循环流动,例如:

```
        ……
case  10：          generate(0,0,0,1);
case  20：          assign(2,5);
case  30:A(next);   seize(barber);
case  40：          advance(5);
case  50：          release(barber);
case  60：          assignMinus(2,1);
case  70：          test(E,P$(2),0,next);
case  80：          terminate();
        ……
```

分析此程序片段：模拟开始时钟为 0 时，一个动态实体由 1 号 generate 模块流入 2 号 assign 模块，该动态实体 2 号整型参数被赋值为 5，时钟为 5 时该动态实体流经 5 号模块，进入 6 号 assignMinus 模块，该动态实体 2 号整型参数值被修改为 4，在流入 7 号模块时，判断该模块所指示的条件 4 等于 0 的条件不成立，于是转回进入 3 号模块。该动态实体在第 5 次进入模块 7 时，其 2 号整型参数值为 0，于是条件为真，不再转入 3 号模块，而是流入 8 号模块，此时时钟时间为 25，该动态实体在 3 号至 7 号模块间共循环了 5 次。这种安排实现了一个类似直到型的循环结构。

2. 使用 loop 模块产生循环

loop 模块使用起来没有高级语言中的循环语句那样方便，它的循环过程由计数和转向两个动作完成，它总是先确定循环次数，并将循环次数存在活动实体的某个参数中，然后当活动实体进入 loop 模块后，就开始了循环的进程，因此对于不同的活动实体，在同一个循环中的循环次数有可能是不相同的。

(1) 作用：动态实体进入该模块时，处理程序会将该动态实体的某号整型参数的值减少 1，然后检验该整型参数的值是否为 0，若为 0，则该动态实体流入后一模块，否则转入具有指定标号的模块。

(2) 操作符、操作数与模块图。

loop 模块有 2 个操作数，其含义如下：
a：整型；代表动态实体的某整型参数的编号；不能缺省。
b：标号对象；代表循环时要转入的模块的标号对象。
上例的程序片段的循环可以使用 loop 模块来实现：

```
        ……
case  10:           generate(0,0,0,1);
case  20:           assign(2,5);
case  30:A(next);   seize(barber);
case  40:           advance(5);
case  50:           release(barber);
case  60:           loop(2,next);
case  70:           terminate();
        ……
```

可见相比不使用 loop,使用 loop 模块实现循环更为简单和明了。

3. 应用举例

模拟零件的加工过程。有一零件加工车间,主要进行零件的钻孔工作。零件的到达间隔时间为(10±3 min),但零件在进入车间后应先进行打毛刺等光滑处理,然后进行画线工作,最后才能钻孔。上述每道工序都可能进行排队,我们分别用 1、2、3 表示这 3 个队列。为了简单起见,我们仍假设所有的过程都呈均匀分布,其均值和误差分别如下:

打毛刺等光滑处理:(10±2) min。

画线:(9±3) min。

钻孔:(8±1) min。

下面是这个程序的初步结构,请读者先把它读懂。

```
//模型程序文件名为 Demo8_5.java
import gpssjv.*;
public class Demo8_5 extends BlockOp{
    public void run(){                  //以下写系统控制语句
        blockMax(200);
        setModel(this);                 //以下写模型控制语句
        start(1000);
    }                                   //以下写资源定义语句
    Facility op1 = new Facility("op1");
    Facility op2 = new Facility("op2");
    Facility op3 = new Facility("op3");
    Queue line1 = new Queue("line1");
Queue line2 = new Queue("line2");
Queue line3 = new Queue("line3");
    public void simulate(){
        switch(nextBlock){              //以下写模型模块语句
```

```
        case 10:            generate(10,3);
        case 15:            queue(line1);
        case 20:            seize(op1);
        case 25:            depart(line1);
        case 35:            advance(10,2);
        case 40:            release(op1);
        case 60:            queue(line2);
        case 65:            seize(op2);
        case 70:            depart(line2);
        case 75:            advance(9,3);
        case 85:            release(op2);
        case 90:            queue(line3);
        case 100:           seize(op3);
        case 110:           depart(line3);
        case 120:           advance(8,1);
        case 130:           release(op3);
        case 200:           terminate(1);
        case 990:           end();
         }}}
```

在上面的程序中我们会发现许多结构相似的程序段，这些程序段具有相同的过程，是否可以利用循环和标准数字属性码简化上述程序呢？答案是肯定的。为此应对模型进行一些调整，首先为了使各过程时间的均值和方差能自动选取，必须将他们以函数形式给出。我们定义两个函数，一个是均值函数 mean，一个是方差函数 var，都是用活动实体的 1 号参数值进行选用。此外各工序的代号 1、2、3 应由动态实体携带，可使用参数 P(1) 来区别各类不同的工序。最后各工序的接续采用循环的方法，利用 2 号参数设置循环次数，利用 3 号参数选取各类工序过程的方差时间。通过这样的变化，程序变成如下结构：

```
//模型程序文件名为 Demo8_6.java
import gpssjv.*;
public class Demo8_6 extends BlockOp{
    public void run(){              //以下写系统控制语句
        blockMax(200);
        setModel(this);             //以下写模型控制语句
        start(1000);
    }                               //以下写资源定义语句
    Facility op1 = new Facility("op1");
```

```
Facility op2 = new Facility("op2");
Facility op3 = new Facility("op3");
Queue line1 = new Queue("line1");
Queue line2 = new Queue("line2");
Queue line3 = new Queue("line3");
double z1[] = {1,2,3};
double x1[] = {10,9,8};
double y1[] = {2,3,1};
Function mean = new Function(D,3,z1,x1);
Function var = new Function(D,3,z1,y1);
Addr back = new Addr();
public void simulate(){
    switch(nextBlock){             //以下写模型模块语句
    case 10:          generate(10,3);
    case 13:          assign(2,3);
    case 20:          assign(1,0);
    case 40:A(back);  assignPlus(1,1);
    case 45:          queue(QP(1));
    case 50:          seize(FP(1));
    case 60:          depart(QP(1));
    case 65:          assign(3,FN$(var,P$(1)));
    case 70:          advance(FN$(mean,P$(1)),P$(3));
    case 80:          release(FP(1));
    case 140:         loop(2,back);
    case 200:         terminate(1);
    case 990:         end();
}}}
```

绝对时钟:10060.990273762553　　　相对时钟:10060.990273762553

模块统计

模块	当前数	总数	模块	当前数	总数
1		1007	11		3001
2		1007	12		1000
3		1007			
4		3008			
5	5	3008			

6		3003				
7		3003				
8		3003				
9	2	3003				
10		3001				

设备统计

名称	总进入数	当前状态	平均服务时间	忙闲率	当前占用实体	当前抢占实体
op1	1002	1	9.997	0.996	1002	0
op2	1001	1	8.998	0.895	1001	0
op3	1000	0	8.000	0.795	0	0

队列统计

名称	总进入数	零等待进入数	平均队长	平均等待时间	非零平均等待时间
line1	1007	29	2.5886	25.8626	26.6295
line2	1001	1001	1	0.0000	
line3	1000	1000	1	0.0000	

8.4.4 priority 模块

(1)作用:改变动态实体的优先权。
(2)操作符、操作数与模块图。

priority 模块只有 1 个操作数,其含义如下:
a:整型;改变流入的动态实体的优先权的属性值为操作数 a 的值;不能缺省。

一个动态实体在停止运动后,若被放回当前事件链,则处理程序要检验该动态实体在停止运动前是否流经 priority 模块,若是,则根据它的新的优先权的属性值来选择它在当前事件链的插入位置,否则将其放回原有位置。

当占用某服务实体和释放该服务实体的事件同时发生时,如果期望代表服务实体被释放事件的动态实体总是先被处理,可以紧随代表服务实体被占用的事件模块其后设置 priority 模块,来提高流经它的动态实体的优先权。例如分析以下模型片段:

```
generate(3,);
seize(fixer);
priority(2);
advance(6);
```

```
            release(fixer);
            terminate( );
```

假设在当前时刻之前,有 A 号动态实体因 B 号动态实体占用设备 fixer,而无法进入 seize 模块,因此被置于当前事件链,其优先权为 0。假设在当前时刻,B 号动态实体接受完 fixer 的服务,要移入 release 模块,因此被从未来事件链移出而放至当前事件链。由于 B 号动态实体在进入 advance 而被放至未来事件链之前,其优先权已被改变为 2,则在当前时刻被放至当前事件链时,要排在 A 号动态实体之前,故系统状态修正开始后它总会先于 A 号被处理。

8.5 select 模块

8.5.1 资源实体编号及其间接引用

1. 资源实体编号和相关标准实体属性

每一种在模型中由用户定义的资源实体,都会被处理程序按顺序编号,编号从 1 开始,例如:

```
    ......
    Facility barb = new Facility("barb");
    Queue line = new Queue("line");
    Facility mach = new Facility("mach");
    Queue wait = new Queue("wait");
    Facility crush = Facility("crash");
    Queue stock = new Queue("stock");
    ......
```

那么在以上模型中,处理程序会为设备实体 barb、mach 和 crush 分别编号为 1、2 和 3,为排队实体 line、wait 和 stock 分别编号为 1、2 和 3。

GPSS/Java 为所有资源实体都定义了相应的编号标准实体属性(SOA),某种编号标准实体属性根据该种资源实体的编号返回对应的资源实体对象。这些标准属性属于全局标准属性,详细请参考附录 3 中表 8(全局标准属性列表)。

设备编号标准实体属性的原型如下:

```
    Facility F(int n)
```

其中,n 为设备实体的编号,属性返回值为该编号对应的设备实体对象。

例如,在以上模型中 F(1) 等同于设备实体 barb,F(2) 等同于设备实体 mach,而 F(3) 等同于设备实体 crush。

存储器编号标准实体属性的原型如下:

```
    Storage S(int n)
```

其中,n 为某存储实体的编号,属性返回值为该编号对应的存储实体对象。

队列编号标准实体属性的原型如下:

```
Queue Q(int n)
```

其中,n 为某排队实体的编号,属性返回值为该编号对应的排队实体对象。

使用以上编号标准实体属性可以通过资源实体的编号获得对应的实体的引用,例如:

```
……
Facility fix = new Facility("fix")
Queue line = new Queue("line");
……
generate(18,6);
queue(Q(1));
seize(F(1));
depart(Q(1));
advance(16,4);
release(F(1));
terminate();
……
```

如果调用以上编号标准实体属性时使用动态实体整型参数的值作为属性的实参,则称该行为为资源实体的间接引用。这种间接引用在 GPSS 建模中常被使用,它可以简化模型的构造或实现更为复杂的模型逻辑关系。例如,若动态实体 1 号整型参数的值为 1,则 Q(P$(1)) 调用时返回 1 号队列实体 line,F((P$(1))) 调用时返回 1 号设备实体 fix。因此动态实体参数在资源实体的间接引用中扮演了指针的作用。

为了简化资源实体间接引用的表达方式,GPSS/Java 提供了实现这种间接引用的标准实体属性。它们属于全局标准属性,被称为间接引用标准实体属性,详细请参考附录 3 中表 8。这些标准实体属性的命名有一定规律可循,即在编号标准实体属性名之后加字符 P(大写)。例如:

设备间接引用标准实体属性的原型如下:

```
Facility FP(int n)
```

其中,n 为动态实体整型参数编号,表示通过该号整型参数值获得某个设备实体的编号,再根据该设备实体的编号返回该设备实体对象。

存储器间接引用标准实体属性的原型如下:

```
Storage SP(int n)
```

其中,n 为动态实体整型参数编号,表示通过该号整型参数值获得某存储器实体的编号,再根据该存储器实体的编号返回该存储器实体对象。

队列间接引用标准实体属性的原型如下:

```
Queue QP(int n)
```

其中,n 为动态实体整型参数编号,表示通过该号整型参数值获得某队列实体的编号,再根据该队列实体的编号返回该队列实体对象。

GPSS/Java 只支持对资源实体的编号引用和间接引用,而不支持对资源实体其他属性(标准数值或标准逻辑值属性)或资源模块中的资源实体类型的操作数的编号引用和间接引用。原因是为了保持传统风格和面向对象风格书写方式的对称性,同时在建模中尽可能坚持面向对象的表达原则。例如,Q＄(1) 和 Q＄P(1) 都是错误的表达形式,是无法实现和表达对应的面向对象风格的书写形式。但是若书写为 Q＄(Q(1)) 和 Q＄(QP(1)),则对应的面向对象风格的表达形式为 Q(1).Q＄( ) 和 QP(1).Q＄( ),这种形式不仅可以实现,而且完全与前者对称。我们坚持形式上的面向对象的表达原则,原因是标准数值属性 Q＄(Q(1)) 和 Q＄(QP(1))分别返回队列对象 Q(1)和队列对象 QP(1)的当前队长,而 Q(1).Q＄( ) 和 QP(1).Q＄( ) 同样返回队列对象 Q(1)和队列对象 QP(1)的当前队长。同样的道理,enter(1)和 enter(P＄(1))是错误的表达形式;而 enter(S(1)) 和 enter(SP(1))是正确的,它们面向对象的表达形式为 S(1).enter( ) 和 SP(1).enter( )。

在模型初始化时,编号标准实体属性和间接引用标准实体属性返回的资源实体对象是它所代表的那类资源实体在模型中的 1 号对象。例如,Q(n)和 QP(n)在模型初始化时无论 n 为多少,返回的都是 1 号队列所对应的对象。在模型初始化时,动态实体参数 P＄(n)和 PD＄(n),无论 n 为多少,返回值都为 0。在模型初始化时,所有的资源实体(地址实体除外)和统计变量都处于其初始状态,因此它们的标准属性返回值反映的也是这种初始状态。用户自定义的方法如果出现在模块语句操作数的表达式中,必然会在模型初始化时至少被执行一次,因此需要注意初始化可能带来的副作用。

2. 应用举例

(1)问题陈述。

某医院内科专家门诊有 4 名专家,每天只挂 50 个专家号,病人到达间隔时间为 4~8 min,均匀分布。病人到来时首先初诊,其中大约 20% 选择 1 号专家,30% 选择 2 号专家,35% 选择 3 号专家,15% 选择 4 号专家,4 位专家初诊一个病人的时间都为均匀分布。1 号专家初诊一个病人需 5~10 min,2 号需 7~12 min,3 号需 6~10 min,4 号需 10~15 min。初诊后,约有 35% 的病人到药房取药后离开,65% 的病人需要做常规化验或特殊检验,假设完成这些化验与检验的时间为均匀分布,每人所需时间为 5~25 min。完成化验、检验后,病人将回到当初初诊的相应专家处再次就诊,此时他要排在初诊病人之前。再次就诊的病人中,20% 的人所需时间为其初诊时间的 30%,50% 的人为其初诊时间的 40%,30% 的人为其初诊时间的 50%。再次就诊后病人离开门诊取药回家或转往住院部。建立模型,模拟 100 个工作日,专家每工作日工作时间不固定,直到最后一个病人离开为止。请确定专家平均每天工作时间,各专家平均忙闲率、病人排队的平均队长和平均等待时间,另外请分析每天增加 10 个专家号时,以上各指标的变化。

(2)实体定义。

时间单位:1min		
模型	输出名	实际系统
动态实体		病人
1 号整型参数 P＄(1)		记录就诊专家编号

1号实型参数 PD＄(1)			初诊或再次就诊所需时间
2号整型参数 P＄(2)			记录就诊次数
标准随机函数			
uniform(1,5,10)			返回1号专家初诊所需时间
uniform(2,7,12)			返回2号专家初诊所需时间
uniform(3,6,10)			返回3号专家初诊所需时间
uniform(4,10,15)			返回4号专家初诊所需时间
uniform(6,4,8)			返回病人到达间隔时间
uniform(6,5,25)			返回检化验所需时间
排队实体			
docQ1		docQ1	1号专家前排队统计信息
docQ2		docQ2	2号专家前排队统计信息
docQ3		docQ3	3号专家前排队统计信息
docQ4		docQ4	4号专家前排队统计信息
保存值实体			
total		workTime	专家门诊日均工作时间,初始值为0
count		count	专家号计数
变量实体			
double serv1			代表1号专家初诊所需时间
double serv2			代表2号专家初诊所需时间
double serv3			代表3号专家初诊所需时间
double serv4			代表4号专家初诊所需时间

double V＄(Vaiable v)			定义变量调用方法 V＄(VP(1))返回某病人初诊所需时间
			if(v= = serv1)return uniform(1,5,10);
			if(v= = serv2)return uniform(2,7,12);
			if(v= = serv3)return uniform(3,6,10);
			if(v= = serv4)return uniform(4,10,15);
			return 0;

boolean endDayF()			Java 包装方法 是否结束本日工作 return N＄(away)%men= =0;
函数实体			
doctNo			返回选择就医的专家编号(整型)自变量 RN＄(5),类型 D,值对数 4xn={0.20,0.50,0.85,1.00};yn={1,2,3,4};
servT2			返回第二次就诊所需时间比例(实型)自变量 RN＄(6),类型 D,值对数 3xb={0.20,0.70,1.00};yb={0.30,0.40,0.50};

设备实体		
doctor1	doctor1	1号专家
doctor2	doctor2	2号专家
doctor3	doctor3	3号专家
doctor4	doctor4	4号专家
地址实体		
back		检化验后返回,第二次就诊
goin		挂上号了
away		获得本日病人当前离开总数
out		离开取药、回家或住院
test		检化验
成员变量		
days		工作天数,100
men		专家号总数

(3)模型程序。

```java
//模型程序文件名为Demo8_7.java    专家门诊模型
import gpssjv.*;
public class Demo8_7 extends BlockOp{
    public void run(){
        setModel(this);
        start(men*days);              //第 men*days 个病人看完病结束
        men=60;
        clear();
        start(men*days);
    }
    Queue docQ1 = new Queue("docQ1");
    Queue docQ2 = new Queue("docQ2");
    Queue docQ3 = new Queue("docQ3");
    Queue docQ4 = new Queue("docQ4");
    Facility doctor1 = new Facility("doctor1");
    Facility doctor2 = new Facility("doctor2");
    Facility doctor3 = new Facility("doctor3");
    Facility doctor4 = new Facility("doctor4");
    double servT1V(int num){
        if(num==1)    return uniform(1,5,10);
```

```
            if(num==2)      return uniform(2,7,12);
            if(num==3)      return uniform(3,6,10);
            if(num==4)      return uniform(4,10,15);
            return 0;
        }
        boolean endDayF(){return N$(away)%men==0;}
        double xn[] = {0.20,0.50,0.85,1.00};
        double yn[] = {1,2,3,4};
        Function doctNo = new Function(D,4,xn,yn);
        double xb[] = {0.20,0.70,1.00};
        double yb[] = {0.30,0.40,0.50};
        Function servT2 = new Function(D,3,xb,yb);
        Savevalue aveTime = new Savevalue("workTime",0);
        Savevalue count = new Savevalue("count",0);
        Addr goin = new Addr();
        Addr back = new Addr();
        Addr away = new Addr();
        Addr test = new Addr();
        Addr out  = new Addr();
        int days=100;
        int men=50;
        public void simulate(){
            switch(nextBlock){
    case  10:            generate(uniform(6,4,8),0,0.001);       //病人到达
    case  12:            savePlus(count,1);                      //挂号数记录
    case  13:            test(G,XI$(count),men,goin);            //已经挂的号数到限则离去
    case  15:            terminate();                            //未挂上号离去
    case  17:A(goin);    assign(2,1);                            //记录第一次就诊
    case  20:            assign(1,FNI$(doctNo,RN$(5)));          //选择专家
    case  30:            assign(1,servT1V(P$(1)));               //记录专家初诊所需时间
    case  35:A(back);    queue(QP(1));                           //排队就医
    case  40:            seize(FP(1));                           //轮到了
    case  50:            depart(QP(1));                          //结束排队
    case  70:            advance(PD$(1));                        //就诊
    case  90:            release(FP(1));                         //初诊或再诊结束
```

```
case  92：         test(E,P$(2),1,away)；              //是初诊后还是再诊后
case  95：         transfer(0.65,test)；               //初诊的65%需要检化验
case  100：A(away)； advance()；                       //初诊后35%离开或再诊离开
case  102：        test(T,endDayF(),out)；             //是否本日最后离开的病人
case  104：        saveValue(count,0)；                //挂号记录清0
case  106：        saveValue(aveTime,AC$()/days)；     //第 days 天才有意义
case  107：A(out)； terminate(1)；                     //离开门诊或回家或取药再回
                                                      家或住院
case  110：A(test)； advance(uniform(6,5,25))；        //化验或检验
case  130：        assign(1,PD$(1)*FN$(servT2,RN$(6)))； //记录再诊所需时间
case  135：        assign(2,2)；                       //表示为再诊
case  140：        priority(2)；                       //若排队则有较高优先权
case  160：        transfer(back)；                    //返回再诊
case  280：        end()；
}}
}
```

(4) 输出结果。

每天50个专家号

设备统计

名称	总进入数	当前状态	平均服务时间	忙闲率	当前占用实体	当前抢占实体
doctor1	1719	0	5.778	0.306	0	0
doctor2	2528	0	7.293	0.568	0	0
doctor3	2867	0	6.173	0.545	0	0
doctor4	1156	0	9.620	0.342	0	0

队列统计

名称	总进入数	零等待进入数	当前队长	平均队长	平均等待时间	非零平均等待时间
docQ1	1719	1255	0	0.048	0.9136	3.3847
docQ2	2528	1217	0	0.228	2.9233	5.6371
docQ3	2867	1418	0	0.218	2.4746	4.8962
docQ4	1156	788	0	0.075	2.1023	6.6041

保留值统计：

workTime=324.84

每天60个专家号

设备统计						
名称	总进入数	当前状态	平均服务时间	忙闲率	当前占用实体	当前抢占实体
doctor1	2031	0	5.766	0.302	0	0
doctor2	2998	0	7.308	0.565	0	0
doctor3	3535	0	6.100	0.557	0	0
doctor4	1384	0	9.680	0.346	0	0

队列统计						
名称	总进入数	零等待进入数	当前队长	平均队长	平均等待时间	非零平均等待时间
docQ1	2031	1487	0	0.047	0.9051	3.3790
docQ2	2998	1380	0	0.276	3.5621	6.6003
docQ3	3535	1777	0	0.213	2.3400	4.7052
docQ4	1384	890	0	0.096	2.6740	7.4916

保留值统计：
workTime=387.45

由以上结果可见，该医院内科专家不是很忙，病人并不拥挤，排队等待时间不长，增加 10 个专家号对以上指标影响并不显著，但是对专家日均工作时间有较大影响：专家日挂号量为 50 个时，日均工作时间为 324.84 min，日挂号量为 60 个时，为 387.45 min，大约每天平均增加了 1 个多小时的工作时间。

8.5.2 select 模式 1

1. 作用

当动态实体进入 select 模块时，从模型中若干同类资源实体中选择符合指定状态的资源实体，若没有这样的资源实体，则转入指定标号的模块。若有这样的资源实体，则将第一个符合指定状态的资源实体的编号保存在该动态实体的指定编号的整型参数中，然后该动态实体流入后一模块，若没有这样的资源实体，则指定的整型参数取值为 0。

2. 操作符、操作数与模块图

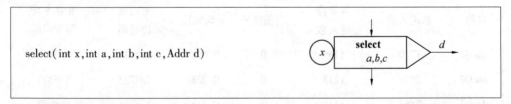

模式 1 的 select 模块有 5 个操作数，其含义如下：

a：动态实体整型参数编号；存放 b 至 c 中符合 x 定义的状态的第一个资源实体的编号；若无则被赋值 0。

b：同一类型资源实体编号的下界值；资源实体只能为逻辑开关、设备或存储器之一。

c：同一类型资源实体编号的上界值。

d：标号对象；若 b 至 c 中不存在符合 x 定义的状态的资源实体，则动态实体转入的模块的标号对象;缺省为 null,表示无条件转入 select 的后一模块。

x:辅助操作符;代表某种资源实体的当前状态;有效的辅助操作符及其意义如下:

辅助操作符	代表的实体的当前状态
LS	逻辑开关为 SET
LR	逻辑开关为 RESET
U	设备正被占用
NU	设备未被占用
I	设备当前被抢占
NI	设备当前未被抢占
SF	存储器剩余容量为 0
SNF	存储器剩余容量大于 0
SE	存储器空
SNE	存储器未空

其中,设备被抢占或未被抢占的状态将在第 9 章讨论。

例如,select(NU,1,1,4,out);代表假设一动态实体进入以上 select 模块时,1~4 号设备中 2 和 3 号设备闲,1 和 4 号设备忙,则令该动态实体 1 号整型参数取值为 2,然后该动态实体流入后一模块。如果 1~4 号设备都忙,则 1 号整型参数取值为 0,动态实体转入标号对象为 out 的模块。

如果操作数 d 缺省,可以使用如下的重载形式:

```
select ( int x,int a,int b,int c)
```

其各操作数意义同上。

例如,select(NU,1,1,4);代表假设一动态实体进入以上 select 模块时,1~4 号设备都忙,则令该动态实体 1 号整型参数取值为 0,然后该动态实体流入后一模块。

8.5.3 select 模式 2

1. 作用

当动态实体进入此模块时,从模型中若干同类实体中选择其标准属性符合指定条件的实体,若有这样的实体,则将第一个符合条件的实体的编号保存在该动态实体的指定编号的整型参数中,若没有这样的实体,则指定的整型参数取值为 0,然后该动态实体无条件流入后一模块。

2. 操作符、操作数与模块图

模式 2 的 select 模块共 5 个操作数,其含义如下:

x：辅助操作符，代表取某种实体的标准数值属性值的最大值或最小值的操作，有效的辅助操作符及其意义如下：

辅助操作符	代表的操作
MAX	取最大值
MIN	取最小值

a：动态实体整型参数编号；存放 b 至 c 中符合 x 定义的条件的第一个实体的编号。

b：同一类型实体编号的下界值；资源实体可以为设备、存储器、队列、保存值、表实体和动态实体参数等之一。

c：同一类型实体编号的上界值。

d：操作数助记符，代表某种实体的标准数值属性，可使用的助记符如下：

设备	FC \$ FR \$ FT \$
队列	Q \$ QM \$ QA \$ QC \$ QZ \$ QT \$ QX \$
存储器	S \$ R \$ SR \$ SA \$ SM \$ SC \$ ST \$
表实体	TB \$ TD \$ TC \$
动态实体参数	P \$ PD \$
模块	N \$ W \$
保存值	X \$

例如，select(MAX,1,1,4,Q \$)；代表假设一动态实体进入以上 select 模块时，1~4 号队列当前队长分别为 2、3、4 和 4，则令该动态实体 1 号整型参数取值为 3，然后该动态实体流入后一模块。

通常，指定编号的整型参数的值不会为 0，因为其总能在多个实体的标准属性值中获得最大或最小值。

8.5.4　select 模式 3

1. 作用

当动态实体进入此模块时，从模型中若干同类实体中选择其标准属性符合指定条件的实体，若有这样的实体，则将第一个符合条件的实体的编号保存在该动态实体的指定编号的整型参数中，然后该动态实体流入后一模块；若没有这样的实体，则指定的整型参数取值为 0，然后该动态实体转入指定的模块。

2. 操作符、操作数与模块图

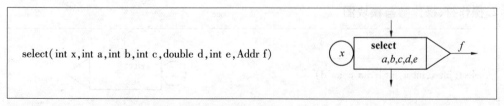

模式 3 的 select 模块共有 6 个操作数，其含义如下：

x：辅助操作符，代表将某种实体的标准数值属性值与操作数 d 的值进行何种关系的比较，有效的辅助操作符及其意义如下。

辅助操作符	代表的关系
G	>d
GE	≥d
L	<d
LE	≤d
E	=d
NE	≠d

a:动态实体整型参数编号;存放 b 至 c 中标准属性为操作数 e 定义的实体参数中,符合 x 定义的与操作数 d 的比较关系中第一个符合条件的实体编号;若没有符合条件的,a 被赋值0。

b:同一类型实体编号的下界值;资源实体可以为设备、存储器、队列、保存值、表实体和动态实体参数等之一。

c:同一类型实体编号的上界值。

d:实型表达式;与从 b 至 c 的实体的各标准数值属性相比较的数据项。

e:操作数助记符,代表某种实体的某种标准数值属性,可使用的助记符如下:

设备	FC $ FR $ FT $
队列	Q $ QM $ QA $ QC $ QZ $ QT $ QX $
存储器	S $ R $ SR $ SA $ SM $ SC $ ST $
表实体	TB $ TD $ TC $
动态实体参数	P $ PD $
模块	N $ W $
保存值	X $

f:标号对象;若 b 至 c 中不存在符合 x 定义的关系的实体,则动态实体转至的模块的标号对象;缺省为 null,表示无条件转入 select 的紧后模块。

例如,select(GE,2,1,4,Q $ (5)+2,Q $,out);代表假设一动态实体进入以上 select 模块时,1~4号队列当前队长分别为2、3、4和5,5号队列当前队长为3,则令该动态实体2号整型参数取值为4,然后该动态实体流入后一模块。如果5号队列当前队长为4,则动态实体的2号整型参数取值为0,该动态实体转入标号对象为 out 的模块。

如果操作数 f 缺省,可以使用如下的重载形式:

select (int x, int a, int b, int c, double d, int e)

其各操作数意义同上。

例如,select(GE,2,1,4,Q $ (5)+2,Q $);代表假设一动态实体进入以上 select 模块时,1~4号队列当前队长分别为2、3、4和5,5号队列当前队长为3,则令该动态实体2号整型参数取值为4,然后该动态实体流入后一模块。如果5号队列当前队长为4,则动态实体的2号整型参数取值为0,该动态实体同样流入后一模块。

8.5.5 select 模式 4

GPSS/Java 增加了 select 模式 4,使得用户可以在选择方法(Java 方法)中用代码来安排对实体或策略的选择,因此这种选择的选择条件或方法可以十分复杂而且更为灵活。select 模式 4 不仅大大增强了 select 模块的功能,同时使得 GPSS 能够和其他决策方法和应用技术紧密结合起来。用户可在此方法中安排人机交互界面和数据读写操作,可以安排模型运行暂停,报告模型当前状态,由人做出策略选择后再开始继续运行,甚至可以将人工智能的算法嵌入到 select 模块的选择方法中。

1. 作用

当动态实体进入 select 模块时,对操作数 b 求值,若大于 0,将其赋给操作数 a 代表的整型参数且动态实体流入后一模块;若小于等于 0,则令此参数取值 0,且动态实体转入 c 操作数所指示的模块;若 c 缺省,则无条件流入后一模块。

2. 操作符及操作数

    select(int a,int b,Addr c)

模式 4 的 select 模块有 3 个操作数,其含义如下:

a:动态实体整型参数编号;操作数 b 大于 0,此整型参数值为 b 的值,否则被赋值 0。

b:整型表达式,通常为一整型 Java 方法,该方法中安排实体的选择可称为选择方法。

c:标号对象;若 b 小于等于 0,动态实体转至的模块的标号对象;缺省为 null,表示无条件转入 select 的后一模块。

例如,select(1,seleV(1,5),out);代表假设一动态实体进入以上 select 模块时,选择方法 seleV(1,5) 返回值为 3,则令该动态实体 1 号整型参数取值为 3,然后该动态实体流入后一模块。若选择方法 seleV(1,5) 返回值为 0,则该动态实体转入标号对象为 out 的模块。

如果操作数 c 缺省,可以使用如下的重载形式。

    select(int a,int b)

其各操作数意义同上。

8.6 应用举例

8.6.1 募捐站系统模拟模型

假设有一个募捐站点接受各类民众的现金募捐。在募捐的人中大约有 50% 的人捐 10 元,有 30% 的人捐 50 元,有 20% 的人捐 100 元,请通过模拟实验来统计以上各类人的捐款数及总捐款数。下面给出的就是这个模拟程序的答案之一(因为这类问题会有许多种模拟方法),其中我们引入了函数、变量和保存值等 GPSS/Java 语言的主要元素。在此我们不会占用过多的篇幅详细讲解,请读者仔细读懂这个程序,并上机模拟分析结果。特别指出,程序中的 donor 函数是为了鉴别捐款人类型而设置的,可以看出捐款 10 元的是第一类人,捐款 50 元的是第二类人,捐款 100 元的是第三类人,他们捐款的累计数目分别用 1、2、3 号保存值统计,而 4 号保存值是总捐款数。

方法一：

```java
//模型程序文件名为Demo8_8.java
import gpssjv.*;
public class Demo8_8 extends BlockOp{
public void run(){
        setModel(this);
        start(100);
        }
Savevalue sum=new Savevalue("捐款总额");
Savevalue sum1=new Savevalue("1类人捐款总额");
Savevalue sum2=new Savevalue("2类人捐款总额");
Savevalue sum3=new Savevalue("3类人捐款总额");
double x1[]={0.50,0.80,1.00};
double y1[]={10,50,100};
//double y[]={1,2,3};
Function amount = new Function(D,3,x1,y1);
//Function donor = new Function(D,3,x1,y);
Addr try1=new Addr();
Addr try2=new Addr();
Addr try3=new Addr();
        public void simulate(){
           switch(nextBlock){
case   10:           generate(5);
case   20:           assign(1,FNI$(amount,RN$(1)));
case   30:           savePlus(sum,P$(1));
case   40:           test(E,P$(1),10,try1);
case   50:           savePlus(sum1,P$(1));
case   60:A(try1);   test(E,P$(1),50,try2);
case   70:           savePlus(sum2,P$(1));
case   80:A(try2);   test(E,P$(1),100,try3);
case   90:           savePlus(sum3,P$(1));
case   95:A(try3);   terminate(1);
case  100:           end();
}}}
```

上面的程序模拟100个捐款人，有关保存值部分的标准输出如下：

> 保留值统计：
>
> 捐款总额=3980.00　1 类人捐款总额=480.00　2 类人捐款总额=1700.00
> 3 类人捐款总额=1800.00

从输出中可见，1 类捐款人为 48 人，捐款 480 元；2 类捐款人为 34 人，捐款 1 700 元；3 类捐款人为 18 人，捐款 1 800 元。总捐款 3 980 元。

方法二：

```java
//模型程序文件名为 Demo8_9.java
import gpssjv.*;
public class Demo8_9 extends BlockOp{
    public void run(){
            setModel(this);
    start(100);
        }
Savevalue sum=new Savevalue("捐款总额");
Savevalue sum1=new Savevalue("1 类人捐款总额");
Savevalue sum2=new Savevalue("2 类人捐款总额");
Savevalue sum3=new Savevalue("3 类人捐款总额");
double x1[]={0.50,0.80,1.00};
double y1[]={10,50,100};
double y[]={2,3,4};
Function amount = new Function(D,3,x1,y1);
Function donor = new Function(D,3,y1,y);
    public void simulate(){
        switch(nextBlock){
  case  10:      generate(5);
  case  20:      assign(1,FNI$(amount,RN$(1)));
  case  30:      savePlus(sum,P$(1));
  case  40:      savePlus(X(FNI$(donor,P$(1))),P$(1));
  case  90:      terminate(1);
  case 100:      end();
}}}
```

8.6.2　某露天矿运输系统模拟模型

露天煤矿的生产是将煤层之上的地表层的土或岩石剥离，然后用机械在煤层中采煤。已知某露天矿采掘工作面的剥离工作（剥去煤层上部的土层）和采煤工作分别由两台电铲来完成。一台以(4±2) min（均匀分布）间隔时间装满一车矿石，另一台以(5±2) min（均匀分布)间隔时间装满一车煤。两车各运行 15 min 后分别卸入矿石场和储煤仓,卸矿时间为 8 min,矿石场和储煤仓的容量分别为 20 000 t 及 2 000 t,矿石卡车载重量为 35 t,而运煤卡车载重量为 18 t。图 8.2 是这一系统的示意图。请模拟这一过程,并记录一个班 8 h 中矿石和煤的产量。

模型设计:在这一系统中运矿石卡车和运煤卡车是主要的活动实体,是它们将各类固定实体联系起来。矿石场和储煤仓属于仓储类实体,可定义为存储器。矿石和煤的产量属于累计值,因此要采用两个保存值来记录。各类实体的代号和意义见表 8.4。

表 8.4 露天矿运输系统模型各类实体的代号和意义

实体类别	代号	有关参数	意义
动态实体 1	—	载重 18 t	运煤卡车
动态实体 2	—	载重 35 t	运矿石卡车
存储器	ore	储量 20 000 t	矿石场
存储器	coal	储量 2 000 t	储煤仓
保存值	1	—	产煤量
保存值	2	—	矿石剥离量

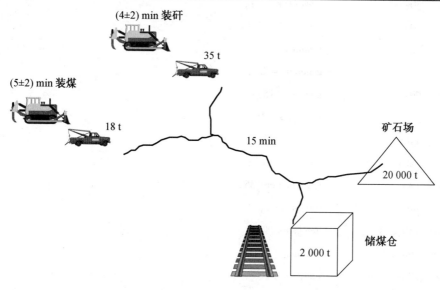

图 8.2 某露天煤矿运输系统模拟模型示意图

为了让读者有步骤地了解某些语句或功能的使用,在下面的程序编制中我们用三个方式编程:

1. 详细方法程序

下面给出的是此模拟模型采用详细编程方式产生的扩展程序输出及有关存储器和保存值的标准输出。从输出中可见,经过一个班的生产,共生产煤炭 1 584 t,剥离矿石 4 060 t。

```
import gpssjv.*;
public class Demo8_10 extends BlockOp{
```

```
public void run(){
        setModel(this);
        start(1);
    }
Savevalue coal=new Savevalue("煤的产量");
Savevalue ore=new Savevalue("矿石的产量");
Storage coal1=new Storage("储煤仓",2000);
Storage ore1=new Storage("矿石场",20000);
    public void simulate(){
        switch(nextBlock){
case  10:            generate(5,2);
case  20:            advance (15);
case  30:            enter(coal1,18);
case  40:            advance (8);
case  50:            leave(coal1,0);
case  60:            savePlus(coal,18);
case  70:            terminate();
case  80:            generate(4,2);
case  90:            advance (15);
case 100:            enter(ore1,35);
case 110:            advance (8);
case 120:            leave(ore1,0);
case 130:            savePlus(ore,35);
case 140:            terminate();
case 150:            generate(480);
case 160:            terminate(1);
case 170:            end();
}}}
```

存储统计

名称	容量	最大同时服务数	总进入数	平均服务时间	存储实体利用率
储煤仓	2000	1692	1692	226.300	0.399
矿石场	20000	4060	4060	229.200	0.097

保留值统计:

 煤的产量=1656.00　矿石的产量=3990.00

2. 使用流动实体的参数

在上面的程序中我们没有应用任何标准数字属性码,虽然程序可以照样执行,模拟结果也是正确的,但在程序中练习养成使用标准数字属性码的习惯是十分重要的。为此我们将上面的程序做一些改动,在可以使用标准数字属性码的地方使用标准数字属性码,静观其变。我们用活动实体的一号参数表示矿车的类型,即一号参数为 1 时表示运煤矿车,一号参数为 2 时表示运矿石车,用活动实体的二号参数表示载重量。这样程序就可以变成如下形式:

```java
import gpssjv.*;
public class Demo8_11 extends BlockOp{
public void run( ){
        setModel(this);
        start(1);
        }
Savevalue coal = new Savevalue("煤的产量");
Savevalue ore = new Savevalue("矿石的产量");
Storage coal1 = new Storage("储煤仓",2000);
Storage ore1 = new Storage("矿石场",20000);
    public void simulate( ){
        switch(nextBlock){
case  10:            generate(5,2);
case  18:            assign(1,18);
case  20:            advance (15);
case  30:            enter(coal1,P$(1));
case  40:            advance (8);
case  50:            leave(coal1,0);
case  60:            savePlus(coal,P$(1));
case  70:            terminate( );
case  80:            generate(4,2);
case  85:            assign(1,35);
case  90:            advance (15);
case  100:           enter(ore1,P$(1));
case  110:           advance (8);
case  120:           leave(ore1,0);
case  130:           savePlus(ore,P$(1));
case  140:           terminate( );
case  150:           generate(480);
```

```
         case 160:           terminate(1);
         case 170:           end();
         }}}
```

3. 使用 SNA 码简化程序

经过变化的程序似乎比原来的长了一些,但是读者可能也注意到,在使用了标准数字属性码以后,其中有两段程序就变得十分相似,它们是第 7~12 行与第 16~21 行,这样我们又可以进一步地简化这个程序,将这两段相似的程序段合并在一起。下面就是合并后的程序:

```
import gpssjv.*;
public class Demo8_12 extends BlockOp{
public void run(){
         setModel(this);
         start(1);
         }
Addr con = new Addr();
Savevalue coal = new Savevalue("煤的产量");
Savevalue ore = new Savevalue("矿石的产量");
Storage coal1 = new Storage("储煤仓",2000);
Storage ore1 = new Storage("矿石场",20000);
     public void simulate(){
         switch(nextBlock){
         case 10:            generate(5,2);
         case 20:            assign(1,18);
         case 30:            assign(2,1);
         case 40:            transfer(con);
         case 50:            generate(4,2);
         case 60:            assign(1,35);
         case 70:            assign(2,2);
         case 80:A(con);     advance(15);
         case 90:            enter(S(P$(2)),P$(1));
         case 100:           advance(8);
         case 110:           leave(S(P$(2)),0);
         case 120:           savePlus(X(P$(2)),P$(1));
         case 130:           terminate();
         case 150:           generate(480);
         case 160:           terminate(1);
```

```
case 170:            end();
}}}
```

上述三个程序虽然形式不同,但它们的模拟结果是相同的。由于目前我们涉及的程序仍然比较短,这样的简化所显示的优点还不显著,但当系统复杂或当程序较长时,利用标准数字属性码来编制 GPSS/Java 程序是十分有利的。读者可以进一步思考,若在本问题中加入对下班前应将已装车的货物入库或者仓储容量的考虑,程序该如何改进。

8.6.3 分时处理计算机系统的模拟分析

一台分时处理计算机系统带有三个终端,每个终端可能发送四种信息到 CPU 处理,各个终端所发出的各类信息到达 CPU 时按 FIFO 的原则排队等候接受处理。每个终端发出信息的到达间隔时间的均值、方差及处理时间是不同的,与它的终端类型有关。表 8.5 中给出了各个终端的信息到达间隔时间的均值、方差和固定处理时间与终端的关系。各个终端发出的信息除了需要一个固定的 CPU 处理时间外,又按不同的信息类型产生不同的附加处理时间,每类信息产生的频率及附加处理时间见表 8.6。分时处理计算机系统的模拟分析示意图如图 8.3 所示。

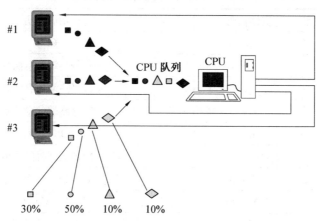

图 8.3 分时处理计算机系统的模拟分析示意图

为了更明确地搞清楚各类信息所需要的处理时间,我们举一个例子来说明。例如,一号终端发来的三类信息的处理时间应包括一号终端信息的固定处理时间 350,以及三类信息的附加处理时间 250±50,计算如下:

$$350+(250\pm50)=600\pm50$$

表 8.5 到达间隔时间和固定处理时间与终端的关系

终端号	到达间隔时间的均值	到达间隔时间的方差	信息的固定处理时间
1	4 500	2 000	350
2	3 000	800	320
3	2 000	700	240

表8.6　每类信息产生的频率及附加处理时间

信息类型	产生频率	附加处理时间均值	附加处理时间方差
1	30	500	100
2	50	400	100
3	10	250	50
4	10	900	200

请通过模拟分析中央处理器 CPU 的工作状态、CPU 的利用率、平均等待时间、队列的平均长度以及每个终端的响应时间。

模型设计:由三个终端产生的信息可作为 3 种活动实体,三种信息分别由三个终端产生,CPU 作为设施。此系统应有 4 个队列,即每个终端发出的信息排一个队,以便对每个终端的响应时间进行分析;CPU 应有一个总的队列,用来分析 CPU 的工作状态,同时定义 4 个函数,分别用来确定信息的类型及计算各类信息的处理时间。表 8.7 给出了上述模型基本组成元素的功能和程序中使用的代码。

表8.7　分时处理计算机模型基本组成元素的功能和代码

实体分类	实体代码	功能说明
设施	cpu	CPU
队列	q1	一号终端信息队列
	q2	二号终端信息队列
	q3	三号终端信息队列
	q4	CPU 队列
函数	FN $ VALUE	附加处理时间均值
	FN $ VAR	附加处理时间方差
	FN $ TYPE	信息类型及概率
	FN $ FT	固定处理时间
模拟时间	—	90 000

下面是进行 90 000 个时间单位模拟的 GPSS/Java 程序及其输出结果。在这个程序中我们全面使用标准数字属性码,且与之前的例题不同:没有先给出一般的完整程序,再利用标准数字属性码替换。因此读者在阅读时可能会有些困难。但是读懂这样的程序是提高自己编程能力最好的办法之一,建议读者耐心地克服困难,把它读懂。有条件的读者若能自己上机调试、模拟并进行进一步分析则更好。分时处理计算机系统是一个比较复杂的系统,在这里我们仅举出其信息处理部分进行分析,作为本节的结束,希望能给读者带来兴趣。

```
import gpssjv.*;
public class Demo8_13 extends BlockOp{
public void run(){
        setModel(this);
        start(1);
        }
```

```java
Queue q1 = new Queue("1 号终端队列");
Queue q2 = new Queue("1 号终端队列");
Queue q3 = new Queue("1 号终端队列");
Queue q4 = new Queue("1 号终端队列");
Facility cpu = new Facility("CPU");
double x1[ ] = {1,2,3,4};
double y1[ ] = {500,400,250,900};
Function value = new Function(D,4,x1,y1);          //附加处理时间均值
double x2[ ] = {1,2,3,4};
double y2[ ] = {300,100,50,200};
Function var = new Function(D,4,x2,y2);            //附加处理时间方差
double x3[ ] = {0.3,0.8,0.9,1.0};
double y3[ ] = {1,2,3,4};
Function type = new Function(D,4,x3,y3);           //信息类型及概率
double x4[ ] = {1,2,3};
double y4[ ] = {350,320,240};
Function ft = new Function(D,3,x4,y4);             //固定处理时间
Addr cont = new Addr();
    public void simulate(){
        switch(nextBlock){
case  10:           generate(90000);
case  20:           terminate(1);
case  30:           generate(4500,2000);           //1 号终端
case  40:           assign(1,1);
case  50:           transfer(cont);
case  60:           generate(3000,800);            //2 号终端
case  70:           assign(1,2);
case  80:           transfer(cont);
case  90:           generate(2000,700);            //3 号终端
case 100:           assign(1,3);
case 110:           transfer(cont);
case 120:A(cont);   queue(Q(P$(1)));               //各自队列
case 130:           queue(q4);                     // CPU 队列
case 140:           seize(cpu);
case 150:           depart(q4);
case 160:           assign(2,FN$(type,RN$(1)));    //确定信息类型
case 170:           assign(3,FN$(var,P$(2)));      //将方差存入 3 号参数
case 180:           advance(FN$(value,P$(2)),P$(3)); //附加处理时间
case 190:           advance(FN$(ft,P$(1)));
case 200:           release(cpu);
```

```
case 210:          depart(Q(P$(1)));
case 220:          terminate();
case 230:          end();
}}}
```

从如下程序的标准输出结果中可以看到,在目前的状态下,CPU 的利用率为 81%,而三个终端的响应时间分别是 1 227、1 158 和 1 003。由于我们并不了解用户对系统的要求,因此我们还不能对这个系统做出判断。但是我们可以在已知用户的要求后(比如已知用户要求的响应时间),利用这个程序进行分析,求出合适的 CPU 速度或者系统所能服务的终端数目,从而对系统的设计进行辅助支持,这就是模拟技术的真正应用。

模型 Demo8_13.java 部分运行结束
绝对时钟:90 000.0   相对时钟:90 000.0
模块统计

模块	当前数	总数	模块	当前数	总数	模块	当前数	总数
1	1	11		44	21			92
2	1	12		92	22			92
3		19	13		92			
4		19	14		92			
5		19	15		92			
6		29	16		92			
7		29	17		92			
8		29	18		92			
9		44	19		92			
10		44	20		92			

设备统计

名称	总进入数	当前状态	平均服务时间	忙闲率	当前占用实体	当前抢占实体
CPU	92	0	787.935	0.805		0

队列统计

名称	总进入数	平均队长	最大队长	平均等待时间	非零平均等待时间
1 号终端队列	19	0.2591	1	1227.1983	1227.1983
2 号终端队列	29	0.3731	1	1157.9450	1157.9450
3 号终端队列	44	0.4903	1	1002.8440	1002.8440
4 号终端队列	92	0.3170	2	310.1338	538.3455

8.6.4 火车站售票窗口问题分析

1. 系统描述

某城市火车站售票大厅有 4 个售票窗口,出售一张车票需要 3~6 min,均匀分布,节前 10 天每天只有 320 张车票可卖,顾客到达间隔时间为 0~3 min,均匀分布。顾客到达后,在每个窗口排成一队,一个顾客到达时,首先选择无人在买票的窗口,其次选择队列最短的窗口排队。假设顾客加入某队列后,不再改变,售票从早 9 时到晚 6 时,中间不休息,每人限购 1 张车票,准时下班(但正在买票的人要服务完)。模拟 10 天售票情况,分析售出总票数以及排队状况,确定同时售票的合理窗口数。

2. 实体定义

时间单位:1min		
模型	输出名	实际系统
动态实体		
子模型 1		顾客
1 号整型参数 P＄(1)		记录售票窗口编号
子模型 2		时间控制员
设备实体		
open1	open1	1 号窗口
open2	open2	2 号窗口
open3	open3	3 号窗口
open4	open4	4 号窗口
排队实体		
openQ1	openQ1	1 号窗口排队统计信息
openQ2	openQ2	2 号窗口排队统计信息
openQ3	openQ3	3 号窗口排队统计信息
openQ4	openQ4	4 号窗口排队统计信息
标准随机数函数		
uniform(1,3,6)		返回售一张车票所需时间
保存值实体		
total	totalSaled	售出车票总数,初值为 0
nots	notSaled	未售出车票总数,初值为 0
lost	queuingNoTicket	排了队又未买上票的人数,初值为 0
lost2	noTicket	到达后,已经无票的人数
count	count	售出票数计数器,初值为 0
地址实体		
next		不用排队,直接买票
away		下班了,白排了队
done		买到票了
out		无票离开
逻辑开关		
lock	Lock	关门,初始状态为 RESET
变量实体		

boolean closeV(int m)		判断是否结束本日工作
		for(int i=1;i<=m;i++)
		if(FNU(F(i))==false) return false;return true;

boolean goinV( )		到点前只有所排队窗口闲为真,到点后总为真 return FNU(FP(1)) || LS(lock);
成员变量		
n		售票窗口数

3. 模块图

模型 Demo8_14 模块图如图 8.4 所示。

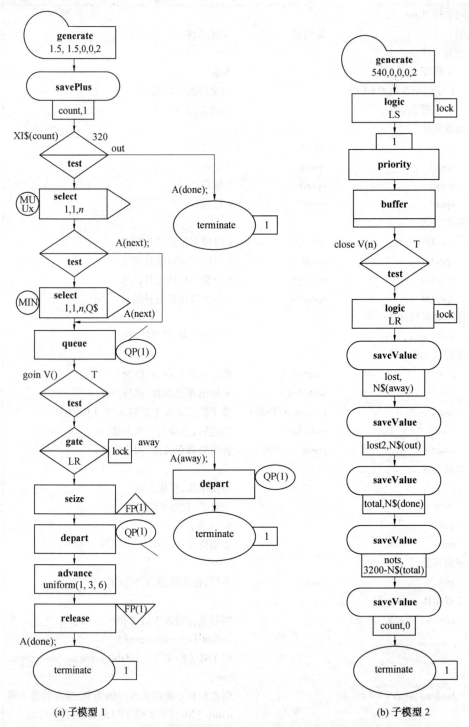

图 8.4　模型 Demo8_14 模块图

4. 建模提示

先模拟一天的工作情况,关键是解决到点时(9 h)模型的逻辑问题,即到点时要服务完已经开始买票的那些顾客,同时要让已经排入队列的顾客离开。实现后者有两个目的,一是获得排了队却未买到票的顾客的数量,二是为第二天的模拟创建一个与头一天相同的模型初始状态的条件。子模 1 设置的 test-gate 模块,在未到点前 gate 总是打开,而 test 设置的条件是当某窗口闲时,该队列排在最前的顾客可以通过 test-gate 而获得服务,否则只能在 test 前等待。而到点时,子模 2 的时间控制员到达,关闭了 test-gate 的 gate 门,同时又打开了 test,继续前进经过 priority 降低了优先权,进入 buffer,停止移动被放至当前事件链最尾部,从当前事件头重新开始扫描,于是在 test-gate 前受阻排队的动态实体被依次处理,它们现在可以无条件流入 test 但无法流入 gate,于是转入标号对象为 away 的模块,即离开队列离开了售票处,直到各队列为空。于是在当前事件链尾捡起代表时间控制员的动态实体,继续前进试图移入子模 2 的 test 模块,能否通过取决于该模块设定的通过条件:当前所有售票窗口都无人正在买票中。若是,则通过此 test,进入 terminate 使模拟终止计数器减 1,代表本日真正下班了,开始下一个工作日的模拟。若不是,则在此 test 前等待直到正在被服务的人都被服务完了,再下班。因此到点不一定下班,每日下班推迟时间最多不会超过 6 min,若超过可以肯定模型有逻辑错误。这个模型不能忽略以上的处理,因为对于设置较少窗口的方案,到点时很可能有很多人还在排队。不做处理必然会对输出结果的准确性产生较大影响。

5. 模型程序

```java
import gpssjv.*;
public class Demo8_14 extends BlockOp{
    public void run(){                    //以下写系统控制语句
        blockMax(200);
        setModel(this);                   //以下写模型控制语句
        for(n=1;n<=4;n++){
            fprint(""+n+" 个窗口");
            rmultSet(1,200,2,300);
            start(10);
            clear();
        }
    }
    int n=1;
    Queue openQ1 = new Queue("openQ1");
    Queue openQ2 = new Queue("openQ2");
    Queue openQ3 = new Queue("openQ3");
    Queue openQ4 = new Queue("openQ4");
    Facility open1 = new Facility("open1");
```

```
Facility open2 = new Facility("open2");
Facility open3 = new Facility("open3");
Facility open4 = new Facility("open4");
Savevalue total = new Savevalue("totalSaled");
Savevalue nots = new Savevalue("notSaled");
Savevalue lost = new Savevalue("queuingNoTicket");
Savevalue lost2 = new Savevalue("noTicket");
Savevalue count = new Savevalue("count");
Addr next = new Addr();
Addr away = new Addr();
Addr done = new Addr();
Addr out = new Addr();
Switch lock = new Switch("Lock");
boolean closeV(int m){
    for(int i=1;i<=m;i++)
        if(FNU(F(i))==false) return false;
    return true;
}
boolean goinV(){
    return FNU(FP(1))||LS(lock);
}
    public void simulate(){
        switch(nextBlock){              //以下写模型模块语句
case  10:            generate(1.5,1.5,0,0,2);
case  20:            savePlus(count,1);
case  30:            test(LE,XI$(count),320,out);
case  40:            select(NU,1,1,n);
case  50:            test(E,P$(1),0,next);
case  60:            select(MIN,1,1,n,Q$);
case  70:A(next);    queue(QP(1));
case  80:            test(T,goinV());
case  90:            gate(LR,lock,away);
case 100:            seize(FP(1));
case 110:            depart(QP(1));
case 120:            advance(uniform(2,3,6));
```

```
case 130:            release(FP(1));
case 140:A(done);    terminate();
case 150:A(away);    depart(QP(1));
case 160:            terminate();
case 170:A(out);     terminate();
case 180:            generate(540,0,0,0,2);
case 190:            logic(lock,SET);
case 200:            priority(1);
case 210:            buffer();
case 220:            test(T,closeV(n));
case 230:            logic(lock,RESET);
case 240:            saveValue(lost,N$(away));
case 250:            saveValue(total,N$(done));
case 255:            saveValue(nots,320*10-X$(total));
case 260:            saveValue(lost2,N$(out));
case 270:            saveValue(count,0);
case 280:            terminate(1);
case 990:            end();         //须以 end 为结束语句
    }}}
```

模型做 4 轮实验，分别对应售票窗口为 1、2、3 和 4 个，每轮模拟 10 天。

6. 输出结果

1 个窗口

设备统计

名称	总进入数	当前状态	平均服务时间	忙闲率	当前占用实体	当前抢占实体
open1	1196	0	4.507	0.998	0	0

队列统计

名称	总进入数	零等待进入数	当前队长	平均队长	平均等待时间	非零平均等待时间
openQ1	3200	10	0	115.539	194.9963	195.6076

保留值统计：

totalSaled=1196.00   notSaled=2004.00   queuingNoTicket=2004.00   noTicket=385.00

count=0.00

2 个窗口

设备统计

名称	总进入数	当前状态	平均服务时间	忙闲率	当前占用实体	当前抢占实体
open1	1187	0	4.532	0.996	0	0

名称	总进入数		平均服务时间	忙闲率		
open2	1185	0	4.528	0.994	0	0

队列统计

名称	总进入数	零等待进入数	当前队长	平均队长	平均等待时间	非零平均等待时间
openQ1	1606	11	0	28.604	96.1954	96.8588
openQ2	1594	15	0	28.108	95.2384	96.1432

保留值统计：

totalSaled = 2372.00   notSaled = 828.00   queuingNoTicket = 828.00

noTicket = 385.00   count = 0.00

3 个窗口

设备统计

名称	总进入数	当前状态	平均服务时间	忙闲率	当前占用实体	当前抢占实体
open1	1084	0	4.568	0.917	0	0
open2	1083	0	4.474	0.897	0	0
open3	1033	0	4.533	0.867	0	0

队列统计

名称	总进入数	零等待进入数	当前队长	平均队长	平均等待时间	非零平均等待时间
openQ1	1084	45	0	2.006	9.9932	10.4261
openQ2	1083	112	0	1.711	8.5335	9.5178
openQ3	1033	196	0	1.435	7.5034	9.2605

保留值统计：

totalSaled = 3200.00   notSaled = 0.00   queuingNoTicket = 0.00

noTicket = 384.00   count = 0.00

4 个窗口

设备统计

名称	总进入数	当前状态	平均服务时间	忙闲率	当前占用实体	当前抢占实体
open1	962	0	4.529	0.807	0	0
open2	877	0	4.513	0.733	0	0
open3	765	0	4.540	0.643	0	0
open4	596	0	4.517	0.499	0	0

队列统计

名称	总进入数	零等待进入数	当前队长	平均队长	平均等待时间	非零平均等待时间
openQ1	962	506	0	0.232	1.2996	2.7417
openQ2	877	651	0	0.116	0.7132	2.7676
openQ3	765	668	0	0.046	0.3259	2.5705
openQ4	596	551	0	0.016	0.1454	1.9259

保留值统计:
totalSaled = 3200.00　　notSaled = 0.00　　queuingNoTicket = 0.00
noTicket = 384.00　　count = 0.00

分析以上输出数据,可见同时设置三个售票窗口较为合理,这样 3 200 张车票可全部售出,顾客平均等待时间约为 8 min,平均队长不到 2 人,最大队长为 7 人,售票窗口利用率平均为 90%,各项指标都比较适中。

7. 实验存在的问题

模型程序控制部分的代码体现了实验的组织结构。但是应该指出,设置这个实验主要为了学习建模,它的主要问题是:用一轮实验(10 天)来获得的某一方案的数据是缺乏代表性的。因此应该使用不同的随机数流,增加该方案的实验次数至一个合理的值,然后计算各项重要输出数据的平均值和标准差,分析它们的数值分布情况,采取更为符合统计科学的方法作出比较和评价。

8.6.5　零件加工系统仿真模型

1. 问题描述

有一种零件需要在一台机床上加工两次,零件传输的到达间隔时间为均匀分布,偏差为 0.5 min,第一次加工需要 3~5 min,第二次加工需要 2~3 min,皆为均匀分布。一个零件在第一次加工完成后,要总排在其他等待加工的零件之后,等待第二次使用该机床加工。在完成第二次加工后,零件被送往其他车间。建立模型,模拟 2 000 个零件完成加工的情况,确定合理的零件传输的到达平均间隔时间,平均到达间隔时间取 6~10 min,每间隔 0.5 min 进行一轮实验。

2. 实体定义

时间单位:1 min

模型	输出名	实际系统
动态实体		零件
1 号实型参数 PD $ (1)		加工所需时间
1 号整型参数 P $ (1)		加工次数计数器,2 表示第一次加工,1 表示第二次加工
标准随机函数		
uniformInt(2,3,5)		返回第一次加工所需时间
uniformInt(3,2,3)		返回第二次加工所需时间
设备实体		
mac	Machine	一台机床
排队实体		
waitQ	Qline	排队统计信息

地址实体
　　back　　　　　　　　　　　　　　返回准备第二次加工
　　next　　　　　　　　　　　　　　第二次加工完成离开
成员变量
　　double num　　　　　　　　　　初始值为6.0

3. 模块图

模型 Demo8_15 模块图如图 8.5 所示。

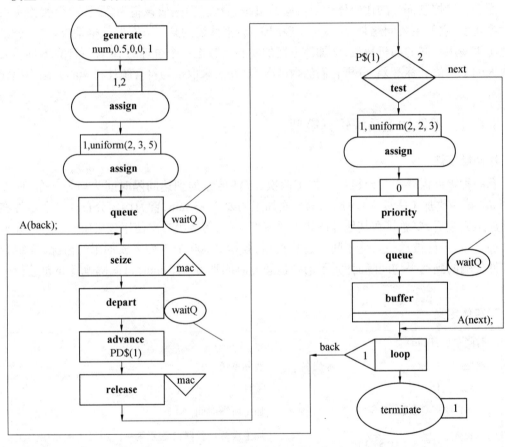

图 8.5　模型 Demo8_15 模块图

4. 建模提示

模拟零件的动态实体 1 号整型参数 P＄(1)中存放加工次数,1 号实型参数 PD＄(1)存放加工所需时间。一个零件到达后,其优先权为 1,流经两个 assign 模块后,P＄(1)为 2,PD＄(1)存放该零件第一次加工所需时间,排入队列,若机床闲,开始加工,加工持续时间为 PD＄(1)。该动态实体第一次加工后流入 assign 模块,其 2 号实型参数 PD＄(1)记录了其未来第二次加工时所需时间,然后流经 priority 模块时,其优先权降低为 0,进入 buffer 模块后,立即被放至当前事件链,作为优先权组为 0 的最后一员;此时当前事件链可能有两组动态实体,一组优先权为 1,代表从未加工的零件,另一组优先权为 0,代表已完成第一次加工等待第二次加工的零件。显然第 1 组排在前,重新扫描当前事件链的结果是从未加工的零件开始其第一次加工,而要进行第二次加工的零件总是排在后面。若轮到刚才放回当前事件链准备进行第二次加工的动态实体,则其按顺序流入 loop 模块,其 1 号整型参数的值被减 1,P$(1)为 1,不等于 0,所以循环转入标号为 A(back);的 seize 模块准备进行第二次加工。若机床闲,开始加工,完成后进入 test 模块,因为此时 P$(1)为 1,不等于 2,转入标号为 A(next);的 loop 模块,其 1 号整型参数值减 1 为 0,不再循环,顺序流入其后的 terminate 模块而被排出模型。

5. 模型程序

```java
import gpssjv.*;
public class Demo8_15 extends BlockOp{
    public void run(){            //以下写系统控制语句
        blockMax(200);
        setModel(this);           //以下写模型控制语句
        for(int i=1;i<=9;i++){
            fprint("平均到达间隔时间="+ave);
            rmultSet(1,1000);
            rmultSet(2,2000);
            start(2000);
            clear();
            ave+=0.5;
        }
    }                             //以下写资源定义语句
    Facility mac = new Facility("Machine");
    Queue waitQ = new Queue("Qline");
    Addr back = new Addr();
    Addr next = new Addr();
    double ave=6;

    public void simulate(){
        switch(nextBlock){        //以下写模型模块语句
        case 10:         generate(ave,0.5,0,0,1);
        case 20:         assign(1,2);
        case 30:         assign(1,uniform(2,3,5));
        case 40:A(back); queue(waitQ);
        case 50:         seize(mac);
        case 60:         depart(waitQ);
```

```
        case  70 :            advance(PD$(1));
        case  80 :            release(mac);
        case  90 :            test(E,P$(1),2,next);
        case 100 :            assign(2,uniform(3,2,3));
        case 110 :            priority(0);
        case 120 :            buffer();
        case 130:A(next);     advance();
        case 140 :            loop(1,back);
        case 150 :            terminate(1);
        case 990 :            end();           //须以 end 为结束语句
            }}}
```

6. 输出结果

设备统计 Machine

平均到达间隔时间	总进入数	当前状态	平均服务时间	忙闲率	当前占用实体	当前抢占实体
6.0	5953	0	3.987	1.000	0	0
6.5	5157	0	3.982	1.000	0	0
7.0	4640	0	3.986	1.000	0	0
7.5	4271	0	3.988	1.000	0	0
8.0	4001	0	3.989	0.996	0	0
8.5	4000	0	3.990	0.938	0	0
9.0	4000	0	3.990	0.886	0	0
9.5	4000	0	3.990	0.839	0	0
10.0	4000	0	3.990	0.797	0	0

队列统计 Qline

到达间隔	总进入数	零等待进入数	当前队长	平均队长	最大队长	平均等待时间	非零平均等待时间
6.0	7907	2	1954	977.440	1954	2934.7856	2935.5281
6.5	6315	3	1158	583.879	1158	1899.2666	1900.1693
7.0	5281	3	641	323.960	641	1134.8884	1135.5334
7.5	4543	4	272	136.975	272	513.8168	514.2696
8.0	4003	285	2	3.299	9	13.2080	14.2204
8.5	4000	2812	0	0.113	2	0.4813	1.6206
9.0	4000	3408	0	0.025	1	0.1118	0.7551
9.5	4000	3729	0	0.006	1	0.0284	0.4189

10.0	4000	3926	0	0.001	1	0.0033	0.1795

分析以上输出统计数据,合理的零件传输平均到达间隔时间为 8.5~9.5 min,此时平均队长约为 0.025,平均等待时间为 0.111 8 min,最大队长为 1,有 85% 的零件无须等待,机床利用率接近 90%。

本 章 习 题

1. 在一家有两位理发师的理发店里,两位理发师的工作效率相同。顾客到达时间间隔(单位:min)在整数 20±5 之间均匀分布,有 50% 的顾客只需理发,25% 顾客除理发外还要烫发,其余 25% 的顾客除理发、烫发外还要染发。假设理发服务时间为(20±7) min 的均匀分布,烫发需要(20±5) min 的均匀分布,染发需要(15±10) min 的均匀分布。为这家理发店编写一个 9 h 工作日的模拟程序。并分析在这样的情况下这家理发店安排几位理发师比较合适。

2. 车间有 8 名技工加工零件,零件到达间隔时间服从均值 10 min,方差为 5 min 的均匀分布,零件加工时间服从均值 40 min,方差为 10 min 的均匀分布,工人每天工作 8 h,但是下班前必须完成手头的工作,模拟工人 10 天的工作。

3. 在一家有两位理发师的理发店里,两位理发师的工作效率相同。顾客到达时间间隔(单位:min)在整数 20±5 之间均匀分布,有 85% 的顾客只理发,其余 15% 的顾客除理发外还要烫发。假设理发服务时间在(20±7) min 的均匀分布,烫发需要(20±5) min 的均匀分布。理发店一天工作 9 h,但要求下班前完成手头的工作。模拟该理发店 10 天的工作情况。

4. 有如下模型程序片段,请问输出结果是什么?

```
……
start(2);
……
generate(0,0,0,5)
assign(2,15);
print(SAME,"P2=",P$(2));
assignPlus(2,5);
print(NEW,"P2=",P$(2));
assignMinus(2,10);
print(NEW,"P2=",P$(2));
terminate(1);
……
```

5. 有如下模型程序片段,请问输出结果是什么?

```
……
start(1);
```

……
generate(0,0,0,5);
assign(2,15.0);
print(SAME,"P2=",P$(2));
assignPlus(2,5);
print(NEW,"P2=",P$(2));
print(NEW,"PD2=",PD$(2));
terminate(1);
……

6. 有两台车床,加工能力不同,1 号车床加工一个零件需要 4~7 min,2 号需要 7~11 min,皆为均匀分布;零件到达间隔时间为指数分布,平均到达间隔时间为 4.5 min;零件到达后,首先被处于空闲的车床加工,如两台都忙,则被放在一个队列中等待,一天加工 6.5 h,到点时,必须将正在加工的零件加工完,才能下班。一轮模拟 5 天,共模拟 60 轮,每轮使用不同的随机数序列,获得队列长度的各轮平均值,均方差和频率分布表。

7. 有如下模型程序:

```
import gpssjv.*;
class Demo7_16 extends BlockOp{
public void run(){
blockMax(200);
setModel(this);
start(1);
}
Savevalue profit1 = new Savevalue();
Savevalue profit2 = new Savevalue();
Savevalue profit3 = new Savevalue();
Addr done1 = new Addr();
Addr done2 = new Addr();
Addr done3 = new Addr();
Variable profitv1 = new Variable();
Variable profitv2 = new Variable();
Variable profitv3 = new Variable();
Facility mac = new Facility();
double V$(Variable v){
if(IN()) return 1;
if(v==profitv1)
```

```
        return    V $ ( profitv1 , N $ ( AP(1) ) ) ;
    if( v = = profitv2 )
        return    V $ ( profitv2 , N $ ( AP(1) ) ) ;
    if( v = = profitv3 )
        return    V $ ( profitv3 , N $ ( AP(1) ) ) ;
       errorFound("Not this Variable object:"+NA(v));
           return 1;
    }
    public void simulate( ) {
           switch( nextBlock ) {
    case   10:              generate(10,2);           //零件 1 到达
    case   20:              assign(1,1);
    case   30:              seize(mac);
    case   40:              advance(4,1);
    case   50:A(done1);     release(mac);
    case   55:              saveValue(XP(1),V $ (VP(1)));
    case   70:              terminate( );
    case   80:              generate(12,4);           //零件 2 到达
    case   100:             assign(1,2);
    case   130:             seize(mac);
    case   140:             advance(4,1);
    case   150:A(done2);    release(mac);
    case   155:             saveValue(XP(1),V $ (VP(1)));
    case   170:             terminate( );
    case   210:             generate(10,2);           //零件 3 到达
    case   220:             assign(1,3);
    case   230:             seize(mac);
    case   240:             advance(4,1);
    case   250:A(done3);    release(mac);
    case   255:             saveValue(XP(1),V $ (VP(1)));
    case   270:             terminate( );
    case   970:             generate(4800);
    case   980:             terminate(1);
    case   990:             end( );
    } } }
```

请分析此模型表达中存在的问题,为每一语句加上注解,并回答模型运行结束时标准输出中保存值 profit1、profit2 和 profit3 的数值代表什么?

8. 有一个三轮车维修部,有三个维修工人。待修理的三轮车到达的间隔时间服从均匀分布(均值为 10 min,偏差为 2 min),维修一辆三轮车的时间也服从均匀分布(均值为 20 min,偏差为 4 min),维修一辆三轮车的收入是一个连续型的随机变量,其概率分布见表 8.7。维修部规定,每天工作 8 h,但是下班前 10 min 不再接活,而且将之前收到的活干完后再下班。编写和运行这个系统的 GPSS 模型程序,求该维修部工作一周(5 天)的收入。

表 8.7 维修三轮车的收入分布表

概率	收入/元
0.1	20
0.3	30
0.6	50

9. 有一小图书馆,借书人平均每隔 5 min 到达借书服务台,每人只能借一本书,假设所借的书籍馆内都有。服务台只有一个馆员,借书人将借书条交给馆员,馆员去书架查找然后返回办理借书手续。若服务台前有多人等待借书,则馆员将所有借书条一起收起,查找出所有图书后返回。据统计,馆员为一个借书人查找书籍和办理借书手续平均需要 6 min。构造模型,模拟 8 h,确定馆员的忙闲状况。

第 9 章

GPSS/Java 高级建模技术

9.1 表实体与队列表实体

表实体属于辅助实体,用于获得一组随机样本值的频率和频数的分布表,并计算出这组样本分布的特征值。

9.1.1 表实体的定义

表实体必须先定义后使用。定义一个表实体,就是使用类库 gpssjv 的 Table 类创建一个表对象。Table 类提供了如下重载的构造方法,用于对表对象进行初始化操作。

```
public Table(double a,double b,int c)
```

其中,a 为表下界值;b 为表间隔值;c 为表间隔数;表的输出名自动命名为 TABLE1。

```
public Table(String name,double a,double b,int c)
```

其中,name 为表输出名;其他同上。

例如:

```
Table resi = new Table("Resident time",20,2,8);
```

定义了表实体 resi,输出名为 Resident time,所输出的样本值-频率和频数分布表有 8 行间隔,第 1 行为小于等于 20 的样本值的频率和频数,第 2 行为大于 20 且小于等于 22 的样本值的频率和频数,其他行以此类推,第 8 行为大于 32 的样本值的频率和频数。如图 9.1 表示了表实体 resi 的下界值、间隔值和间隔数的关系。

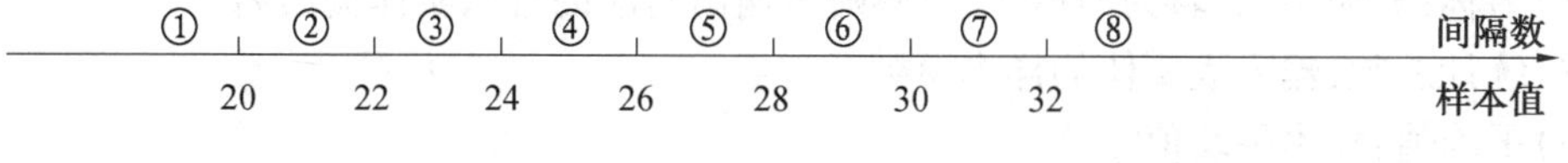

图 9.1 表实体 resi 的下界值、间隔值和间隔数的关系图

队列表实体是一种特殊的表实体。它是使用类库 gpssjv 的类 QTable 创建的一个队列表对象。QTable 类提供了如下重载的构造方法,用于对队列表对象进行初始化操作。

```
public QTable(Queue q,double a,double b,int c)
```

其中,q 为队列对象,表示该表统计的对象是动态实体在队列 q 的等待时间,表的输出名自动命名为 QTABLE1,其他同上。

> public QTable(String name, Queue q, double a, double b, int c)

其中, name 为表输出名;其他同上。

例如:

> QTable waitq = new QTable("Wait time", line, 20, 2, 8);

定义了队列表实体 waitq,输出名为 Wait time,该表统计的对象是动态实体在队列 line 的等待时间。

9.1.2 tabulate 模块

tabulate 模块是资源模块,是在 Table 类中定义的方法。

1. 作用

当一动态实体进入该模块,便调用指定的表实体一次,向此表实体输入一个样本值,确定落入的间隔,修改该间隔的计数器以及该表实体的其他属性。

2. 操作符、操作数与模块图

tabulate(Table a, double b)

tabulate 模块有 2 个操作数,其含义如下:

a:表对象;表示所要操作的表;不能缺省。

b:实型;数值表达式或 SNA;代表要向操作数 a 代表的表实体输入的样本值;不能缺省。

3. 注意事项

使用 QTable 类创建的队列表实体在 GPSS 中称为 QTABLE,它自动输出动态实体在指定的排队实体的等待时间的分布。因此不需要也不能通过这种表实体调用 tabulate 模块。

9.1.3 表实体统计数据

模拟结束后,产生的标准数据文件中,含有模型定义的每个表实体在此模拟时间内的相关统计信息,例如:

(1)名称:表输出名,若为 QTable 类型则另输出对应的排队实体输出名。

(2)统计总数:输入表实体的样本总数。

(3)平均值:样本平均值。

(4)标准差:代表样本值的离散性。

(5)样本值总和:所有输入变量值的总和。

(6)表字段:①行间隔值。若某间隔内样本数为 0,则各字段输出为空,行间隔最小值为表定义时指定的下界值,行间隔值为上一行值加上表间隔值。②频数。样本值落入该间隔行的样本数。③频率。样本值落入该间隔行的样本数/统计总数。④累积频率。第一行累积频率等于本行样本频率,其他行累积频率等于前一行累积频率与本行频率之和。⑤1 - 累积频率,1 - 本行累积频率。

9.1.4 应用举例

1. 问题陈述

以 8.1.3 节中的小超市问题为基础,假设其他条件不变,除了要确定该超市最多需要配多少台装货手推车之外,还要求确定顾客在此小超市停留时间的分布,以及顾客在收银台等待时间的分布。

2. 实体定义

其他实体与 8.1.3 节中的小超市问题相同,新模型只增加两个表实体。

```
时间单位:1s
模型                              实际系统
表实体
    rTime                        顾客在超市停留时间的分布    输入变量 M1$( )
队列表实体
    wTime                        顾客在收银台排队等待时间的分布
```

3. 建模提示

表实体 wTime 是 Qtable 类型,只须定义,无须用户安排调用,表实体 rTime 应在顾客付帐后离开系统前调用。

4. 模型程序

```java
//模型程序文件名为 Demo9_1.java 超市购物模型 2
import gpssjv.*;
public class Demo9_1 extends BlockOp{
public void run( ){
        setModel(this);
start(5);
}
Facility girl=new Facility("girl");
Storage carts=new Storage("carts");
Queue girlQ=new Queue("girlQ");
Addr try2=new Addr( );
Addr try3=new Addr( );
Addr pay=new Addr( );
Table rTime=new Table("rTime",0,100,10);        //用于统计顾客在超市停留时间的分布
QTable wTime=new QTable("wTime",girlQ,0,20,10);//用于统计顾客在收银台等待时间的分布
```

```
public void simulate(){
    switch(nextBlock){
        case 100:           generate(expntl(1,75));
        case 200:           enter(carts);
        case 300:           transfer(0.25,try2);
        case 400:           advance(120,60);
        case 500:           assign(1,uniformInt(1,2,4));
        case 600:A(try2);   transfer(0.45,try3);
        case 700:           advance(150,30);
        case 701:           assignPlus(1,uniformInt(1,3,5));
        case 702:A(try3);   transfer(0.18,pay);
        case 703:           advance(120,45);
        case 704:           assignPlus(1,uniformInt(1,4,6));
        case 705:A(pay);    queue(girlQ);
        case 706:           assignPlus(1,uniformInt(1,1,3));
        case 707:           seize(girl);
        case 708:           depart(girlQ);
        case 709:           advance(3*P$(1));
        case 710:           release(girl);
        case 711:           leave(carts);
        case 712:           tabulate(rTime,M1$());    //向统计顾客在超市停留时间的表输入一
                                                      次样本值
        case 713:           terminate();
        case 800:           generate(28800);
        case 900:           terminate(1);
        case 990:           end();
    }
}
```

5. 输出结果(省略模块统计等)

设备统计

名称	总进入数	当前状态	平均服务时间	忙闲率	当前占用实体	当前抢占实体
girl	1850	1	31.747	0.408	1856	0

队列统计

名称	总进入数	零等待进入数	当前队长	平均队长	平均等待时间	非零平均等待时间
girlQ	51	1106	1	0.146	11.3591	28.2225

存储统计

名称	容量	平均容量	剩余服务能力	最大同时服务数	总进入数	平均服务时间
carts	36000	4.0519	35998	14	1851	315.218

表统计

表名:rTime

统计总数	样本平均值	样本标准差	样本数值总和
1849	315.1956	119.1760	582796.6788

间隔列表	频数	频率	累积频率	1-累积频率
100.0000	65	0.0352	0.0352	0.9648
200.0000	283	0.1531	0.1882	0.8118
300.0000	482	0.2607	0.4489	0.5511
400.0000	509	0.2753	0.7242	0.2758
500.0000	417	0.2255	0.9497	0.0503
600.0000	92	0.0498	0.9995	0.0005
700.0000	1	0.0005	1.0000	0.0000

表名:wTime 此表应用于girlQ队列(等待时间)

统计总数	样本平均值	样本标准差	样本数值总和
1850	11.3382	20.2727	20975.7110

间隔列表	频数	频率	累积频率	1-累积频率
0.0000	1106	0.5978	0.5978	0.4022
20.0000	327	0.1768	0.7746	0.2254
40.0000	245	0.1324	0.9070	0.0930
60.0000	104	0.0562	0.9632	0.0368
80.0000	37	0.0200	0.9832	0.0168
100.0000	17	0.0092	0.9924	0.0076
120.0000	9	0.0049	0.9973	0.0027
140.0000	5	0.0027	1.0000	0.0000

以上输出表明,顾客在小超市平均停留时间为315.1956 s,近似正态分布,标准差为119.1760。顾客在收银台平均等待时间为11.3382 s,近似指数分布。比较通过表实体wTime和排队实体girlQ所获得的顾客在收银台处排队的平均等待时间,可以发现两者稍有差异。这是因为两者的计算方法稍有不同:前者未将模拟结束时仍在队列中的顾客记入总数,这些顾客已等待的时间也未记入总等待时间;而后者在计算平均等待时间时对这两项数据都予以了考虑。

9.1.5 表调用模块语句的包装与重载

GPSS/Java表的定义与调用与GPSS有所不同,GPSS/Java在定义表时无须指定表的输入变量,但在调用表时必须指定表的输入变量,而GPSS恰好相反。Java难以直接表达GPSS方式的表,但与函数的处理方法类似,用户(习惯GPSS表达方式的用户)可以通过定义包装或重载方法来使GPSS/Java表调用的表达方式类似于GPSS。

1. 包装表调用模块语句 tabulate

例如：

```
……
Facility barb = new Facility();
Table resi = new Table("Resident time",20,2,8);
void resiTAB(){resi.tabulate(M！$());}        //或者 void resiTAB(){tabulate(resi,M！$());}
……
generate(8,3);
seize(barb)
advance(6,2);
release(barb);
resiTAB();
terminate();
……
```

由以上程序片段可见，用户可以直接定义一个 Java 方法，该方法的执行就是指定的表实体的调用，于是该表的调用转换为对应 Java 方法的调用。

2. 重载表调用模块语句 tabulate

例如：

```
……
Facility barb = new Facility();
Table resi = new Table("Resident time",2,2,10);     //定义表
Table trans = new Table("Transform time",2,2,10);   //重载表调用模块语句 tabulate
void tabulate(Table t){
if(t==resi)    resi.tabulate(M1 $());         //或者 tabulate(resi,M1 $());
if(t==trans)   resi.tabulate(MP $(2));        //或者 tabulate(resi,MP $(2));
}
……
generate(8,3);
mark(2);
seize(barb)
advance(6,2);
release(barb);
tabulate(resi);                               //调用表 resi
tabulate(trans);                              //调用表 trans
terminate();
……
```

由以上程序片段可见，用户定义的方法 tabulate(Table t)重载了实现表调用的模块语句方法 tabulate(Table t,double var)。在重载方法中，根据形参对象的不同而发生不同的表调用。

在表重载方法中要特别注意，必须包括模型中定义的所有表的对象的模块调用语句，无论其是否真的使用(定义而未使用)，否则可能会产生模型初始化操作的隐性错误。

表调用可以采取以上三种形式的任一种。如果模型中使用的表不多，可以直接使用表的标准调用方法或其包装的形式，如果定义的表较多或想要坚持 GPSS 的表达风格，则可采取表的调用模块语句 tabulate 的重载的做法。

3. 应用举例

(1) 问题陈述。

有一书店，某种书籍的日销量为均匀分布，平均日销量为 9～15 本。当该书库存量低于最低库存点时，书店应发出订货单，每批订货量为 150 本。从订货至到货需要一段时间，所需时间为 6～8 天，均匀分布。若某日销量大于库存量时，则产生脱销，书店根据过去经验，该种书籍最低库存点应为 50 本。若每次订货量较少，则会产生脱销，若订货量过大，则积压资金。建立仿真模型，确定每次订货量分别为 110、130、150、170 和 190 本时，库存量的分布和日脱销量的分布，以便对订货批量作进一步决策的参考。每轮模拟 1 000 天，假设书到货当天需要办理各种手续而不上架销售。

(2) 实体定义。

模型	输出名	实际系统
时间单位:1 天		
动态实体		
子模型 1		书店售货员,有较高优先权以保证货到时售书在先
1 号参数 P$(1)		记录可销量/日
2 号参数 P$(2)		记录脱销量/日
子模型 2		书店采购员
标准随机函数		
uniformInt(2,9,15)		返回日可销售本数
uniformInt(3,6,8)		返回订货至到货所需时间
保存值实体		
sTock	库存量	当前库存量,初始值为 70 本
ROP	最低库存	最低库存量为 50 本
oDer	订货量	订货批量,110-190 本
变量实体		
rStockV( )		返回某日销售后库存量
rLostV( )		返回某日脱销量
表实体		
stock	库存量表	库存量分布,输入样本值 X$(sTock)
lost	脱销量表	脱销量分布　输入样本值 P$(2)

(3) 模块图。模型 Demo9_2 模块图如图 9.2 所示。

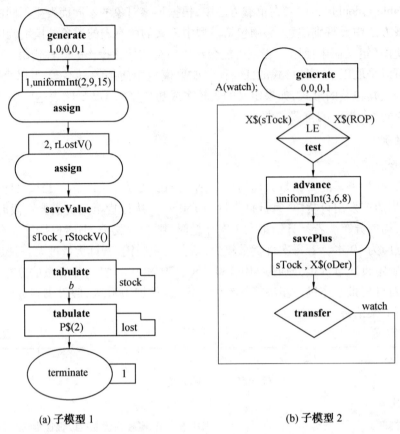

(a) 子模型 1　　　　　　　　(b) 子模型 2

图 9.2　模型 Demo9_2 模块图

(4) 建模提示。

书店售货员比店采购员有更高优先权。某天采购员取货回来时,在当前事件链代表两个"同发事件"的动态实体中,一定是代表售货员的动态实体排在前,而先被处理,即售货在先,入库在后,而取回的货不作为当天库存来销售。

变量实体 rLostV() 为 Java 方法,返回某日脱销量,定义如下:

```
int rLostV(){
   if(P$(1) > X$(sTock))    return P$(1) - (int)X$(sTock);
   else return 0;
} // P$(1)为某日可销量, X$(sTock)为该日售前库存量
```

变量实体 rStockV() 为 Java 方法,返回某日售后库存量,定义如下:

```
int rStockV(){
   if(P$(1) >= X$(sTock))    return 0;
   else return (int)X$(sTock) - P$(1);
}
```

在模型程序中,要特别注意整型和实型数据的如下转换,这种转换必须遵守 Java 的语法

规则。

①Java 规定,实型数据向整型转换必须采取强制转换的方式,否则编译会报错。例如以上两方法,返回值已经定义为 int 类型,若返回表达式值的类型为 double 则会产生编译错误。

②要注意 assign 模块的使用。assign 既可给动态实体的整型参数赋值,也可以给动态实体的实型参数赋值,究竟给哪种参数赋值仅取决于该模块操作数 b 的类型。若操作数 b 为实型数,则一定是给动态实体的某号实型参数赋值。

③如果一个模块语句的操作数在其原型中定义为整型,而调用时传递的实参为实型,则会产生数据类型不匹配的编译错误。此时要么将实参改为整型数据,要么使用强制类型转换符(int)。如果其操作数在原型中定义为实型,那么实参操作数既可以是整型(系统自动转换),也可以是实型。

④GPSS/Java 提供的所有接口语句的参数类型或返回值的类型若为数值型,则只使用Java 的两种基本类型:即 int 类型的整型(4 个字节)和 double 类型的实型(16 个字节)。若接口语句的参数类型或返回值的类型为逻辑值型,则使用的是 Java 的 boolean 类型,其返回值为 true 或 false。double 类型数据精度很高,累加引起的累积误差非常小,将初值为 0.0 的 double 类型变量自加十万次 1.0,然后强制转换为整型仍然为 100 000。将整数 N 赋给 double 类型变量,然后将此变量值强制转换为整型,结果仍是 N,不会是 $N-1$。

(5) 模型程序。

```
import gpssjv.*;
public class Demo9_2 extends BlockOp{
    public void run(){                   //以下写系统控制语句
        blockMax(200);
        setModel(this);                  //以下写模型控制语句
        rmult14(0,500,0,600);
        start(1000);
        for(int i=130;i<=190; i=i+20){
            rmult14(0,500,0,600);
            clear();
            redefine(ROP,50);
            redefine(sTock,70);
            redefine(oDer,i);
            start(1000);
        }
    }                                    //以下写资源定义语句

    Savevalue sTock= new Savevalue("库存量",70);
    Savevalue ROP= new Savevalue("最低库存",50);
    Savevalue oDer= new Savevalue("订货量",110);
```

```
        Table stock = new Table("库存量表",0,20,10);
        Table lost = new Table("脱销量表",0,2,10);
        int rLostV( ){
            if(P$(1) > X$(sTock))   return P$(1) - (int)X$(sTock);
            else return 0;
        }
        int rStockV( ){
            if(P$(1) >= X$(sTock))   return 0;
            else return (int)X$(sTock) - P$(1);
        }
        Addr watch = new Addr( );
        public void simulate( ){
            switch(nextBlock){              //以下写模型模块语句
case 10:            generate(1,0,0,0,1);
case 20:            assign(1,uniformInt(2,9,15));
case 30:            assign(2,rLostV( ));
case 40:            saveValue(sTock,rStockV( ));
case 50:            tabulate(stock,X$(sTock));
case 60:            tabulate(lost,P$(2));
case 70:            terminate(1);
case 80:            generate(0,0,0,1);
case 90:A(watch);   test(LE,X$(sTock),X$(ROP));
case 100:           advance(uniformInt(3,6,8));
case 110:           savePlus(sTock,X$(oDer));
case 120:           transfer(watch);
case 990:           end( );              //须以 end 为结束语句
}}}
```

(6) 输出结果。

输出结果内容较多,不再一一罗列。主要结果如下:

订货批量(本)	平均库存量(本)	平均日脱销量(本)	订货次数
110	36.5970	3.0720	80
130	45.4890	2.7970	70
150	55.0370	2.4670	63
170	64.1030	2.2910	57
190	74.0830	2.0100	52

9.2 动态实体的分裂、装配、匹配与聚集

9.2.1 动态实体的分裂 split 模块

1. 作用

动态实体进入 split 模块后产生用户指定数量的子辈动态实体。这些子辈动态实体与母体具有以下相同之处：

(1) 优先权水平相同。

(2) 与母体同属一个装配集。

(3) 具有与母体数量相同、数值相同的参数（缺省）。

母体随后流入后一模块，而子动态实体依次转入指定模块。

2. 装配集

每一个动态实体由 generate 模块产生后，都会被分配一个唯一的装配集编号并由动态实体的装配集属性记录下来。由母体分裂产生的子动态实体与其母体同属一个装配集。由 generate 产生的动态实体的编号和其装配集编号相同，但是子动态实体的编号通常与其装配集编号不同。

3. 操作符、操作数与模块图

split 模块有 5 个操作数，其含义如下：

a：整型；整型表达式或 SNA；代表要产生的子动态实体的个数；不能缺省。

b：地址类型；标号对象；代表子辈动态实体转入模块的标号对象；不能缺省。

c：整型；整型表达式或 SNA；代表动态实体整型参数的编号，表示该号参数值要进行系列处理；缺省为 0，表示无参数要进行系列处理。

参数系列处理按以下规则进行：假设母体进入该模块时其 k 号整型参数值为 v，则产生的第 1 个子辈动态实体的 k 号整型参数值为 $v+1$，第 2 个子辈动态实体的 k 号整型参数值为 $v+2$，第 3 个子辈动态实体的 k 号整型参数值为 $v+3$，其他子辈动态实体对应参数的取值以此类推。

d：整型；整型表达式或 SNA；代表子辈动态实体所具整型参数的个数，若子辈动态实体整型参数个数小于等于母体参数个数，则子辈动态实体参数的值与母体对应参数的值相等，若子辈动态实体整型参数个数大于母体参数个数，则多余的子辈参数取值为 0。

e：整型；整型表达式或 SNA；代表子辈动态实体所具有的实型参数的个数，参数取值的原则与整型参数相同。

例如，split(3,next)；表示当动态实体进入此模块时，产生 3 个子辈动态实体，母体流入后

一模块,而 3 个子动态实体依次流向标号对象为 next 的模块。

又如,split(3,next,2);表示当动态实体进入此模块时,产生 3 个子辈动态实体,母体流入后一模块,而 3 个子动态实体依次流向标号对象为 next 的模块。若母体进入时 2 号整型参数值为 10,则产生的第 1 个子动态实体的 2 号整型参数值为 11,第 2 个子动态实体的 2 号整型参数值为 12,第 3 个子动态实体的 2 号整型参数值为 13。

4. 应用举例

(1) 问题陈述。

某小厂对来货进行加工,货品成批到达,平均到达间隔时间为 30 min,均匀分布,偏差为 8 min。该厂可同时加工三件货品,加工一件货品平均需要 10~15 min,均匀分布。每批货品件数不等,经统计具有如下概率分布:

每批件数	概率
2	0.20
3	0.30
4	0.35
5	0.15

每天工作 10 h,模拟 10 天,分析加工能力是否合理。

(2) 实体定义。

```
时间单位:1min
模型                    实际系统
  子模型 1
    动态实体(母体)        货品到达
    子动态实体+母体        货品
  子模型 2
    动态实体              时间控制员
  存储实体
    mac                  加工设备,容量为 3
  排队实体
    waitQ                获得排队统计信息
  函数实体
    numb                 返回每批到达货品件数,函数类型 D,值对数 4,自变量 RN $ (2)
  地址实体
    next                 返回装配区
```

(3) 模型程序。

```java
//模型程序文件名为 Demo9_3.java   成批货品加工模型
import gpssjv.*;
public class Demo9_3 extends BlockOp{
    public void run(){
```

```
        setModel(this);
        start(1);
    }
    Queue waitQ = new Queue();
    Storage mac = new Storage(3);
    double x[] = {0.2,0.5,0.85,1.0};
    double y[] = {1,2,3,4};
    Function numb = new Function(D,4,x,y);
    Addr next = new Addr();
    public void simulate() {
        switch(nextBlock) {
    case 10:        generate(30,8);                    //货品成批到达
    case 20:        split(FNI $ (numb,RN $ (2)),next); 
    case 30:A(next);queue(waitQ);                      //加入队列
    case 50:        enter(mac);                        //开始加工
    case 70:        depart(waitQ);                     //离开队列
    case 90:        advance(uniform(1,10,15));         //加工要持续的时间
    case 110:       leave(mac);                        //完成加工
    case 970:       terminate();                       //离开
    case 980:       generate(6000);
    case 990:       terminate(1);
    case 1000:      end();
        }}}
```

(4)结果与分析。

输出结果中平均队长为 0.303 6,最大队长 3,平均等待时间为 2.499 0 min,加工设备平均利用率约为 50%。说明加工仍有较大富余能力。

9.2.2 动态实体的装配 assemble 模块

1. 作用

动态实体进入 assemble 模块后暂停运动,等待同一装配集的若干动态实体到达后,被装配为一个动态实体,然后流入后一模块。装配后的动态实体的属性与第一个进入的动态实体相同。

2. 操作符、操作数和模块图

assemble(int a)

assemble 模块只有 1 个操作数,其含义如下:

a:整型;整型表达式或 SNA;代表要装配的动态实体的个数,且必须大于或等于 1;不能缺省。

例如,assemble(3);表示当某动态实体进入此模块时,暂停运动直到有另外两个同一装配集的动态实体流入,然后将此三个动态实体装配成一个动态实体,装配后的动态实体流入后一模块,且其属性与第一个进入的动态实体相同。

由同一母体直接或间接分裂生成的子辈或孙辈动态实体都属同一装配集。

3. 装配链

每一个 assemble 模块都对应有一个装配链(GPSS 称为 MATCH 链),所有不同装配集的第一个动态实体进入 assemble 模块后都会被放在在其装配链上。每个这样的动态实体都有记录当前装配数量的计数器,随后进入的动态实体使同一装配集的链上动态实体的该计数器值减一,然后被释放。当此链上某动态实体计数器为 0 时代表装配完毕,该动态实体被取出放至当前事件链,作为同一优先权组最后一员,并且引发当前事件链重新扫描。重新扫描会使该动态实体从当前所在的 assemble 模块流入后一模块。

每一装配链设有一指示器。模型运行时,当一个动态实体进入对应的 assemble 模块时,若装配链上某装配集的动态实体当前处于匹配状态(某装配集装配的动态实体个数达到指定数量),则指示器值被设置为此装配集编号的值;若无装配集的动态实体处于匹配状态,则指示器设置为−1。

4. 应用举例。

(1) 问题陈述。

组装某种设备需要一套 4 个不同种的零配件,每套零件到达间隔时间为 8~11 min,均匀分布。零件到达后需要预处理,每次只能同时预处理 1 个零件,预处理一个零件需要 1~4 min,均匀分布。预处理后开始装配,车间可同时装配两台设备,装配一台设备需要 7~10 min,均匀分布。假设每天工作 10 h,模拟 10 天,确定 10 天大约能装配多少台设备,以及生产的瓶颈环节。

(2) 实体定义。

模型	实际系统
时间单位:1min	
子模型 1	
动态实体(母体)	一套零件
子动态实体+母体	4 种不同的 4 个零件
子模型 2	
动态实体	时间控制员
排队实体	
wait1	获得预处理排队统计信息
wait2	获得等待装配的排队统计信息
存储实体	

	pretr	预处理零件,容量为1
	assem	装配设备,容量为2
标准函数		
	uniform(1,8,11)	返回每套零件到达间隔时间
	uniform(2,1,4)	返回每个零件预处理所需时间
	uniform(3,7,10)	返回每台设备装配所需时间

(3)模型程序。

```
//模型程序文件名为 Demo9_4.java 成批零件装配模型
import gpssjv.*;
public class Demo9_4 extends BlockOp{
    public void run(){
        setModel(this);
        rmultSet(1,100,2,200,3,300);
        start(1);
        clear();
        redefine(pretr,2);
        rmultSet(1,100,2,200,3,300);
        start(1);
    }
    Queue wait1 = new Queue();
    Queue wait2 = new Queue();
    Storage pretr = new Storage(1);
    Storage assem = new Storage(2);
    Addr next = new Addr();
    public void simulate(){
        switch(nextBlock){
        case 10:         generate(uniform(1,8,11));        //1套零件到达
        case 20:         split(3,next);                     //1套分为4个零件
        case 30:A(next); queue(wait1);                      //加入队列
        case 50:         enter(pretr);                      //开始预处理
        case 70:         depart(wait1);                     //离开队列
        case 90:         advance(uniform(1,1,4));          //预处理要持续的时间
        case 110:        leave(pretr);                      //完成预处理
        case 130:        queue(wait2);                      //加入队列
        case 140:        assemble(4);                       //4个1套装配1台
```

```
        case  150:            enter(assem);              //开始装配
        case  170:            depart(wait2,4);           //离开队列
        case  190:            advance(uniform(1,7,10);   //装配要持续的时间
        case  210:            leave(assem);              //完成装配
        case  970:            terminate();               //离开
        case  980:            generate(6000);
        case  990:            terminate(1);
        case  1000:           end();
        }}}
```

(4)结果与分析。

如果预处理能力为1,10天大约能装配591台设备。生产的瓶颈发生在预处理环节,如果增加预处理能力至2,则10天大约能装配630台设备。

9.2.3 动态实体的匹配match模块

1.作用

动态实体进入match模块后暂停运动,等待同一装配集的另一个动态实体到达对偶的匹配模块后,两动态实体同步移动至各自后一模块。

2.对偶匹配模块

例如,以下程序片段:

```
……
A(next2);       match(next1);
……
A(next1);       match(next2);
……
```

其中,match模块match(next1)和另一match(next2)模块互称对偶匹配模块。

3.操作符、操作数与模块图

match模块只有1个操作数,其含义如下:

a:地址类型;标号对象;代表要实现与之同步移动的动态实体要进入的对偶匹配模块的标号对象。

match模块在模型中必须成对出现,即一个match模块的操作数a必须是另一个match模块的标号对象,而另一个match模块的操作数a又必须是该match模块的标号对象。同时只

有同属一个装配集的两个动态实体才可能通过对偶 match 模块的作用发生同步移动。

4. 匹配链

match 模块的匹配链与 GPSS 相同。GPSS/Java 为每对对偶匹配模块设置一个匹配链。当一动态实体进入 match 模块时,在所属的匹配链上查找是否有同时符合以下条件的动态实体:

(1) 同属一个装配集。

(2) 当前所在模块为该模块的对偶匹配模块。

若有符合以上两个条件的动态实体,则将其取出连同本动态实体一起放至当前事件链,按优先权大小排列,并引发当前事件链重新扫描。在此重新扫描过程中这两个动态实体发生同步移动。每一匹配链设有一指示器。模型运行时,当一个动态实体进入对应的 match 模块时,若匹配链的某一装配集的动态实体处于匹配状态,则指示器值被设置为此装配集编号的值,否则指示器设置为−1。

5. 应用举例

(1) 问题陈述。

组装某种设备需要 A 零件 2 个和 B 零件 3 个。A 零件到达间隔时间为 3~6 min,B 零件到达间隔时间为 2~4 min,皆为均匀分布。组装一台设备需要 15~18 min,车间能同时组装 2 台设备。构造模型,模拟 6 000 min,分析模型运行结束时的模块统计图。

(2) 实体定义。

时间单位:1min	
模型	实际系统
子模型 1	
1 个动态实体(母体)	零件源
子动态实体	A 零件
子动态实体	B 零件
子模型 2	
动态实体	时间控制员
存储实体	
assem	装配设备,容量为 2
排队实体	
waitQ	获得等待组装的排队统计信息
地址实体	
wa	匹配 A
wb	匹配 B
childA	A 零件进入通道
childB	B 零件进入通道
motherA	A 零件母体进入通道
motherB	B 零件母体进入通道

formOne	A 零件和 B 零件组合
标准函数	
uniform(1,3,6)	返回 A 零件到达间隔时间
uniform(2,2,4)	返回 B 零件到达间隔时间
uniform(3,15,18)	返回每台设备装配所需时间

(3)建模提示。

由于每个 A 零件到达间隔时间是随机数,所以不能采取前面成批到达的方式来处理 A 零件的到达;但是也不能使用 generate(uniform(1,3,6));来产生 A 零件,因为它们各属不同的装配集合,这样产生的 A 零件无法进行装配。B 零件的情况也是一样。因此只能使所有 A 零件同属一个装配集,例如以下程序片段:

```
                    ……
              generate(0,0,0,1);
A(motherA);   advance(uniform(1,3,6);
              split(1,childA);
              transfer(motherA);
A(childA);    ……
```

这样,母动态实体每在 transfer 和 advance 间循环 1 次,就会产生 1 个子动态实体进入标号对象为 childA 的模块(代表 1 个 A 零件到达),这些子动态实体都属同一装配集。

由于 A 零件还要和 B 零件装配,所以 B 零件不仅要同属一个装配集,还要与 A 零件同属一个装配集。那么 B 零件的母体必须是 A 零件。以下程序结构实现了这种要求:

```
                    ……
              generate(0,0,0,1);
              split(1,motherB);
A(motherA);   advance(uniform(1,3,6));
              split(1,childA);
              transfer(motherA);
A(childA);    ……
                    ……
                    ……
A(motherB);   advance(uniform(2,2,4));
              split(1,childB);
              transfer(motherB);
A(childB);    ……
                    ……
                    ……
```

由程序可见,由 A 零件母体产生的一个子动态实体作为 B 零件的母体,采取与产生 A 零件相同的方式,源源不断地产生 B 零件,并将其由标号对象为 childB 的模块送入模型。

(4) 模块图。

模型 Demo9_5 模块图如图 9.3 所示。

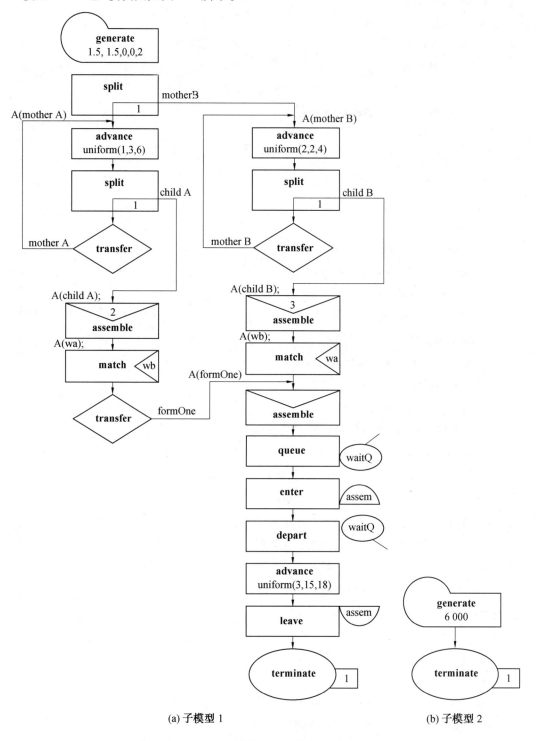

图 9.3 模型 Demo9_5 模块图

(5) 模型程序。

```java
import gpssjv.*;
public class Demo9_5 extends BlockOp{
    public void run(){                    //以下写系统控制语句
        blockMax(200);
        setModel(this);                   //以下写模型控制语句
        rmultSet(1,100,2,200,3,300);
        start(1);
        clear();
        rmultSet(1,100,2,200,3,300);
        start(1);
    }                                     //以下写资源定义语句
    Queue waitQ = new Queue();
    Storage assem = new Storage(2);
    Addr wa = new Addr();
    Addr wb = new Addr();
    Addr motherA = new Addr();
    Addr motherB = new Addr();
    Addr childA = new Addr();
    Addr childB = new Addr();
    Addr formOne = new Addr();
    public void simulate(){
        switch(nextBlock){                //以下写模型模块语句
        case  10:             generate(0,0,0,1);
        case  20:             split(1,motherB);
        case  30:A(motherA);  advance(uniform(1,3,6));
        case  40:             split(1,childA);
        case  50:             transfer(motherA);
        case  60:A(childA);   assemble(2);
        case  70:A(wa);       match(wb);
        case  80:             transfer(formOne);
        case  90:A(motherB);  advance(uniform(2,2,4));
        case 100:             split(1,childB);
        case 110:             transfer(motherB);
        case 120:A(childB);   assemble(3);
```

```
    case  130:A(wb);       match(wa);
    case  140:A(formOne);  assemble(2);
    case  150:             queue(waitQ);
    case  160:             enter(assem);
    case  170:             depart(waitQ);
    case  180:             advance(uniform(3,15,18));
    case  190:             leave(assem);
    case  960:             terminate( );
    case  970:             generate(6000);
    case  980:             terminate(1);
    case  990:             end( );         //须以 end 为结束语句
    }}
```

(6)结果与分析。

模块统计

模块	当前数	总数	模块	当前数	总数	模块	当前数	总数
1		1	11		1989	21		1
2		2	12		1989	22		1
3	1	1332	13		663			
4		2662	14		1326			
5		1331	15		663			
6	1	1331	16		663			
7	2	665	17		663			
8		663	18	2	663			
9	1	1990	19		661			
10		3978	20		661			

结果分析：

子模型 1：在时钟为 0 时，由 generate 模块产生唯一的一个动态实体 A，该动态实体随即流入编号为 2 的 split 模块，分裂出一个子动态实体 B，它们同属一个装配集。A 继续流入后一模块，B 转入地址标号为 motherB 的模块，动态实体 A 流入其后的 advance 模块，接着流入 split 模块，再次分裂出子动态实体。分裂出的子动态实体无条件转移至地址标号为 childA 的模块，动态实体 A("母体")继续流入其后的 transfer 模块，并被无条件转移至 mohterA，滞留一段时间后再次分裂，母体又被无条件转移至 motherA。动态实体 A 在这里形成循环，不停地分裂出子动态实体，分裂出的子动态实体(代表 A 零件)流入编号为 6 的 assemble 模块进行装配。

在 6 000 min 里，流经编号为 4 的 split 模块的动态实体数为(1332-1)×2＝2 662，其中动态实体 A 流经该 split 模块 1 331 次，在此过程中分裂出的 1 331 个子动态实体(代表 A 零件)依次进入编号为 6 的 assemble 模块，每 2 个装配为 1 个，共装配了 665 个。装配后的动态实体紧接着进入编号为 7 的 match 模块,并在 match 模块实现与对偶 match 模块(编号为 13)的同步。

动态实体 B 首先进入编号为 9 的 advance 模块,同样的道理,动态实体 B 在编号为 9～11 模块的循环流动中不断地产生子动态实体(代表零件 B),共 1 989 个。这些子动态实体(代表零件 B)依次流入编号为 12 的 assemble 模块,每 3 个装配一个,共装配为 663 个动态实体,并在编号为 13 的 match 模块与流经编号为 7 的 match 模块的动态实体实现同步。在模拟结束的时候,这 663 个动态实体全部与流经对偶 match 模块(编号为 7)的动态实体实现了同步,因此这些动态实体全部从编号为 13 的 match 模块流出;相反,在编号为 7 的 match 模块一共进入了 665 个动态实体,但是编号为 13 的模块一共流出 663 个动态实体,因此在模拟结束时,编号为 7 的 match 模块仍然滞留了 2 个动态实体,在等待有动态实体流入对偶 match 模块(编号为 13)时,才能发生同步移动。

从编号为 7 的 match 模块流出的动态实体(代表由 2 个 A 零件组成的 1 个部件)和从编号为 13 的 match 模块流出的动态实体(代表由 3 个 B 零件组成的 1 个部件)各 663 个,在编号为 14 的 assemble 模块组成 663 个大部件。代表这 663 个大部件的动态实体依次加入队列 waitQ,然后试图进入容量为 2 的存储实体 assem。在模拟结束时,有 2 个动态实体正在存储实体 assem 中接受服务,因此,经过 queue 模块、enter 模块、depart 模块的动态实体数均为 663,经过 leave 和 terminate 模块的动态实体数为 661。

子模型 2:时间控制子模,模拟时间为 6 000 min,第 6 000 min 模拟结束。

6. 注意事项

GPSS/Java 对 match 模块的对偶性未作严格语法检查,因此用户必须保证两个对偶 match 模块的标号及指向的正确性。另外 match 模块的操作数 a 所代表的标号对象不允许间接引用。

9.2.4 动态实体的聚集 gather 模块

1. 作用

动态实体进入 gather 模块后暂停运动,等待指定数量的同一装配集动态实体全都到达该模块,然后依次移入后一模块。

2. 操作符、操作数与模块图

gather 模块只有 1 个操作数,其含义如下:

a:整型;SNA 或整型表达式;代表聚集的动态实体的总数。

例如,gather(5);表示当 5 个同属一个装配集的动态实体到达聚齐后,便依次流入后一模块。

3. 聚集链

每一个 gather 模块都对应有一个聚集链(GPSS 称为匹配链),所有不同装配集的第一个动态实体进入 gather 模块后都会被放在其聚集链上，每个这样的动态实体都有记录当前聚集数量的计数器，此时该值为 $a-1$（a 为该 gather 模块操作数 a）。随后进入的每个动态实体被放在此链尾部，并使同一装配集链上第一个动态实体的计数器的值减少 1，当此动态实体计数器为 0 时代表该装配集的动态实体聚齐，将这些动态实体取出放至当前事件链，作为同一优先权组最后一员，并且引发当前事件链重新扫描。重新扫描会使这些动态实体从当前所在的 gather 模块依次流入后一模块。

每一聚集链设有一指示器，当模型运行，一个动态实体进入对应的 gather 模块时，若聚集链上某一装配集的动态实体处于匹配状态，则指示器值被设置为此装配集编号的值。否则，指示器设置为-1。

4. 应用举例

（1）问题陈述。

某手工小作坊生产两种饮料 A 和 B，雇佣两位工人负责完成如下工序。

①工序 1：饮料灌瓶和加塞。

②工序 2：凑够 12 瓶后，吹干、贴标签和装箱。

每天饮料和饮料瓶的供应充分，由他人负责。但因为成箱后立即要送往市场销售，所以要求工人完成工序 1 后立即开始工序 2。对于工序 1，饮料 A 每瓶需要 4~7 min，饮料 B 需要 6~9 min，皆为均匀分布。对于工序 2，饮料 A 和 B 所需时间大约相同，每瓶为 1~1.5 min，均匀分布。工人每天工作 8 h，模拟 10 天，确定 10 天内两种饮料各生产多少箱。所建立的模型如程序 Demo9_6.java 所示，运行此模型，并请读者根据运行结果和模型的逻辑结构来分析模型反映了两位工人怎样的合作关系。

（2）实体定义。

时间单位：1min	
模型	实际系统
动态实体	
子模型 1	饮料瓶
P＄(1)	饮料类型，1 为饮料 A，2 为饮料 B
子模型 2	时间控制员
存储实体	
work	工人，容量为 2
变量实体	
timeA	饮料 A 第一道工序所需时间
timeB	饮料 B 第一道工序所需时间
保存值实体	
countA	饮料 A 成箱计数器
countB	饮料 B 成箱计数器
标准函数	
uniform(1,4,7)	饮料 A 第一道工序所需时间

uniform(2,6,9)	饮料 B 第一道工序所需时间
uniform(3,1,1.5)	饮料 A 与 B 第二道工序所需时间

(3) 模型程序。

```java
//模型程序文件名为 Demo9_6.java  饮料加工模型
import gpssjv.*;
public class Demo9_6 extends BlockOp{
    public void run(){
        setModel(this);
        start(1);
    }
    Storage work = new Storage("Workers",2);
    Variable timeA = new Variable();
    Variable timeB = new Variable();
    double V $ (Variable v){
        if(v == timeA) return uniform(1,4,7);
        if(v == timeB) return uniform(2,6,9);
        return 1;
    }
    Savevalue countA = new Savevalue("BoxesA");
    Savevalue countB = new Savevalue("BoxesB");
    Addr back = new Addr();
    public void simulate(){
        switch(nextBlock){
        case 10:      generate(0,0,0,1);       //饮料瓶 A
        case 20:      assign(1,1);             //1 号整型参数标识为 1 代表饮料瓶 A
        case 30:      transfer(back);          //进入工序 1
        case 40:      generate(0,0,0,1);       //饮料瓶 B,装配集不同于 A
        case 50:      assign(1,2);             //1 号整型参数标识为 2 代表饮料瓶 B
        case 60:A(back);   enter(work);        //进入工序 1
        case 70:      advance(V $ (VP(1)));    //1 号参数确定第一道工序所需时间
        case 80:      split(1,back);           //产生另一空瓶
        case 90:      leave(work);             //第一道工序完成
        case 100:     priority(1);             //完成第一道工序后的饮料瓶排在前
        case 110:     gather(12);              //等待 12 瓶饮料凑齐
        case 120:     enter(work);             //第二道工序开始
```

```
case  130:           advance(uniform(3,1,1.5));   //第二道工序所需时间
case  140:           leave(work);                 //第二道工序结束
case  150:           assemble(12);                //12 瓶为一箱
case  160:           savePlus(XP(1),1);           //记录两种饮料各自成箱数
case  170:           terminate();                 //销往市场
case  960:           generate(4800);
case  970:           terminate(1);
case  1000:          end();
}}}
```

(4)输出结果。

10 天内生产饮料 A 59 箱,饮料 B 44 箱。

9.3 属性值函数的实现

GPSS 的属性函数的函数值可以是标准数值属性或标号标识符。例如:

```
FUNC1    FUNCTION   P(1),E3
1,LABL1/2,LABL2/3,LABL3
```

定义了函数 FUNC1,自变量为 1 号整型参数,E 代表函数为属性值函数,自变量与因变量值对数为 3。若 P(1)值为 1,则函数返回标号 LABL1 等。

GPSS/Java 没有定义 GPSS 类型的属性值函数。但是可以采取以下两种方式实现这种属性函数的功能。

9.3.1 直接定义 Java 方法的方式

可以通过定义以下 Java 方法实现函数 FUNC1 的功能:

```
Addr func1(){
    if(P$(1)==1) return labl1;
    if(P$(1)==2) return labl2;
    if(P$(1)==3) return labl3;
    return null;
}
```

其中,labl1、labl2 和 labl3 为已定义的标号对象。

例如,以下程序片段定义的 Java 方法能够根据某随机数发生器的值返回不同队列的当前队长。

```
……
Queue line1 = new Queue();
Queue line2 = new Queue();
```

```
Queue line3 = new Queue();
int func2(){
    if(RN$(1)<=0.2) return Q$(line1);
    if(RN$(1)>0.2 && RN$(1)<=0.7) return Q$(line2);
    if(RN$(1)>0.7)) return Q$(line3);
    return 0;
}
```

9.3.2 间接引用数值函数的方式

以下程序片段定义了 GPSS/Java 的数值函数,其值返回不同标号对象的编号。

```
……
Addr back1 = new Addr();
Addr back2 = new Addr();
Addr labl1 = new Addr();
Addr labl2 = new Addr();
Addr labl3 = new Addr();
duble x[] = {1,2,3};
duble y[] = {3,4,5};
Function func2 = new Function(D,3,x,y);
……
transfer(A(FNI$(func2,P$(1))));
……
```

程序中标准实体属性 A(FNI$(func2,P$(1))) 返回一个标号对象。如果函数自变量 P$(1)返回值小于等于1,则函数调用 FNI(func2,RN$(1))返回值为3,于是 A(3)返回标号对象 labl1;如果函数自变量 P$(1)返回值大于1 同时又小于等于2,则函数调用 FNI(func2, P$(1))返回值为4,于是 A(4)返回标号对象 labl2;如果函数自变量 P$(1)返回值大于2 同时又小于等于3,则函数调用 FNI(func2,P$(1))返回值为5,于是 A(5)返回标号对象 labl3。

例如,以下程序片段定义了 GPSS/Java 的数值函数,其值返回不同队列的编号。

```
……
Queue line1 = new Queue();
Queue line2 = new Queue();
Queue line3 = new Queue();
Savevalue count = new Savevalue();
duble x[] = {0.2,0.7,1.0};
duble y[] = {1,2,3};
```

```
Function func2 = new Function(D,3,x,y);
……
saveValue(count,Q $ (Q(FNI(func2,RN $ (1)))));
……
```

程序中标准实体属性 Q(FNI(func2,RN $ (1))) 返回一个队列对象。如果函数自变量 RN $ (1) 返回值小于等于 0.2,则函数调用 FNI(func2,RN $ (1)) 返回值为 1,于是 Q(1) 返回队列对象 line1;如果函数自变量 RN $ (1) 返回值大于 0.2 同时又小于等于 0.7,则函数调用 FNI(func2,RN $ (1)) 返回值为 2,于是 Q(2) 返回队列对象 line2;如果函数自变量 RN $ (1) 返回值大于 0.7 同时又小于等于 1.0,则函数调用 FNI(func2,RN $ (1)) 返回值为 3,于是 Q(3) 返回队列对象 line3。Q $ (Q(1))、Q $ (Q(2)) 和 Q $ (Q(3)) 会分别返回队列 line1、line2 和 line3 的当前队长。

9.3.3 应用举例

1. 问题陈述

一台大型机床有两个易损部件 A 和 B。其中任一部件出故障,机床都无法运转。故障部件卸下后,若有备件则更换,否则要等故障部件修好后装上,机床才能开动。部件 A 平均正常服务时间为 350 h,正态分布,标准差为 70 h。部件 B 平均正常服务时间为 450 h,正态分布,标准差为 90 h。卸下故障部件需要 4 h,换上修好部件需要 6 h。两部件之一的故障部件卸下并换上后,另一非故障部件的下次服务时间应该被改变。例如,部件 A 换上后,正常服务时间为 400 h,B 部件在 A 部件换上前已经工作了 100 h,其总的正常服务时间为 450 h,因此在部件 A 换上后,部件 B 能够正常服务的时间还剩下 350 h。故障部件卸下后需送往修配站修理,修配站每次只能修理一个部件。修理部件 A 平均需要 8 h,正态分布,标准差为 0.5 h;修理部件 B 平均需要 6~9 h,均匀分布。该修配站还负责修理来自另一车间的部件 C。部件 C 到达修配站的平均间隔时间为 8 h,均匀分布,偏差为 4 h。部件 C 具有比部件 A 和 B 更高的优先权。建立模型,模拟 10 400 h,分析部件 A 和 B 的备件数量与机床利用率的关系。

2. 实体定义

```
时间单位:1h
模型                    实际系统
  子模型 1              饮料瓶
    动态实体            机床操作工
      PD $ (1)          部件 A 的剩余服务时间
      PD $ (2)          部件 B 的剩余服务时间
      P $ (3)           存放故障部件编号
  子模型 2
    动态实体            部件 3
  子模型 3
```

动态实体	时间控制员
设备实体	
mac	机床操作工占用 mac 表示机床正常运转
	机床操作工释放 mac 表示部件出现故障
fix	修配站
变量实体	
servA	返回部件 A 的服务时间
servB	返回部件 B 的服务时间
repA	返回部件 A 的修理时间
repB	返回部件 B 的修理时间
保存值实体	
spA	部件 A 当前备件数
spB	部件 B 当前备件数
spNum	部件 A 和部件 B 备件各 n 个

Java 方法:

int breakedV( )	返回故障部件编号
	if(PD \$ (1)<= PD \$ (2)) return 1;
	else return 2;
double operV( )	返回机床正常运行持续时间
	return Math. min(PD \$ (1) , PD \$ (2));
int notBreakedV( )	返回非故障部件编号
	if(P(3) = =1) return 2;
	else return 1;
double newTimeV( )	返回非故障部件故障后的服务时间
	return Math. abs(PD \$ (1) − PD \$ (2));
double damRpaV( )	故障部件修理所需时间
	if(P \$ (3) = =1) return V \$ (repA);
	if(P \$ (3) = =2) return V \$ (repB);
	return 1;
double aftRpaV( )	故障部件修理后或该种类型部件的备件换上后的服务时间
	if(P \$ (3) = =1) return V \$ (servA);
	if(P \$ (3) = =2) return V \$ (servB);
	return 1;
地址实体	
again	换上备件后重新开工

标准函数	
normal(2,350,70)	部件 A 服务时间
normal(3,450,90)	部件 B 服务时间
normal(4,8,0.5)	部件 A 修理所需时间
uniform(5,6,9)	部件 B 修理所需时间
expntl(6,9)	部件 C 到达间隔时间

3. 模型程序

```java
//模型程序文件名为 Demo9_7.java 故障部件更换模型
import gpssjv.*;
public class Demo9_7 extends BlockOp{
  public void run(){
    setModel(this);
    rmultSet(1,100,2,200,3,300,4,400,5,500,6,600);
    start(1);
    for(int i=1;i<=6;i++){
      num=i;
      clear(); rmultSet(1,100,2,200,3,300,4,400,5,500,6,600);
      redefine(spA,num);
      redefine(spB,num);
      redefine(spNum,num);
      start(1);
    }
  }
  int num=0;
  Facility mac=new Facility("Working");           //A 与 B 各有备件 0 个
  Facility fix =new Facility("Fixer");
  Savevalue spA = new Savevalue("sparePartA");
  Savevalue spB = new Savevalue("sparePartB");
  Savevalue spNum = new Savevalue("Spare part for each=",0);
  Variable servA = new Variable();
  Variable servB = new Variable();
  Variable repA = new Variable();
  Variable repB = new Variable();
```

```
double V $ (Variable v){
    if(v==servA) return normal(2,350,70);
    if(v==servB) return normal(3,450,90);
    if(v==repA) return normal(4,8,0.5);
    if(v==repB) return uniform(5,6,9);
    return 1;
}
int breakedV(){
    if(PD$(1)<=PD$(2)) return 1;              //返回故障部件编号
    else return 2;
}
double operV(){
    return Math.min(PD$(1),PD$(2));           //返回机床正常运行持续时间
}
int notBreakedV(){
    if(P(3)==1) return 2;                     //返回非故障部件编号
    else return 1;
}
double newTimeV(){
    return Math.abs(PD$(1)-PD$(2));           //非故障部件故障后的服务时间
}
double damRpaV(){
    if(P$(3)==1) return V$(repA);
    if(P$(3)==2) return V$(repB);             //故障部件修理所需时间
    return 1;
}
double aftRpaV(){
    if(P$(3)==1) return V$(servA);
    if(P$(3)==2) return V$(servB);            //故障部件修理后或该种类型
    return 1;
}                                             //部件备件换上后的服务时间
Addr again = new Addr();
Addr fetch = new Addr();
public void simulate(){
```

```
            switch(nextBlock){
case  10:           generate(0,0,0,1);              //操作工到达子模1
case  20:           assign(1,V$(servA));            //1号实型参数存放 A 服务时间
case  30:           assign(2,V$(servB));            //2号实型参数存放 B 服务时间
case  40:A(again);  assign(3,breakedV());           //确定先出故障的部件的编号
case  50:           seize(mac);                     //占用机床
case  60:           advance(operV());               //运行机床
case  70:           release(mac);                   //部件故障停止机床运行
case  80:           assign(notBreakedV(),newTimeV()); //非故障件下次运行服务时间
case  90:           advance(4);                     //卸下故障部件
case 100:           split(1,fetch);                 //派个人去看看是否有备件
case 110:           seize(fix);                     //故障部件等待修理
case 120:           advance(damRpaV());             //故障部件在修理
case 130:           release(fix);                   //故障部件修好
case 140:           savePlus(XP(3),1);              //故障部件修好后作为备件
case 150:           terminate();                    //故障部件送到备件库
case 160:A(fetch);  test(G,XI$(XP(3)),0);           //若无备件,则等待
case 170:           saveMinus(XP(3),1);             //若备件则取出1件
case 180:           advance(6);                     //将备件装配到机床上
case 190:           assign(P$(3),aftRpaV());        //将新换备件的服务时间记录
case 200:           transfer(again);                //在对应参数中
                                                    //重新开动机床
case 210:           generate(expntl(6,9),0,0,0,1);  //部件 C 到达子模2
case 220:           size(fix);                      //排队等待修理
case 230:           advance(8,4);                   //部件 C 在修理
case 240:           release(fix);                   //部件 C 修理完
case 250:           terminate();                    //部件 C 离开


case 960:           generate(10400);                //子模3
case 970:           terminate(1);
```

```
    case  1000:            end();
}}}
```

4. 输出结果

根据输出结果,备件数量与机床利用率有如下关系:

A与B各有备件数量(个)	机床利用率
0	0.377
1	0.615
2	0.737
3	0.871
4	0.955
5	0.955
6	0.955

由以上备件数量与机床利用率的关系可见,当部件 A 与 B 的备件各为 4 个时,机床利用率达到最高,再增加备件数量对机床利用率不会产生影响。

9.4 用户链实体

在仿真模型中引入用户链,不但可以提高 GPSS/Java 程序的执行效率,节省仿真模型的执行时间,而且可以用来模拟实际系统中非常规的排队队列,建模者可以根据实际系统的要求,自定义排队规则。

9.4.1 关于当前事件链扫描的更多细节

到目前为止,共介绍了 4 个可以拒绝动态实体进入的模块,它们是 seize、enter、拒绝模式的 test 和拒绝模式的 gate。当一个动态实体试图进入这些模块时,如果被拒绝,就停留在其前一模块等待。实际上,动态实体因受阻而停止运动后,会被放回当前事件链。假设某时刻,动态实体当前所在模块为 queue,将要进入的下一模块是 seize,如果此时 seize 模块拒绝动态实体进入,该动态实体被放回至当前链,处理器又顺序地对该动态实体的后一动态实体进行扫描。需要指出的是,受阻的动态实体被放回当前事件链后,在每次重新扫描时,处理器都要对这些受阻的动态实体一一扫描。可以想象,如果当前事件链上有很多因受阻而不能移动的动态实体,势必会大大降低模型程序的运行速度。

对于 seize 模块、enter 模块和拒绝模式的 gate 模块而言,从某动态实体第一次被拒绝进入这些模块时起,阻塞条件就会一直存在。阻塞条件的消除与模型中其他模块是否被执行有关。

例如,当一个动态实体在 seize(barber)模块前被阻塞,该阻塞条件将一直存在,直到有动态实体离开 release(barber)模块为止。同样,当动态实体在 gate(SE,chairs)前被阻塞,直到有动态实体离开 leave(chairs)模块并且存储实体 chairs 当前容量与其服务能力相等时,阻塞条件才被消除;当 gate(LR,sygnal) 模块引起了阻塞,该阻塞将会持续,直到一个动态实体进入 logic(sygnal,RESET)模块,改变了逻辑开关状态,阻塞条件才会结束。就像这些例子所显示的,产生和消除这些阻塞条件的方法是唯一的(简称唯一阻塞)。表 9.1 列出了 10 个类似的阻塞条件,分别来自 seize、enter 和拒绝模式的 gate 模块。

表 9.1 "唯一阻塞"的产生和消除

编号	产生阻塞的条件	消除阻塞的条件
1	seize	release
2	enter	leave
3	gate 模块 LR 模式	logic 模块 R 模式
4	gate 模块 LS 模式	logic 模块 S 模式
5	gate 模块 U 模式	seize
6	gate 模块 NU 模式	release
7	gate 模块 SNF 模式	leave
8	gate 模块 SNE 模式	leave
9	gate 模块 SE 模式	leave(并且存储实体容量为空)
10	Gate 模块 SF 模式	enter(并且存储实体容量为满)

与表 9.1 中显示的情形相比,当动态实体遇到拒绝模式的 test 模块和 both 模式的 transfer 等模块时,阻塞出现的原因比较复杂,阻塞消除的条件不唯一,因此没有将它们列入上表。

在扫描当前事件链的过程中,处理程序顺序地从当前事件链前端摘下动态实体,并使该动态实体在模型中尽可能地向前移动,当其停止运动后(动态实体停止运动的三个条件之一发生),如果该动态实体在运动过程中经过了可以引起当前事件链重新扫描的模块,随后处理程序会将当前事件链的当前指针指向链首,重新从其链头摘下动态实体,使之在模型中向前运动。

接下来我们讨论处理程序在扫描周期中决定是否重新扫描当前事件链所采取的处理方法。这个方法用到了一个被称为"重新扫描指示器"的全局变量(rescanFlag),该变量是一个只有两个状态的开关,它的状态要么为开,要么为关。一个仿真模型有且仅有一个重新扫描指示器。当扫描开始时,rescanFlag 处于关闭的状态,当表 9.1 第 3 列中的一个模块语句被执行时,处理程序将 rescanFlag 的状态转变为开。在扫描过程中,当前活动的动态实体会尽可能向前移动,当其停止运动后,处理器会检查 rescanFlag 指示器,当该指示器处于打开状态,就使当前事件链的当前指针指向该链的链首,重新开始扫描当前事件链;如果指示器的状态为关,处理程序则顺序移动当前事件链上后面的动态实体。

9.4.2 用户链的概念和作用

由上节内容可知,当动态实体在模型中因受阻而暂时不能运动时,把动态实体放在当前事件链有两个需要关注的问题:

(1)模型运行的时间会被延长。无论被扫描的动态实体是否处于"扫描静止"(受阻)状态,在每次调整时钟之后系统状态修正时,它们都至少被处理一次,虽然处理一个"扫描静止"的动态实体花费的时间很短暂,但是当模拟的时间较长时,浪费的 CPU 时间依然很长。进一步讲,既然阻塞条件仍然存在,就没有必要花费时间去验证该动态实体是否能进入下一个模块。如果能将这些动态实体从当前链上移出,放在另一个链表上,待其阻塞条件取消时再放回当前事件链,则执行扫描所需时间将大为缩短。

(2)关于排队规则,动态实体在当前事件链上的排队规则只取决于动态实体的优先级水平,优先级高的动态实体排在前面,相同优先级的动态实体按照被移入当前链的先后顺序排列。也就是说,在 GPSS 中默认的排队规则是"在优先级的前提下,先到先服务"。

为此,GPSS 提供了一个称为用户链的实体。在模型运行的过程中,动态实体除了可以滞留在当前事件链和未来事件链上,还可以滞留在用户链上。与当前事件链和未来事件链一样,用户链也有一个链头和链尾。但在用户链上,动态实体可以按照建模者指定的规则排列。动态实体被放入用户链时,建模者可以从几种方案中做出选择,以决定动态实体在用户链上的插入位置。同样的道理,建模者也可以从一系列预定义的方案中选择按照何种规则从用户链上取下动态实体,取下的动态实体被放入当前事件链,成为"活动"的动态实体。

在模型中使用用户链有两个明显的优点,一是某些受阻动态实体不再滞留在当前事件链上,可以提高仿真模型的执行速度;二是可以实现动态实体的自定义排队规则。

用户逻辑示意图如图 9.4 所示。图中操作模块的编号分别为(A)(B)(C)(D)(E)(F),其中(C)(D)(E)标志动态实体在容量有限的服务实体中移动的次序,例如 seize-advance-release,或者 enter-advance-leave,模块 A 用于判断阻塞条件是否存在;模块(B)代表阻塞存在时要执行的操作;模块(F)表示一个动态实体在释放资源(消除阻塞条件)后要执行的操作:从用户链上摘下一个动态实体,把它放入当前事件链上并试图占用刚被释放的服务资源。

有两个配对的 GPSS 模块语句被用来完成对用户链的的操作,一个实现"插链"逻辑,即(A)和(B)完成的功能;一个实现"摘链"逻辑,即(F)完成的功能。

用户链实体是 GPSS/Java 提供的诸多资源实体中的一种,使用类库的用户链类(User)可以创建用户链对象。每个用户链的对象都有一个布尔型的成员变量 indicator,称为"用户链指示器",用于判断阻塞条件是否存在,类似于图 9.4 中(A)完成的功能。用户链类中封装了两个模块语句 link 和 unlink,用于"插链"和"摘链"。

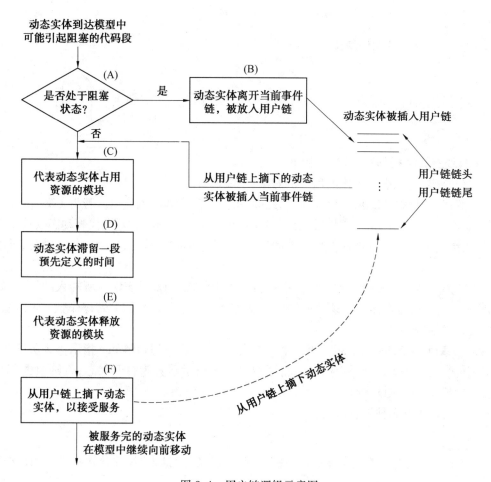

图 9.4 用户链逻辑示意图

用户链要先定义后使用,用户链实体类提供了如下的构造方法,用以对新建的用户链的对象进行初始化。

publicUser( )

系统自动命名用户链输出名为 USER1。

publicUser(String s)

其中,s 为字符串类型,是用户为创建的用户链对象定义的输出名。例如:

User line = new User("Line");

创建了一个名为 line 的用户链对象,其输出名为 Line。

9.4.3 link 与 unlink 模块

1. link 模块

(1)作用:一个动态实体流入 link 模块,若与该模块相关的用户链指示器为关闭(代表无阻塞,模拟开始时为关闭状态),则该动态实体被转移至指定模块,同时将指示器设置为打开状态。若与该模块相关的用户链指示器为打开状态,则该动态实体按指定的规则被插入用户链。

(2) 操作符、操作数及模块图。

link 模块有 3 个操作数, 其含义如下:

a: 用户链类型; 代表所操作的用户链对象; 不能缺省。

b: 整型; 为助记符 FIFO 和 LIFO 时, 分别表示先入先出和后入先出。若为 FIFO, 表示"先入链"者排在链前, 若为 LIFO, 则"后入链"者排在前。为 1~100 整型数, 代表动态实体整型参数编号, 入链后动态实体依据此整型参数的值排列, 值小的排在链前, 值大的排在链后, 该参数不能缺省。

c: 地址类类型; 标号对象; 若用户链指示器为关闭状态, 当前动态实体所转入的模块; 缺省为 null, 表示当前动态实体被无条件地"链入"操作数 a 指示的用户链。若操作数 c 未缺省, 称为条件模式, 缺省则称为无条件模式。

例如, link(line,5,back); 表示当一个动态实体进入时, 若用户链 line 指示器为关闭状态, 则转移至标号对象为 back 的模块, 同时将用户链 line 指示器置为打开状态; 否则根据其 5 号整型参数的值"链入"用户链 line。

link 模块有如下 3 种重载形式:

```
link(User a)
```

其中, 参数 a 意义同上。动态实体流入该模块后, 被无条件"链入"操作数 a 指示的用户链尾。

```
link(User a,int b)
```

其中, 参数 a 和 b 意义同上。动态实体流入该模块后, 被无条件"链入"操作数 a 指示的用户链, b 代表链入方式。

```
link(User a,Addr b)
```

其中, 参数 a 意义同上; b 为标号对象。动态实体流入该模块时, 若用户链指示器为关闭状态, 则转入标号对象为 b 的模块, 同时将用户链指示器设置为打开状态; 否则按照 FIFO 的排列规则"链入"用户链。

link 模块有两种模式: 条件模式和无条件模式。一个条件模式的 link 模块会首先判断阻塞条件是否存在, 然后决定是把动态实体送入一个可以提供服务的模块, 还是把动态实体插入用户链。无条件模式的 link 模块只实现图 9.4 中模块(B)的功能, 动态实体进入无条件模式的 link 模块后, 总会被按一定顺序插入用户链。

2. unlink 模块

(1) 作用。

一个动态实体进入 unlink 模块后, 会按照一定的规则从与该模块相关的用户链上取出一定数量的动态实体(简称解链), 使其依次移入指定的模块。如果在解链前, 用户链空, 则当前动态实体可以转入某指定模块, 否则流入后一模块。如果在解链后, 用户链空, 则与该模块相关的用户链指示器被置于关闭状态。

（2）操作符、操作数和模块图。

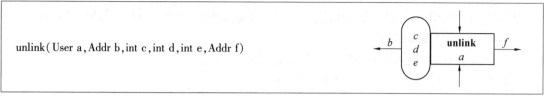

unlink(User a,Addr b,int c,int d,int e,Addr f)

unlink 模块有 6 个操作数，其含义如下：

a：用户链类型；代表所操作的用户链对象；不能缺省。

b：地址类型；标号对象；从用户链解链的动态实体所转入的模块的标号对象；不能缺省。

c：整型；整型表达式或助记符 ALL；从用户链解链的动态实体数量；不能缺省。如果用户链上当前符合条件的动态实体数量不足 c 个，则只将符合条件的取下。若解链后用户链空，则将用户链指示器状态设置为关闭状态。若为助记符 ALL，表示将用户链上所有动态实体解链。

d：整型；助记符 BACK 或值为 1～100 的整型表达式。BACK 表示解链从用户链链尾开始；若缺省（0），表示解链从用户链头开始；大于 0 的整数值代表整型参数的编号，表示将那些参数编号为 d，其 d 号参数值等于 e 操作数值的动态实体解链；若 d 为整数值而操作数 e 缺省，则无条件从用户链头解下 c 个动态实体。

e：整型；SNA 或整型表达式；与操作数 d 相匹配的数值。

f：地址类类型；标号对象；如果当前活动的动态实体无法从用户链解下任何动态实体，则转移至该操作数所指示的模块；缺省为 null。若缺省，则该活动动态实体流入后一模块。

例如，unlink(line,goin,2,BACK,0,null)；代表

当一动态实体进入该模块后，从用户链 line 尾部解下 2 个动态实体，并使其转入标号对象为 goin 的模块；若解下后用户链空，则将链 line 指示器设置为关闭状态，然后流入后一模块。

unlink 模块具有如下几种重载形式：

unlink(User a,Addr b)

其中，操作数 a 和 b 意义同上；c 操作数取值为 1；其他操作数按缺省值处理。

unlink(User a,Addr b,int c)

其中，操作数 a、b 和 c 意义同前，其他操作数按缺省值处理。

unlink(User a,Addr b,int c,int d)

其中，操作数 a、b、c 和 d 意义同前，其他操作数按缺省值处理。

unlink(User a,Addr b,int c,int d,int e)

其中，操作数 a、b、c、d 和 e 意义同前；操作数 f 按缺省值处理。

3. 面向对象的表达形式

link 和 unlink 模块可以采取面向对象的表达形式。例如，link(line,5,back)；可表示为 line.link(5,back)；unlink(line,goin,2,BACK,0,null)；可表示为 line.unlink(goin,2,BACK,0,null)；

link 和 unlink 模块与 queue 和 depart、seize 和 release、enter 和 leave 模块相似，在模型中通

常要配对使用。解链一个从未"链入"的用户链,会产生模型的逻辑错误。

4. 标准输出信息

模拟结束时输出的标准信息中包括模型中所有定义的用户链。用户链的标准输出包括:

(1) 名称。用户链输出名。

(2) 总进入数。"链入"过该用户链的动态实体总数。

(3) 平均等待时间。相当于队列平均等待时间。

(4) 平均链长。相当于平均队长。

(5) 当前链长。相当于当前队长。

(6) 最大链长。相当于最大队长。

用户链和队列的统计数据,虽然有些相似,但是并不完全相同,队列统计中区别了"非0"和0等待时间的统计,但是一般情况下(无同发事件),用户链的统计数据中不包含0等待时间的动态实体。

9.4.4 应用举例

1. 应用举例一

(1) 问题陈述。

某理发馆只有一位理发师,顾客到达时间间隔平均为 18 min,偏差 6 min(均匀分布)。理发师为一个顾客理发平均所需时间为 16 min,偏差 4 min(均匀分布)。顾客到达后,若理发师闲,则立即接受服务,否则按先来先接受服务的规则排队等待。模拟 40 h,在此模型中,要求使用用户链(加速模型运行)。

(2) 实体定义。

时间单位:1 min	
模型	实际系统
动态实体	
子模型 1	顾客
子模型 2	时间控制员
设备实体	
joe	理发师
排队实体	
joeq	输出排队统计信息
用户链实体	
hold	应用于设备实体 joe,排队规则 FIFO,受阻动态实体放入用户链
地址实体	
serv	开始理发

(3) 模块图。

模型 Demo9_8 模块图如图 9.5 所示。

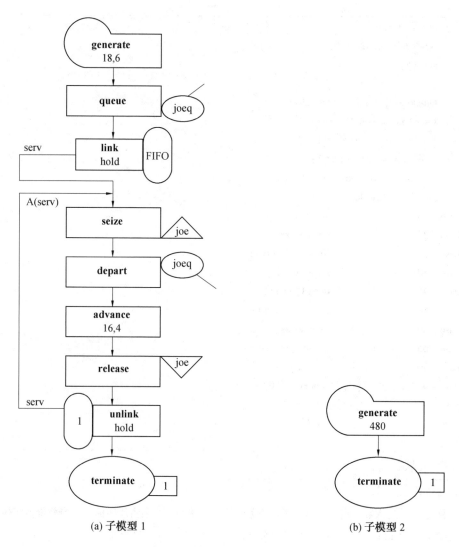

图 9.5　模型 Demo9_8 模块图

（4）建模提示。

当一个代表顾客的动态实体到达后，首先进入 queue 模块并更新排队统计信息，接着进入条件模式的 link 模块。如果链指示器处于打开的状态（红灯），该动态实体就按照 FIFO 的规则"链入"名为 hold 的用户链；如果到达时，链指示器处于关闭状态（绿灯），该动态实体进入 link 模块后，链指示器被打开（红灯）。随后，动态实体进入地址标号为 A(serv) 的 seize 模块，紧接着依次进入 depart-advance-release，经过 release 便进入 unlink 模块，此时，处理器便从用户链前端解下一个动态实体，并把它移动到标号为 A(serv) 的 seize 模块，去占用当前处于空闲状态的设备实体 joe，如果因用户链空，而无法完成解链任务或解链后用户链空，处理器会关闭链指示器（转换为绿灯），使得下一个到达的动态实体直接进入 seize 模块而不会被"链入"用户链。

（5）模型程序。

```
import gpssjv.*;
public class Demo9_8 extends BlockOp{
```

```
        public void run( ) {
          setModel( this );
          start( 5 );
        }
          Queue joeq = new Queue("Joeq");
          User hold = new User("Hold");
          Facility joe = new Facility("Joe");
          Addr serv = new Addr( );
              public void simulate( ) {
            switch( nextBlock ) {
          case   10:           generate( 18,6 );
          case   25:           queue( joeq );
          case   30:           link( hold,serv );
          case   40:A( serv );  seize( joe );
          case   45:           depart( joeq );
          case   50:           advance( 16,4 );
          case   60:           release( joe );
          case   65:           unlink( hold,serv );
          case   70:           terminate( );
          case   980:          generate( 480 );
          case   990:          terminate( 1 );
          case   1000:         end( );
        }}}
```

（5）输出结果。

设备统计

名称	总进入数	当前状态	平均服务时间	忙闲率	当前占用实体	当前抢占实体
oe	133	1	15.957	0.884	138	0

队列统计

名称	总进入数	零等待进入数	当前队长	平均队长	平均等待时间	非零平均等待时间
Joeq	33	67	0	0.138	2.4972	5.0322

用户链统计

名称	总进入数	平均等待时间	平均链长	当前链长	最大链长
Hold	66	5.0322	0.138	0	2

2. 应用举例二

（1）问题陈述。

以应用举例一的相同问题为基础，要求建模时使用用户链代替代表理发师的设备，来观察模型输出结果的变化。

(2) 实体定义。

```
时间单位:1min
模型                     实际系统
  动态实体
    子模型1              顾客
    子模型2              时间控制员
  排队实体
    joeq                 输出排队统计信息
  用户链实体
    hold                 代替设备实体,排队规则 FIFO,受阻动态实体放入用户链
  地址实体
    serv                 开始理发
```

(3) 模块图。

模型 Demo9_9 模块图如图 9.6 所示。

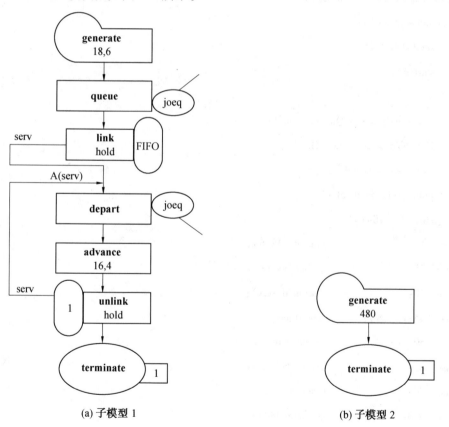

(a) 子模型 1   (b) 子模型 2

图 9.6　模型 Demo9_9 模块图

(4) 建模提示。

如果一个动态实体能够进入条件模式的 link 模块,便停留在这个程序段中(link 至 unlink),直到其进入 unlink 模块。因此在某一时刻,该程序段中只可能有一个动态实体存在。当模拟开始时,中间程序段里没有动态实体存在,而且用户链的链指示器也处于关闭的状态。

当第一个动态实体到达 link 模块,它在标号 A(serv)的位置进入程序块,当其滞留在此程序段中时,其他到达的动态实体都被插入用户链。当第一个动态实体进入 unlink 模块,离开此程序段时,处理程序立即从用户链上解下一个动态实体,并使该动态实体进入此程序段。因此,动态实体在离开该程序段时,总会引起另外一个动态实体的进入。只要动态实体离开程序段时,用户链上还有一个或者多个动态实体,这种模式就会一直存在。如果 unlink 模块被执行时,用户链为空,则其链指示器被设置为关闭状态,这意味着当另一个动态实体到达 link 模块时,它会直接进入程序段,同时导致链指示器被设置为打开状态。

用户链可以代替设备,产生更高的模型运行速度。如果设备实体的相关统计数据不是必需的,可以用 link-unlink 模块取代 seize-release 模块。用户链的统计数据同样可以反映动态实体接受服务时的排队情况。

(5)模型程序。

```
import gpssjv.*;
public class Demo9_9 extends BlockOp{
    public void run(){
        setModel(this);
        start(5);
    }
    Queue joeq = new Queue("Joeq");
    User hold = new User("Hold");
    Addr serv = new Addr();
    public void simulate(){
        switch(nextBlock){
        case   10:           generate(18,6);
        case   25:           queue(joeq);
        case   30:           link(hold,serv);
        case   45:A(serv);   depart(joeq);
        case   50:           advance(16,4);
        case   65:           unlink(hold,serv);
        case   70:           terminate();
        case  980:           generate(480);
        case  990:           terminate(1);
        case 1000:           end();
        }}}
```

(6)输出结果。

队列统计

名称	总进入数	零等待进入数	当前队长	平均队长	平均等待时间	非零平均等待时间
Joeq	33	67	0	0.138	2.4972	5.0322

用户链统计

名称	总进入数	平均等待时间	平均链长	当前链长	最大链长
Hold	66	5.0322	0.138	0	2

3. 应用举例三

(1)问题陈述。

以应用举例一的相同问题为基础,假设理发馆有两位理发师同时工作,顾客到达间隔时间为 6~12 min,均匀分布,其他条件不变,要求建模时使用用户链(加速模型运行),来观察模型队列统计的输出结果。

(2)实体定义。

时间单位:1min	
模型	实际系统
动态实体	
子模型 1	顾客
子模型 2	时间控制员
存储实体	
barb	理发馆,有 2 位理发师
排队实体	
joeq	输出排队统计信息
用户链实体	
line	应用于存储实体 barb,排队规则 FIFO
地址实体	
serv	开始理发

(3)模块图。

模型 Demo9_10 模块图如图 9.7 所示。

(4)建模提示。

由于 link-unlink 代码段中服务实体的容量为 2,那么可能会有两个动态实体同时滞留在 link 与 unlink 之间,因此需要提供一种"向前看"的机制来决定一个动态实体是应进入该代码段,还是应该被放入用户链。当动态实体进入 gate(SNF,barb,serv)模块时,需要判断存储器 barb 是否有空闲成员。如果是,动态实体便通过 gate 模块进入存储器 barb;否则动态实体转移到无条件模式的 link 模块,被无条件插入用户链。

模型中 priority 作用是解决如下情况发生时的逻辑问题。

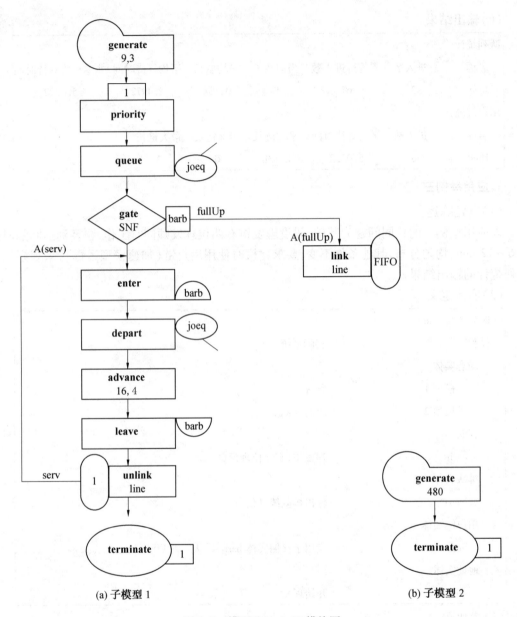

(a) 子模型 1   (b) 子模型 2

图 9.7   模型 Demo9_10 模块图

① 存储实体当前满。
② 至少有一个动态实体正在用户链上等待。
③ 一个动态实体正要离开存储器。
④ 一个动态实体正要进入 genrate 模块。

在扫描当前链时,处理器将被服务完的当前动态实体(活动)移入 leave 模块(此时存储实体的 1 个成员被释放),并继续移动进入 unlink 模块,于是用户链前端的一个动态实体被摘下,同时被放至当前链上作为相同优先权组的最后一员。由于该动态实体经过了 priority 模块,它的优先级为 1,而此时当前链上要进入 generate 模块的动态实体的优先级为 0,因此在当前链上,该动态实体排在刚到达模型的动态实体前。当活动的动态实体进入 terminate 模块被排出模型时,当前事件链被重新扫描,处理程序会先于刚刚到达模型的动态实体,将刚刚从用户链解下的动态实体移入 enter-advance 模块。enter 模块的执行导致存储实体的容量再次为满,于是当处理器随后扫描到刚刚到达模型的那个动态实体时,该动态实体流入 priority-gate 模块之后,被转移至 link 模块,无条件被放入用户链尾部。由此可见,正在模型中等待的动态实体要先开始接受服务,而后到达的动态实体要排队等待。如果不设置此 priority 模块,将会导致不合理的模型逻辑。

解决用户链的"同发事件"问题还有其他方法,请参考有关书籍,不再多述。

(5)模型程序。

```java
import gpssjv.*;
public class Demo9_10 extends BlockOp{
    public void run(){
        setModel(this);
        start(5);
    }
    Queue joeq = new Queue("Joeq");
    User line = new User("Line");
    Storage barb = new Storage("Barber",2);
    Addr serv = new Addr();
    Addr fullUp = new Addr();
    public void simulate(){
        switch(nextBlock){
        case 10:         generate(9,3);
        case 20:         priority(1);
        case 25:         queue(joeq);
        case 30:         gate(SNF,barb,fullUp);
        case 40:A(serv); enter(barb);
        case 45:         depart(joeq);
        case 50:         advance(16,4);
        case 60:         leave(barb);
        case 65:         unlink(line,serv);
        case 70:         terminate();
        case 80:A(fullUp);link(line,FIFO);
        case 980:        generate(480);
        case 990:        terminate(1);
        case 1000:       end();
        }}}
```

(6)输出结果。

模型 Demo9_10.java 运行结束
绝对时钟:2400.0 相对时钟:2400.0
模块统计

模块	当前数	总数	模块	当前数	总数
1		265	11		102
2		265	12		5
3		265	13		5
4		265			
5		265			
6		265			
7	2	265			
8		263			
9		263			
10		263			

队列统计

名称	总进入数	零等待进入数	当前队长	平均队长	平均等待时间	非零平均等待时间
Joeq	265	163	0	0.121	1.0955	2.8463

用户链统计

名称	总进入数	平均等待时间	平均链长	当前链长	最大链长
Line	102	2.8463	0.121	0	2

存储统计

名称	容量	平均容量	剩余服务能力	总进入数	平均服务时间	存储实体利用率
Barber	2	1.7451	0	265	15.804	0.873

9.5 设备的抢占

9.5.1 基本概念

设备抢占是指设备允许在一定的条件下,立即中断对当前接受服务实体的服务,而为具有特权的实体提供服务。具有特权的实体替换了当前占用设备的实体的行为就称为抢占,前者称为抢占者,后者称为被抢占者。当一个设备被一个抢占者占用时,称此设备处于抢占状态或中断状态,用助记符 I 表示这种状态;否则称设备处于非抢占状态或非中断状态,用助记符 NI 表示这种状态。

对应抢占条件,设备抢占具有两种模式,一种称为抢占模式(简称 O 模式),另一种称为优先权模式(简称 PR 模式)。

(1) 抢占模式：抢占发生的条件是当前设备的占用者不是抢占者，或者说被抢占者本身不能是抢占者。因此这种模式下，设备的抢占与抢占者和被抢占者的优先权水平无关。

(2) 优先权模式：抢占发生的条件是抢占者的优先权必须高于被抢占者。设备的抢占与被抢占者本身是否是抢占者无关。

对于以上两种模式，当抢占发生时，代表被抢占者的动态实体如果正在接受服务，那就意味着将要被抢占的动态实体当前所在模块为某 advance 模块，而放在在未来事件链上。这种情况下，处理程序将其从未来事件链上取出，根据该动态实体标记的未来移动时间和当前时钟读数计算出其剩余所需服务时间，标记后，将其放至所在设备的中断链的最前端（每个设备都定义了一个中断链）。当一个被抢占的动态实体被放在中断链时，它当前所在模块编号为-1，表示它当前不在任何模块中，同时它离开的 advance 模块的当前动态实体滞留数计数器的值减少 1。完成以上主要操作（还有一些设备属性修正的辅助操作）后，抢占者便进入和占用设备。当抢占者接受完服务离开设备时，首先要执行如下操作：确认该设备的中断链是否非空，若是，则从其前端取出一个动态实体，根据其标记的下一进入的模块编号计算出其当前所在模块标号；根据当前所在模块编号，使所在 advance 模块当前动态实体滞留数计数器的值增加 1，根据其剩余服务时间和当前时钟时间算出其未来移动时间，标记后，将其放在未来事件链上。然后抢占者作为活动实体继续其在模型中的移动。

当抢占发生时，代表被抢占者的动态实体如果在当前事件链上，并且其下一要进入的模块是释放其所在设备的模块。那就意味着抢占者占用设备和当前设备的占用者释放设备的事件为同发事件。这种情况下处理器不作以上方式的处理，即不认为发生了抢占行为，而是将抢占者放回当前事件链（若其曾流经 priority 模块，则放回当前事件链作为优先权组最后一员，否则放回原位置），继续顺序扫描当前事件链。如此操作会保证释放当前占有者后，重新扫描当前事件链时，抢占者自然会在同一时刻被带入该设备。

更为复杂的情况是当抢占发生时：① 代表被抢占者的动态实体在当前事件链上，但不属于上述情况；② 它既不在当前事件链也不在未来事件链上。此时被抢占的动态实体被标记为 pending，表示"迟后处理"。此时先令抢占者占用设备，在占用后要进行的重新扫描当前事件链的过程中，若遇到 ① 具有 pending 标记的动态实体，在移动其的过程中若进入 advance 模块则实现"迟后处理"。至于情况 ② 的处理不在本书的讨论范围内。在此必须指出，GPSS/Java 的当前版本还未能实现对情况 ② 的处理。

"迟后处理"是指标记为 pending 的动态实体在进入 advance 模块时，停止了运动，由该 advance 模块的操作数 a 和 b 计算出之后在该模块的滞留时间并标记在"剩余服务时间"的属性上，推算出其下一进入的模块编号（根据当前 advance 模块编号），标记其当前模块编号为-1，然后将其放入当前所在设备的中断链的最前端。完成以上操作后，继续顺序扫描当前事件链。

标记为 pending 的动态实体在流入 terminate 模块前，必须释放其被标记为 pending 时所在的设备，否则会产生运行时异常。

9.5.2 preempt $ 与 return $ 模块

preempt $ 与 return $ 模块是与设备抢占相关的两个模块。它们都属于资源类型模块，在设备实体类中定义。一个动态实体通过 preempt $ 模块来抢占某指定设备，通过 return $ 模块释放指定的设备并将其控制权返回给被抢占者。

1. preempt $ 模块

（1）作用：如果抢占条件成立，当前活动动态实体进入此模块抢占指定的设备，否则在其前一模块等待。

（2）操作符、操作数与模块图。

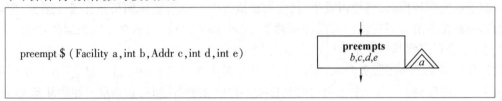

preempt $ 模块有 5 个操作数，其含义如下：

a：设备实体类；要抢占的设备对象。

b：缺省或助记符 PR；抢占模式；缺省为 0 为抢占模式，若为 PR 代表优先权模式。

c：地址类型；标号对象；被抢占的动态实体所转入的模块的标号对象；缺省为 0 表示被抢占者被置于设备中断链。

d：整型；整型表达式；被抢占的动态实体的实型参数编号；存放剩余服务时间；缺省为 0 表示不设置此项。

e：缺省或助记符；缺省为 0 表示代表被抢占者的动态实体在转入其他模块后仍然试图占用被抢占的设备；取助记符 RM 代表被抢占者不再试图占用被抢占的设备。

（3）注意事项。

①对于抢占模式，操作数 c、d 和 e 被忽略。操作数 c、d 和 e 只对优先权模式发生作用。

②对于优先权模式，如果操作数 c 缺省，则忽略操作数 d 和 e。

③对于优先权模式，如果操作数 c 未缺省，抢占发生时，只有被抢占者在未来事件链上时，被抢占者才会发生转移。

④对于优先权模式，如果操作数 e 为 RM，被抢占者在转移的路径中不能不经占用设备的模块而直接释放被抢占的设备。

⑤对于优先权模式，如果操作数 c 未缺省，操作数 e 缺省，抢占发生时，被抢占者在未来事件链上，则被抢占者在转移前要标记为 pending（迟后处理），此时抢占者进入设备，而标记后的被抢占者被放在当前事件链上。重新扫描当前事件链时，会按"迟后处理"的方式处理此标记为 pending 的被抢占者。

⑥标记过 pending 的动态实体，必须返回被抢占时的设备，接受其服务后释放此设备，才能进入 terminate 模块离开模型；或者返回接受其服务时被再次抢占而发生 RM 模式的转移（pending 标记被消除）才能进入 terminate 模块，否则会产生运行时异常。

⑦标记过 pending 的动态实体，必须在返回被抢占时的设备接受其服务后释放此设备，该设备才能被再次占用或抢占；或者该动态实体返回接受其服务时被再次抢占而发生 RM 模式的转移（pending 标记被消除），该设备才能被再次占用或抢占，否则会产生运行时异常。

⑧标记为 pending 的动态实体在抢占者离开，而返回被抢占时的设备时的服务时间由用户决定，而不一定是剩余时间。因此被抢占者返回设备进入的 advance 模块可以不同于其被抢占时所在的 advance 模块。

⑨无论抢占模式还是优先权模式，只要设备当前闲，当前动态实体都可通过 preempt $ 模

块进入该设备。只要通过 preempt $ 模块进入设备,无论是否发生了抢占或被抢占,该动态实体都是该设备的抢占者。只要设备的当前占用者是抢占者,那么设备就被称为当前处于抢占状态或中断状态。

⑩动态实体流经 preempt $ 模块,停止运动后,会引发当前事件链的重新扫描。

(4) preempt $ 模块的重载。

preempt $ 模块具有如下 4 种重载形式:

> preempt $ (Facility a)

其中,a 为设备对象,代表要抢占的设备,抢占类型为 0 模式,即抢占模式。

> preempt $ (Facility a, int b)

其中,操作数 a 和 b 同上;操作数 c、d 和 e 缺省。

> preempt $ (Facility a, int b, Addr c)

其中,操作数 a、b 和 c 同上;操作数 d 和 e 缺省。

> preempt $ (Facility a, int b, Addr c, int d)

其中,操作数 a、b、c 和 d 同上;操作数 e 缺省。

2. return $ 模块

(1)作用:动态实体进入此模块后,将释放指定的设备,并试图将设备的控制权返还给当初所抢占的被抢占者。

(2)操作符、操作数与模块图。

return $ 模块只有 1 个操作数,其含义如下:

a:设备实体类;要释放和返还给被抢占者的设备对象;不能缺省。

(3)注意事项。

①动态实体流经 return $ 模块,停止运动后,会引发当前事件链的重新扫描。

②与 seize 和 release 模块相似,preempt $ 模块和 return $ 模块通常要配对使用,一个动态实体 return $ 一个其从未通过 preempt $ 模块进入的设备,将会产生运行时异常。

3. 面向对象的书写风格

由于 preempt $ 和 return $ 模块作为方法封装在设备类 Facility 中,所以可以通过设备对象引用这两个模块,例如:

> barber. preempt(PR, add, 3, RM); 等同于 preempt(barbe, PR, add, 3, RM);
> barber. return( ); 等同于 return(barber);

其中,barber 为设备对象名。

9.5.3 与设备抢占状态有关的模块和逻辑值属性

1. 设备抢占状态与 gate 模块

如果 gate 模块操作数 a 为一设备对象,那么辅助操作符 x 指示了该设备对象的状态的存在与否。若指示的状态存在则返回真,当前动态实体被允许流入 gate 模块;否则返回假,当前动态实体被拒绝流入,于是要么在前一模块等待,要么转移至指定模块。辅助操作符 x 可以是标识符(助记符)I 或 NI。I 表示所指示的操作数 a 代表的设备当前处于抢占状态,若是则返回真,否则返回假。NI 表示所指示的设备当前未处于抢占状态,若是则返回真,否则返回假。

2. 设备抢占状态与 select 模块

模式 1 的 select 模块共有 5 个操作数。如果辅助操作符为助记符 I 或 NI,那么操作数 b 和 c 代表设备编号的下界值和上界值。如果辅助操作符为助记符 I,则表示从编号 b 至 c 的设备查找是否有当前处于抢占状态的设备存在,若有则将其中第一个符合条件的设备的编号复制到操作数 a 代表的当前动态实体的整型参数,当前动态实体流入 select 模块;否则当前动态实体该参数取值为 0,然后转移至操作数 d 指示的模块。如果辅助操作符为助记符 NI,则表示从编号 b 至 c 的设备查找是否有当前处于未抢占状态的设备存在,若有则将其中第一个符合条件的设备的编号复制到操作数 a 代表的当前动态实体的整型参数,当前动态实体流入 select 模块;否则当前动态实体该参数取值为 0,然后转移至操作数 d 指示的模块。

3. 设备抢占状态与逻辑值属性

设备有如下标准逻辑值属性:

> FI(Facility f) 表示如果设备 f 当前处于被抢占状态,则返回真,否则返回假。
> FNI(Facility f) 表示如果设备 f 当前未处于被抢占状态,则返回真,否则返回假。

这两个标准属性可作为操作数应用于逻辑表达式中。

9.5.4 应用举例

1. 应用举例一

(1)问题陈述。

有一汽车修理站专门修理各类汽车,每次只能修理一辆车。来修理的汽车分为两类,一类车不具有特权,称为普通车辆,一类具有特权,如警车和救护车,称为特殊车辆。普通车辆的到达通常具有规律,每天 2~4 辆,均匀分布,每辆车修理时间需要 1.5~2.5 h。特殊车辆到达后,若当前正在修理的是普通车辆,则修理站立即中断当前的服务,而开始特殊车辆的修理;若当前正在修理的是特殊车辆,则不允许抢占。特殊车辆到达间隔时间服从指数分布,平均到达间隔时间为 48 h,每辆车修理平均需要 2.5 h。修理站早 8 时开门,每天工作 8 h,中午不休息,一周工作 7 天。如果一辆车(无论何种车辆)下班时未修完,则停留在修理站,待第二天上班时继续修理。若特殊车辆到达时,修理站已下班,则停留在修理站,待第二天上班时开始修理。建立模型,模拟 100 周,确定等待修理的特殊车辆的数量的分布。

(2) 实体定义。

```
时间单位:1h
模型                        实际系统
  动态实体
    子模型 1                 普通车辆
    子模型 2                 特殊车辆
    子模型 3                 上下班时间控制员
    子模型 4                 特殊车辆排队统计员
      PD $ (1)              记录当前绝对时钟时间
      P2 $ (2)              队长累加器
    子模型 5                 模拟总时间控制员
  设备实体
    work                    汽车修理站
  排队实体
    line                    获得队列统计信息
  表实体
    lenth                   获得特殊车辆队列长度的分布
                            输入变量为当前时间步长的队列长度
                            权重为当前时间步长
  地址实体
    watch                   再一次观察时间变化(时钟修正)
  标准函数
    uniformInt(2,1,3)       产生普通车辆
    expntl(3,48)            特殊车辆达到间隔时间
    expntl(4,2.5)           特殊车辆修理所需时间
```

(3) 建模提示。

子模 1 为普通车辆修理模型,每隔 24 h,早 8 时有 2~4 辆车来到修理站等待修理。子模 2 为特殊车辆修理模型,特殊车辆不能抢占特殊车辆,只能抢占普通车辆,所以 preempt $ 模块采取抢占模式(0 模式)。子模型 3 的动态实体控制上下班时间,即在下班时(模拟开始第 8 小时)该动态实体抢占普通车辆(非抢占者)或特殊车辆(抢占者)直到第二天早 8 时(持续 16 h),所以子模型 3 的 preempt $ 模块需采取优先权模式,子模型 3 的动态实体要具有较高的优先权(比子模 1 和 2 的动态实体)。子模型 4 用以统计特殊车辆队长的分布,在模型运行期间,队长是不断变化的,每次时钟修正后子模 4 的动态实体的传输时间 MP $ (1)为该时间步长值(不为 0),于是将该时间步长的队列长度输入表实体,权重为当前时间步长,即 MP $ (1)。最后由该表获得的平均队长是按加权平均方法计算的。

(4) 模型程序。

```java
import gpssjv.*;
publicclass Demo9_11 extends BlockOp {
    public void run() {
        blockMax(200);
        setModel(this);
        start(100);                                      //模拟100周
    }
    Queue line = new Queue("line");
    Facility work = new Facility("work");
    Addr next = new Addr();
    Addr watch = new Addr();
    Table lenth = new Table("lenth",0,1,6);
    public void simulate() {
        switch(nextBlock) {
    case  10:           generate(24,0.0001,1,0,2);       //子模1 普通车辆修理
    case  20:           split(uniformInt(2,1,3),next);
    case  30:A(next);   seize(work);
    case  40:           advance(2,0.5);
    case  50:           release(work);
    case  60:           terminate();

    case  70:           generate(expntl(3,48),0,0,0,2);  //子模2 特殊车辆修理
    case  80:           queue(line);
    case  90:           preempt$(work,0);
    case 110:           advance(expntl(4,2.5));
    case 120:           return$(work);
    case 130:           depart(line);
    case 140:           terminate();

    case 150:           generate(24,0,8.0001,0,3);       //子模3 上下班时间控制
    case 160:           preempt$(work,PR);
    case 170:           advance(16,0);
    case 180:           return$(work);
    case 190:           terminate(0);
```

```
case  200:              generate(0,0,0,1,1);              //子模 4 统计特殊车辆排队队
                                                          长分布
case  210:A(watch);     mark(1);
case  220:              assign(2,Q $ (line));
case  230:              test(NE,MP $ (1),0);
case  240:              tabulate(lenth,P $ (2),MP $ (1));
case  250:              transfer(watch);
case  260:              generate(168,0,0.0001);           //子模 5 模拟时间控制 1 周工
                                                          作 7 天
case  270:              terminate(1);
case  280:              end( );
}}}
```

(5)输出结果(部分)。

设备统计

名称	总进入数	当前状态	平均服务时间	忙闲率	当前占用实体	当前抢占实体
work	3130	1	5.166	0.972	3274	0

队列统计

名称	总进入数	零等待进入数	当前队长	平均队长	平均等待时间	非零平均等待时间
line	367	0	0	0.2447	11.0893	11.0893

表统计

表名:lenth

统计总数	样本平均值	样本标准差	样本数值总和
16632	0.2447	0.5346	4069.7698

间隔列表	频数	频率	累积频率	1-累积频率
0.0000	13270	0.7979	0.7979	0.2021
1.0000	2772	0.1667	0.9645	0.0355
2.0000	487	0.0293	0.9938	0.0062
3.0000	90	0.0054	0.9992	0.0008
4.0000	14	0.0008	1.0000	-0.0000

结果表明接近 80% 的时间内特殊车辆队列为空,同时有 3 辆以上的特殊车辆在等待修理的概率很小。特殊车辆平均队长为 0.244 7。

2. 应用举例二

(1) 问题陈述。

某台精密测量仪器用以检测某种零件,每次只能测量一个。零件到达间隔时间为 6～8 min,均匀分布。检测一个零件需要 4～8 min,均匀分布。测量仪器每隔 360～560 min 需要校验一次,每次校验需要 15～25 min。校验员到达开始校验时,若有零件正在检测,则立即停止检测,此零件被放入队列,待仪器校验完后,需要重新检测。检测工作每天持续 8 h。建立模型,模拟 24 天,确定 24 天内仪器共进行了多少次校验,检验了多少个零件,以及零件等待检验的排队情况。

(2) 实体定义。

```
时间单位:1 min
模型                     实际系统
  动态实体
    子模型 1              校验员
    子模型 2              零件
    子模型 3              模拟时间控制员
  设备实体
    meas                 精密测量仪器
  排队实体
    waitQ                获得队列统计信息
  地址实体
    back                 返回队列
    wait                 校验员等待下一次到达
```

(3) 建模提示。

子模 1 的动态实体代表校验员,每隔一段时间要抢占代表精密测量仪器的设备。由于要将被抢占的零件转移至队列 waitQ,所以必须使用优先权模式。被抢占的零件不再试图返回设备接受剩余时间的服务,所以转移模式为 RM。

(4) 模型程序。

```java
import gpssjv.*;
public class Demo9_12 extends BlockOp{
  public void run(){
    blockMax(200);
    setModel(this);
    start(24);                              //模拟 24 个工作日
  }
Facility meas = new Facility("meas");
Queue waitQ = new Queue("WaitQ");
```

```
Addr back = new Addr( );
Addr wait = new Addr( );
public void simulate( ){
    switch(nextBlock){
    case  10:            generate(0,0,0,1,2);            //子模1 仪器校验
    case  20:A(back);    advance(460,100);
    case  30:            preempt $ (meas,PR,wait,0,RM);
    case  40:            advance(20,5);
    case  50:            return $ (meas);
    case  60:            transfer(back);

    case  70:            generate(7,1,0,0,1);            //子模2 零件检验
    case  80:A(wait);    queue(waitQ);
    case  90:            seize(meas);
    case 100:            depart(waitQ);
    case 110:            advance(6,2);
    case 120:            release(meas);
    case 970:            terminate( );

    case 980:            generate(480);                  //模拟1个工作日
    case 990:            terminate(1);
    case 1000:           end( );
    }}}
```

(5)结果与分析。

输出结果表明:24 个工作日内仪器共进行了 24 次校验,共检验了 1 643 个零件。零件等待检验的平均等待时间为 4.342 0 min,平均队长为 0.627 9,最大队长为 5。

3. 应用举例三

(1)问题陈述。

有一乡村卫生所,只有一名全科医生。来看病的病人根据病情分为急症病人和一般病人。一般病人到达间隔时间平均为 20 min,偏差为 5 min,均匀分布。医生为此类病人诊治每人平均需要 10 min,偏差 3 min,均匀分布。重症病人到达间隔时间平均为 100 min,指数分布。重症病人的处理平均需要 24 min,偏差 5 min,均匀分布。重症病人到达后,若医生正在为一般病人诊治,则立即停止而处理重症病人,待处理完后,再为中断的普通病人继续诊治,此时诊治时间要延长 2 min,即继续诊治的时间为中断服务的剩余时间加上额外的 2 min。如果医生当前正在处理重症病人,那么再有另外的重症病人到达,则转往临近其他医院救治。医生每天工作 8 h,模拟 30 天,确定有多少重症患者转往其他医院,医生的忙闲状况和病人的拥挤程度。

(2)实体定义。

时间单位:1min	
模型	实际系统
动态实体	
子模型1	重症病人
子模型2	一般病人
PD$(5)	被抢占时存放剩余服务时间
	被抢占后转移时存放再次获得服务所需持续的时间,随即被置于设备的中断链的最前端
子模型3	模拟时间控制员
设备实体	
doct	全科医生
排队实体	
line	获得队列统计信息
地址实体	
away	重症病人无法获得医生而离开
wait	一般病人被抢占而离开
goout	被抢占的一般病人再次获得服务后离开医生

(3)模型程序。

```java
import gpssjv.*;
public class Demo9_13 extends BlockOp{
    public void run(){
        blockMax(200);
        setModel(this);
        start(30);                                    //模拟30个工作日
    }
    Facility doct=new Facility("Doct");
    Queue line=new Queue("Line");
    Addr away=new Addr();
    Addr wait=new Addr();
    Addr goout=new Addr();
    public void simulate(){
        switch(nextBlock){
    case 10:       generate(expntl(2,100),0,0,0,1);   //子模1 重症病人到达
    case 20:       gate(NI,doct,away);                //若当前正在诊治重症病人,则离开
```

```
        case  30：         preempt＄(doct,PR,wait,5);   //重症病人抢占一般病人
        case  40：         advance(24,5);              //重症病人接受诊治
        case  50：         return＄(doct);             //重症病人接受完诊治
        case  60：A(away); terminate();                //重症病人离开

        case  70：         generate(20,5);             //子模2  一般病人到达
        case  80：         queue(line);                //排入队列
        case  90：         seize(doct);                //开始接受诊治
        case 100：         depart(line);               //离开队列
        case 110：         advance(10,3);              //接受诊治
        case 120：A(goout);release(doct);              //诊治完
        case 130：         terminate();                //离开诊所

        case 140：A(wait); assignPlus(5,2.0);          //被中断的一般病人再次获得诊治
        case 150：         advance(PD＄(5));
        case 160：         transfer(goout);            //再次接受诊治,可能再次被中断让出
                                                       //医生

        case 980：         generate(480);              //子模3  模拟一个工作日
        case 990：         terminate(1);
        case 1000：        end();
        }}}
```

(4)结果与分析。

模型输出结果如下：

绝对时钟:14400.0　相对时钟:14400.0

模块统计

模块	当前数	总数	模块	当前数	总数
1		127	11		717
2		127	12		716
3		103	13		716
4	1	103	14		62
5		102	15		61
6		126	16		60
7		717	17		30
8		717	18		30

9	717				
10	717				

设备统计

名称	总进入数	当前状态	平均服务时间	忙闲率	当前占用实体	当前抢占实体
Doct	820	1	11.527	0.656	874	853

队列统计

名称	总进入数	零等待进入数	当前队长	平均队长	平均等待时间	非零平均等待时间
Line	717	493	0	0.2039	4.0951	13.1080

由以上输出结果可见：30个工作日内共有127个重症病人到达，获得医生诊治的有103人，其他24人因当前正在诊治的是重症病人而离开，去往其他医院。医生有65.6%的时间在忙。一般病人平均等待时间为4.0951 min，平均队长0.2039，最多有三人在等待看病。因此诊所医生忙闲度合适，诊所并不拥挤，系统运行状态比较合理。

分析以上模块统计图所表示的模拟结束时的模型运行状态，会发现在模拟结束时853号动态实体（重症病人）抢占了874号动态实体（一般病人）。此时853号正在占用设备接受诊治（4号advance模块当前动态实体数为1），874号在被抢占时，由4号advance流入14号assignPlus模块，在要进入15号advance模块时被放入设备doct的中断链，待853号释放设备（进入5号return$模块）时，将会被从中断链取出放至未来事件链（当前所在模块为15号advance模块）。但是在模拟结束时刻，因为853号还未释放设备，所以874号仍在中断链上等待，还未进入15号advance模块，因此14号模块动态实体流经总数比15号模块多1。可能引起的疑惑是：为什么15号模块的此项计数较16号模块多1？原因是在此（模拟结束时刻）之前，代表某普通病人的动态实体在重新获得服务后（在15号advance模块滞留）又一次被后来的重症病人的动态实体所抢占，于是该代表普通病人的动态实体再次发生转移，由当前所在的15号advance模块转移至标号对象为wait的14号assignPlus模块，于是该动态实体在重新获得设备时（进入15号advance模块），在14和15两模块多产生了一次循环。因此根据15和16模块动态实体流经总数的差值，可以判断是否有某普通病人被连续到来的重症病人多次抢占。

本章习题

1. 在9.2.4节中饮料加工模型Demo9_6基础上，假设两个工人中，一个工人专门负责饮料A的加工，另一工人专门负责饮料B的加工，其他条件不变，建立模型和运行模型。比较结果与模型Demo9_6有何不同。

2. 某来料加工车间对成箱铸造件进行加工，每箱有五个标准构件，每天上班后有专人负责拆箱和搬运，每箱的拆箱和搬运所需时间为10~16 min，均匀分布，每箱五种构件需要做不同的加工处理，五种构件可同时加工处理，但每种构件一次只能加工处理一个。每箱构件处理之后，装入原箱送检。五种构件加工处理所需时间分别为10~15 min、12~18 min、11~21 min、6~10 min和4~7 min。假设每天连续工作8 h，每周工作7天。建立模型，模拟1周，确定每天能加工多少箱产品，生产的瓶颈在何处。提示：在分裂模块中需使用参数系列处理。

3. 一物资配送中心,每隔 16~32 h,均匀分布,会收到客户的一份订货单,财务部门要办理相关手续,向客户发出货款总额通知单,从办理相关财务手续到汇款到达约需 24~40 h,均匀分布。陪送中心在收到订货单后,立即开始配货,配货需要 8~15 h,均匀分布。待货款到达和配货完成后,开始包装和办理装箱货卡的平行作业。一份订单货品包装需 10~16 h,办理装箱货卡需 12~20 h,皆为均匀分布。这两项业务只能同时为同一个订单服务,完成后才能发货。建立模型,模拟完成 200 个订单的出货情况。给出每笔订单到达至发货所需时间的分布。

4. 不同的两种零件 A 和 B 需要在一台车床上加工,每次只能加工一个零件。A 零件到达间隔时间为 10~16 min,均匀分布;B 零件到达间隔时间为 20~26 min 均匀分布。加工一个 A 零件需要 8~14 min,加工一个 B 零件需要 21~30 min,皆为均匀分布。加工所需时间较短的零件要先加工,模拟 1 000 个零件的加工完成的情况,确定其中两种零件的比例。提示:需使用用户链来实现指定的排队规则。

5. 一台车床可以加工两种零件 A 和 B,每次只能加工 1 个零件。加工一个零件 A 需要 4~9 min,零件 B 需要 4~6 min,皆为均匀分布。零件 A 到达间隔时间为指数分布,平均到达间隔时间为 20 min,指数分布。零件 B 平均到达间隔时间为 8 min,偏差 4 min,均匀分布。零件 A 为军需产品,到达后,必须立即加工,即若当前正在加工的为 B 零件,则立即中断转而加工 A 零件。待零件 A 加工完毕,再恢复被中断的 B 零件的加工。如果当前加工的零件是 A 零件,则任何零件都不能中断其加工。假设车床工人每天 3 班倒,每班工作 8 h,车床每隔 120 h 需要做一次保养,保养需要 5~7 h,均匀分布。模拟 30 天,确定军工产品零件 A 的产出个数,零件 B 的排队情况和机床的利用率。

6. 设主生产线每隔 5 min 送来一个零件,占用机床 4 min。另一个辅助生产线每隔 11 min 送来一个零件(加工时间为(4±1) min,均匀分布),而这种零件有较高的优先级,并要求立即被加工,即将原来优先级较低的零件取下来,未加工完的部分待加工完辅助生产线送达的零件后,再继续加工剩余部分,建立模型,模拟 8 h。分析生产线运行状况。

7. 一条装配线装配的某产品由三类零件组成:零件 A(1 个)、零件 B(2 个)和零件 C(2 个)。三种零件进入装配线系统的时间间隔分别服从均值为 3 min、2 min、2 min 的指数分布。零件进入系统后,将根据各自的类型进行配量组合,然后被送往一个临时驻留地等候装配加工。装配工序由一台机器人完成,装配时间服从参数为(3,4,5)的三角形分布,时间单位为分钟。机器人完成了一个产品的装配操作后,便发出信号,使下一批零件从临时驻留区进入装配工序。模拟该系统,装配完 100 个产品的情况,估计机器人的平均利用率。

8. 一个小型沙发厂由三个独立的生产部门组成,它们是生产沙发架、坐垫和坐垫罩等部件的部门(每部门每次只能生产一个部件)。假设每个订单只定购一个沙发,三个部门各自按照订单安排生产,每个沙发包括一个沙发架、两个坐垫和两个坐垫罩。两个坐垫各套上一个罩子后和一个沙发架运送到一起并开始装配,装配完一个沙发后,准备发货单也需要一定的时间。各过程所需的时间如下:

顾客订单到达时间间隔:(60±45) min。

(1) 制造一个沙发架:(60±15) min。

(2) 加工一个坐垫:(15+15) min。

(3) 加工一个坐垫罩:(30±15) min。

(4) 将一个罩子套在坐垫上:15 min。

(5) 装配一个沙发:(45±15) min。

(6) 准备发货单:(20±5) min。

(7) 建立模型,模拟该工厂生产 1 000 个沙发所需时间。

9. 某自动化机床的某关键部件,每运行 400~1 400 min(均匀分布)后出现故障,该机床由一位操作员操作,他同时也负责该部件的修理工作,修理时间为 400~1 200 min,均匀分布。当机床出现故障时,操作员更换一修好的部件或备用件,并进行装配和调试,这些工作需要 10~30 min,均匀分布。当机床正常运行时,操作员从事换下部件的修理工作,如果操作员正在从事修理工作时,机床发生故障,则操作员立即停止修理工作,更换有故障的部件,使机床恢复运转,然后再继续修理工作。在有故障部件修复后,必须经过 5 min 的处理工序才能使用。要解决的问题是需要多少该部件的备件,才能保证机床有 90% 以上的时间正常运转,同时计算出操作员的忙闲状况。建立模型,模拟 8 000 h,每隔 2 000 h 输出一次仿真结果。

第10章 输出数据的分析

在第4章我们讲授了对输入数据的分析，主要是为了建立系统的模拟模型做准备，解决模型中需要输入的各类数据的概率分布问题。现在，我们已经可以建立各类系统模型，并且可以利用 GPSS/Java 语言进行这种模型的模拟实验问题，我们可以利用建立好的模型和程序进行计算机模拟，并获得大量的输出数据。但现在面临着这样的问题：通过模拟所获得的大量输出数据是否可以直接用来对管理系统进行决策？这些数据的精度和可靠性如何？如何利用这些数据进行分析？这些问题我们还没有解决。而且到目前为止，我们还一直没有讨论模拟长度或模拟时间的问题，这显然是各位读者十分关心的，因它是输出数据分析的一部分，故实际上这个问题也是与模拟的精度要求相关。在前面的讲解中，我们经常提醒读者，模拟实验不能一次了之，任何一次模拟结果都仅是系统一次偶然的结果。模拟实验的最后结果应通过科学的统计分析、按给定的精度检验后才能得到。

实际上，模拟结果的分析应包括两个部分，其中之一是上述的对模拟结果精度的分析，另一个部分是利用模拟的结果进行管理决策，这是更高层次上的工作，可以说是最后的分析，这也是应用计算机模拟技术的最后的目的。后一种分析工作不仅会涉及到计算机模拟的知识，还会需要大量的经济学、管理学方面的知识，这一点在本教材中我们仅能努力地做到有所涉猎，但毕竟此教材是以介绍计算机模拟技术为重点，我们不可能用大量的篇幅去分析每一个例题的最后结果，特别是在管理领域的结论。这并不代表后一种分析不重要，相反，在这里我们必须强调，任何模拟模型的建立和实验都是为某个系统的管理决策服务的，它最后的目的就是提高管理水平，每位读者都应该在利用模拟输出数据进行管理决策分析方面下大力气，使我们学到的计算机模拟技术真正成为企业管理决策支持系统的重要工具。

在本章中我们以读者既可充分掌握原理又可实际应用为目的，重点讲授对计算机模拟结果精度和可靠性的分析；讲述用于模拟输出数据的统计分析方法。

10.1 概　　述

在具体介绍输出数据分析的统计原理和方法之前，需要与读者一起讨论以下几点：影响模拟输出结果的各种因素、为什么要对模拟的输出结果进行分析以及这种分析的基本思路。影响模拟输出结果的因素很多，我们在本章中仅能就其中一部分因素进行分析和解决，而有些因素则可能属于其他领域，也希望读者能予以注意。

10.1.1 影响模拟输出结果的因素

对一个管理系统进行计算机模拟分析,我们要经过系统调查、系统分析、建立模型、编制程序、实验设计及模拟实验等几个主要的阶段。其中每个阶段的工作都能影响模拟模型及其输出结果的质量,这是显而易见的。因此笼统地说影响模拟输出结果的因素是十分复杂的,我们力争在诸多因素中分出条理,把主要的因素介绍给大家。这些因素主要如下:

1. 模型的质量

模型的质量必然会影响模拟输出的结果,而且模拟模型对模拟结果的影响又是潜移默化的,有些是可见的,有些又是不可见的。

首先,在建模过程中可能会忽略部分次要因素。一些因素因为与所研究的系统,或与所研究的目标相关较小,因此在建模中会予以忽略。这种忽略在一定程度上具有潜在的危险。第一,各类因素对系统的影响程度小到什么情况才值得忽略并没有明确的评价指标;第二,在模型多次修改过程中,很可能偏离了最初的目标,时过境迁,某个被忽略的因素可能变得不可忽视了;第三,有些因素虽然其本身对系统影响较小,但往往只是由于求解数学模型的数值方法的限制(比如约束太多可能会出现不可解等等)被忽略;第四,一些情况下,在某因素是否应该忽略的问题上可能存在分歧意见,最后由于人为意志而忽略。这些不可忽视的因素的忽略导致了模型最大的缺欠。

其次,模型的编制人员对所研究的管理系统的了解程度以及他们对于管理的理解是最重要的。那些对所研究的管理系统并不十分了解,而仅是凭一些不深入的调查结果就来为系统编制模型的工作者是很难拿出完善的模型来的。因此我们一直强调,在管理系统模拟研究的课题中一定要有管理方面的专家,仅由计算机人员对管理系统进行模拟分析常常导致事倍功半。

最后,对系统模型的研讨和审查也是十分重要的,对于重要的系统模型可以采取专家评议和讨论的形式进行质量评估,以便保证模型的质量。对于信息管理与信息系统专业的学生来讲,计算机模拟技术应仅仅是自己的管理工具箱中的一个工具,学生不仅应了解系统模拟方面的知识,也要学习数学、经济学、管理学方面的相关知识,以便掌握系统模型编制的理论和方法。

2. 输入数据概率分布的确定

通过对第 2 章的学习,读者可能已经了解到,模拟模型的输入数据是模型的重要组成部分,输入数据的概率分布是通过用户对大量采集的数据进行统计分析后确定的。一般来讲只要收集到足够多的数据,严格按一定的方法来分析,所确定的分布多是合适的。但大量的事实表明,由于许多现实系统数据的收集十分困难,建模人员若不深入到基层很难收集到真实的数据,所以许多原始数据存在假象;在对原始数据去伪存真后,样本尺寸大大减少,又很可能造成短缺,这种由于原始数据质量问题影响到模型的可靠性的问题是十分严重的潜在危险,因为随机变量分布及参数确定的失误会给模型的检验造成很大困难。另一方面该问题影响到原始数据的代表性,若原始数据不是在模型所研究的系统过程内或模型所要求的状态下收集的,则根本无法使用。

输入数据的拟合概率分布与系统实际概率分布的差异显然会影响系统的输出。如果所确定的输入数据的拟合概率分布不合适,那么从一开始就给模型种下了不合适的种子,即使以后的编程、设计、实验等环节做得再好,模型的质量也已经难以保证。为了保证输入数据的质量,我们不仅要认真地按统计学理论对输入数据进行分析,得到合适的拟合分布,还要根据大量积累的管理经验和对系统中各类过程的了解来验证所选拟合分布是否合适,精益求精地将这一关把好。

3. 模型初始条件的确定

关于初始条件的问题至今我们讨论得较少,这是另一个比较复杂的问题。在某些系统中,由于模拟的时间是由某些事件来控制的,因此系统的初始环境就可能会对模拟的结果造成影响。比如我们在模拟一场小规模的战争时,如果战争的终止条件是某一方的火力减少到一个界限,那么交战双方在初始时兵力的情况对模拟的结果就十分重要,我们就不能随意确定。此外在常见的服务系统中,服务开始时间的不同也会使初始条件不一样,继而影响模拟的结果,比如一家饭店在早8时或早11时开门的结果是不一样的。在这里我们提醒读者注意初始条件对模拟结果的影响,在处理这类系统时要专门分析初始数据在系统中的地位。

模型初始数据的确定、模拟模型的初始状态对模拟的输出结果都有着直接的影响,特别是在模拟长度不太大的情况下,输出结果会具有较大的偏倚。初始数据影响模拟模型的"预热"时间,合理的初始数据可以缩短其"预热"时间,从而使系统较早进入平衡状态;初始数据的确定应参照系统原始状态及模型要求,切忌人为意志的干扰。此外,模型初始数据与建模过程中使用的原始数据有很大关系,它可以从原始数据中选用,也可以重新规划,但它必须保持与原始数据的一致或者说至少在分布上是一致的。

4. 随机数发生器的质量

我们已经在第7章专门介绍了随机数发生器的基本原理和特点,读者对随机数发生器在模拟技术中所占的位置应该已经清楚,它的特殊性决定了它的质量对模拟的结果是至关重要的,将随机数发生器形容为模拟模型中一种基本细胞并不过分。

5. 程序的编制质量

程序是实现模拟模型的重要途径,如何使程序完全符合模拟模型的要求,实现模型中各个过程的再现,从而保证模拟输出的准确是十分重要的环节。采用专用模拟语言可以使程序的编制更加规范和简化,同时也会提高程序的质量。

6. 实验的设计

模拟实验的设计是在正式模拟之前,对所要模拟的各类分析方案的初始条件、数据及实验次序科学地进行计划、安排,以便在最少模拟实验的情况下最快接近最佳目标。模拟实验的设计虽然不能直接影响模拟的结果,但它可以影响决策的结果,因为科学的实验设计可以使系统的分析工作逐步接近其最佳解决方案。而粗糙的实验设计可能根本与最佳结果无缘,即使模拟的结果十分好,也不能得到最好的决策结果。

7. 模拟的长度或次数

模拟的长度或次数是决定模拟实验所需时间的关键参数,也是影响模拟结果的一个重要因素,增加模拟长度或次数会提高模拟输出结果的精度。如何确定某个模拟的长度或次数与模型的类型和输出数据的统计方法有关。模拟输出结果的收集和统计有严格的要求。从理论上讲,某个变量的模拟输出结果必须在达到稳定状态或者进行了多次模拟后才能进行分析。这在实际模拟过程中会存在一些困难,因为无论是确定输出变量的分布也好,还是分析其参数也好,都需要大量的输出数据,而许多模拟模型很难得到如此多的数据,因此其统计结果就不会可靠。对于不同模型,输出统计方法也应不同,若无论任何模型都采用同一种方法显然是不妥的。在此应特别指出,目前许多模型工作者认为只要输出结果与实际系统相符就没问题,这是一种十分危险的想法,因为这常常是一种巧合,而不是判断模型可靠性的主要标准。

综上所述,影响模拟结果及其精度的因素是多种多样的,而且有些因素又是错综复杂的,我们不可能在较短的篇幅中将这些问题分析清楚。所以我们将问题摆出来,有兴趣的读者可参考有关书籍继续学习和研究。实际上在这些领域中尚有大量的课题正处于研究阶段,有些问题还在探讨,我们也希望读者在今后应用模拟技术过程中能认真地考虑这些影响因素,进一步提高模拟模型的编制质量。在这一章中,我们重点讲解如何利用统计学理论和方法来确定模拟的长度或模拟次数,以便保证给定的精度,这一内容对于我们完整地学习计算机模拟技术是十分重要的。

10.1.2 模拟模型的输出数据

模拟长度与次数的确定与模拟模型及其输出数据有十分密切的关系,因此在我们要分析模拟的长度与次数,必须从分析它的输出数据开始。各类模拟模型产生的输出数据具有十分复杂的背景,在大多数情况下,它们仅是某个随机过程的一个随机变量或者是一个小小的样本。因此,它们可能反映不了它所在系统的真实面貌,我们在利用模拟模型的输出数据进行决策分析时应格外注意。主要应注意以下几个方面:

(1)我们知道,古典统计理论要求进行统计分析的数据应是符合 IID(独立同分布)条件的随机变量,但是由于种种原因,计算机模拟的输出数据或多或少总是存在关联的,这就不符合 IID 条件,因此不能直接运用古典统计理论进行统计分析。为了克服这个问题,一方面我们要尽量减少输出数据的相关性,另一方面要尽量扩大输出数据的样本尺寸,同时采用可以缩小数据相关性的统计方法,保证输出数据的分析建立在可靠的理论之上。

(2)为了满足最小样本尺寸的要求,模拟所需的长度或次数常常很大,这在时间和投入上都会出现困难,有时可能难以实现;而长度太短或次数太少又保证不了精度。因此,合理地确定模拟长度,使其既不会因为太大而实现不了,也不至于因为太少而影响模拟的质量是输出分析的重要内容。这也是我们这一章的主要目的。

(3)由于上述一些原因,使模拟输出结果的分析存在很大的困难,甚至使许多模拟工作者望而却步,常常对这个问题进行回避,就出现了仅仅凭一两次模拟就得出最后的结论,或者在大多数情况下,一旦模拟的输出结果与现实系统的数据有某种相似,就下结论说模拟已经得到了结果的现象。我们必须十分严肃地指出,任何没有进行严格输出数据分析的模拟结果都是不可信的。为了扭转目前存在的这样一些问题,在这一章中我们进行专门的介绍,相信对读者是有益的。

10.1.3 终止型模拟与稳态型模拟

在本书的第 1 章已经从模型编制的需要角度对模拟模型进行了不同原则的分类。在本章中,由于模拟模型的终止条件或环境的不同会影响到我们对输出数据的分析方法,所以在分析模拟结果输出之前我们还必须按模拟模型的终止条件对模型进行新的分类。

在这一节里我们将会看到,模拟模型的终止条件是确定模拟长度的重要因素之一。按终止条件的不同,模拟模型可分为两种类型:

1. 终止型模拟

如果一个模拟模型应在事先确定的事件（称为终止事件）发生时停止模拟,这种模拟模型称为终止型模拟模型,也可称为终止型模拟。

在现实世界中,终止型模拟是很多的。例如,若某银行营业时间为 8 h,到了时间就要关门,模拟就要终止;在军事模拟中,有一方兵力减少到一定标准就终止模拟;在管理系统模拟中,如果某个突发的事件产生时也可能终止模拟等都是终止型模拟的例子。终止型模拟具有如下的特点:

(1) 终止型模拟是按事先确定的终止事件来确定模拟的结束,因此这种类型模拟每次模拟的长度是有限的。也就是说它有一个终止的地方,不会没完没了地模拟下去。

(2) 对于具有随机过程的终止型模拟,无论它的终止事件什么时候发生,在模拟终止时的模拟结果仍然是随机的。因此仅仅一次模拟并不能获得模型最后的理想结果,这就需要对同一模型进行多次模拟,每次改变模型中使用的随机数列,最后在多次模拟结果中求其平均值。模拟的次数应按所要求的精度,经过分析后再确定。

(3) 对于终止型模拟,由于其模拟的终止是由于某个终止事件的发生,因此它实际的模拟时间有长有短。当模拟的时间并不很长时,所模拟的系统有可能尚未进入一个稳定的状态,系统的初始条件仍然影响着模拟的输出。在这种情况下,模型的初始状态对结果的影响是显著的,一般应给予考虑,不能忽略这一因素。

2. 稳态型模拟

如果一个模拟模型的终止时间是无穷大,也就是说其模拟是没有终止的时间的,这种模拟模型称为稳态型模拟模型,或称为稳态型模拟。这类模型的模拟通常需要很长的时间,系统被认为已经进入了一个稳定的状态,模拟才可能被人为终止。

比如对于生态系统的模拟可以说是一个无止境的系统;目前使用相当多的各类流水生产线(比如家用电器生产线、连续铸钢生产线或某化工原料生产线)在生产正常的情况下,是没有一个终止的时间的。在现代化管理系统中这类稳态型模拟是十分常见的。稳态型模拟具有如下特点:

(1) 由于模拟的长度是无限的,因此其模拟结果与模型的初始状态无关。

(2) 既然对于稳态型模拟没有一个终止的要求,那么其终止时间就要根据模型的要求来决定。在一般情况下应使系统到达一个稳定的状态,这里所谓稳定的状态并不意味着输出值在某一时间后成为常数或变化不大,而是指模拟输出变量的分布已经稳定。如何确定模拟输出变量的分布是否已经稳定是十分复杂的。

(3) 由于稳态型模拟的终止判断需要更复杂的统计知识,而且在许多情况下是十分困难的,所以在一般情况下,模拟工作者应对所模拟的系统有相当的了解。只要模拟进行了适当长的时间,再凭借一些对该模拟系统的管理经验是可以决定模拟的终止长度的。在这种情况下,模拟的长度常常是由要求的精度及所能付出的时间和经费来确定的。

综上所述,读者可能会得到如下印象:似乎任何系统不是终止型就是稳态型,选择是唯一的。其实,选择哪种形式合适所研究的系统也取决于分析目的。譬如,当利用模拟来研究某一给定的装配线时,应包括操作工人熟悉自己工作的过程。那么当自动线已经运转相当长时间,工人已经熟悉了自己的工作技术时,就应为系统设计一个稳态模拟。否则,若模拟前6个月的时间,工人尚未熟悉自己的工作,这种情况则应选择终止型模拟。

10.2 输出结果的置信区间

判断或检验一组模拟输出数据是否合理,或是否满足了用户的要求,有许多评价方法。对于稳态型模拟,最理想的办法应是首先判断系统是否已经进入了稳定的状态。但我们知道,要判断一个系统是否处于一个稳定的状态需要大量的数据,因此就需要进行大量的模拟,所需数据的规模常常是难以想象的,这就给应用带来许多困难。而对于终止型模拟,为了得到足够数量的数据所需要模拟的次数也有可能非常多。一个比较实用的方法是利用对输出结果的置信区间及其可信度的评价来检验模拟输出数据的合理性,这个方法简单又直观,可以满足要求一般的系统分析。

我们先复习置信区间的建立和分析的问题,然后再介绍如何利用置信区间来分析模拟输出数据的精度和可靠性。

【例10.1】 已知某 M/M/1 排队系统,其顾客到达时间间隔与服务时间的比值为0.9,我们设计了一个每次模拟25个顾客,共模拟10次的模拟模型,每次模拟改变程序的随机数发生器的种子,得到顾客平均等待时间的结果如下:

| 1.051 | 6.438 | 2.646 | 0.805 | 1.505 |
| 0.546 | 2.287 | 2.822 | 0.414 | 1.307 |

10次模拟结果的均值为1.9821,而这一系统的理论等待时间依排队论的理论可计算出来,为2.124,两个结论之间相差很大。那么这个模拟结果的可信度有多大呢?这就需要用置信区间方法来判断,首先我们为上述数据建立一个置信区间。对于样本大小固定的情况,通常可按下式计算置信区间:

$$X(n) \pm t_{n-1, 1-\frac{\alpha}{2}} \sqrt{\frac{S^2(n)}{n}}$$

置信区间由两部分组成,第一部分是样本的均值 $X(n)$,其中 n 为所研究的样本量;第二部分是 $t_{n-1,1-\frac{\alpha}{2}}\sqrt{\frac{S^2(n)}{n}}$,可称为置信区间的半区间长,其中 $S^2(n)$ 为样本的估计方差,α 是检验水平,$t_{n-1,1-\frac{\alpha}{2}}$ 为具有 $n-1$ 个自由度的 t 分布上 $1-\alpha$ 的极限点。在本例题中 $n=10$,α 取 0.01,其他结果计算如下:

$$X(n) = \sum_{i=1}^{n} x_i/n = X(10) = 1.982$$

$$S^2(n) = \sum_{i=1}^{n} [x_i - X(n)]^2/(n-1) = S^2(10) = 3.172$$

查 t 分布表得

$$t_{9,0.95} = 1.833$$

则置信区间的半区间长为

$$t_{9,0.95}\sqrt{\frac{S^2(10)}{10}} = 1.823 \times \sqrt{\frac{3.172}{10}} = 1.032$$

故置信区间为$[1.982 \pm 1.032]$或写为$[0.95, 3.014]$。

由结果可见,由于半区间长过大,所得置信区间太大,其结果显然是不准确的,也是不可靠的。增加模拟的次数会缩小置信区间的半区间长,从而提高精度。但是,到底要模拟多少次才能达到所需要的精度呢? 现在的任务是应找到一种具有可操作性的方法来保证输出结果的精度。

在这里应指出的是,利用该式计算置信区间应具备一定的条件,其一是在对模型进行 n 次重复模拟后,每次所得到的模拟结果应呈正态分布,并且 n 要足够大。

为了利用置信区间来分析模拟结果的精度,我们又常常将有关误差分为两种,将置信区间的半区间长定义为绝对误差(也有称绝对精度),而将置信区间的半区间长与其点估计值的比值定义为相对误差(也有称相对精度),分别用 β 和 γ 表示,即

$$\beta = t_{n-1, 1-\frac{\alpha}{2}}\sqrt{\frac{S^2(n)}{n}}$$

$$\gamma = \frac{t_{n-1, 1-\frac{\alpha}{2}}\sqrt{\frac{S^2(n)}{n}}}{X(n)}$$

则在本例中,绝对误差为 1.032,相对误差为 $1.032/1.982 = 0.521$。

10.3　终止型模拟结果的分析

由于终止型模拟的输出数据分析比较直观,并且容易理解,我们重点讲解终止型模拟的结果分析。相同的原理可以用于稳态型模拟,但使用起来要复杂得多,在本教材中就不多介绍,读者可参考有关书籍学习。

对于终止型模拟,我们总是要先做一些模拟(可以称为是第一阶段)后,才能谈到对模拟输出结果的分析,经过分析后如果其精度不满足要求,再按需要增加模拟的次数。那么在第一阶段应该模拟多少次呢? 为此让我们先分析置信区间的半区间长:

$$t_{n-1, 1-\frac{\alpha}{2}}\sqrt{\frac{S^2(n)}{n}}$$

很显然,当模拟次数增加时,置信区间的半区间长会逐步地缩小。但是上面公式中还包括 $S^2(n)$,它也是随模拟次数的变化而变化的,而且也是随模拟次数的增加而逐步减少的。通过大量地研究我们知道,随着模拟次数的增加,$S^2(n)$ 变化的速度逐渐下降,而且当模拟次数 n 达到一定数目后,$S^2(n)$ 的变化很小,可以认为是一个固定值。这样我们就有了一个办法:利用模拟次数来控制置信区间的半区间长。当 $S^2(n)$ 的变化很小时,我们就可以逐渐增加模拟的次数,并观察置信区间的半区间长的变化,直至它满足模拟精度的要求。这种当 n 达到一定数目后,认为 $S^2(n)$ 的变化很小的原则常称为样本量固定原则,也可称为样本尺寸固定原则。下面我们就介绍利用样本量固定的原则来确定模拟次数的两种方法。

10.3.1 计算逼近法

计算逼近法是利用计算的方法来估计在给定绝对误差或相对误差的情况下,某模型模拟需要的模拟次数。此方法的基础是样本尺寸固定的原则,它首先假设在模拟次数不断增加的情况下,模拟结果方差的估计值 $S^2(n)$ 变化的速度在缩小,在 n 达到某一数值后,可以认为 $S^2(n)$ 值已经变化不大,从而将其假设为一个固定值;然后再通过计算的方法,在逐步增加模拟次数 n 的情况下,寻找达到给定精度的结果。因此这仅是一个估算的方法,精度也不是很准确,但是它简单、直观而且容易操作,在模拟精度要求不太高的情况下是一个可应用的办法。本方法可分为两类:

1. 已知绝对误差

在给定绝对误差 β,即在给定置信区间的半区间长的情况下,当模拟次数 n 增加,$S^2(n)$ 变化不大时,则可利用下式估计所研究模型的模拟次数:

$$n_a^*(\beta) = \min\left\{ i \geq n : t_{i-1, 1-\frac{\alpha}{2}} \sqrt{\frac{S^2(n)}{i}} \leq \beta \right\}$$

其中,$*$ 表示估计值;a 表示用于已知绝对误差的情况。

在利用上式进行估算时,应先进行 n 次模拟,确认 $S^2(n)$ 变化不大时,将 $S^2(n)$ 固定,使 i 每增加 1 计算一次半区间长,直至其小于给定的绝对误差 β。这时的 i 值即是满足给定的绝对误差的模拟次数的估计值。

【例 10.2】 用计算逼近法,计算当例 10.1 所给的模型绝对误差给定为 0.5,检验水平为 0.01 时的所必需的模拟次数。当绝对误差给定为 0.5,检验水平为 0.1 时,例 10.1 所给的系统所必需的模拟次数可先模拟 10 次,将 $S^2(10)$ 固定,然后按下式进行估算:

$$n_a^*(0.5) = \min\left\{ i \geq 10 : t_{i-1, 0.95} \sqrt{\frac{3.172}{i}} \leq 0.5 \right\}$$

$n_a^*(0.5) = 37$ 用 $i = 11, 12, 13, \cdots, 37$ 计算,最后得:

$$n_a^*(0.5) = 37$$

结果为 37 次,说明需要进行 37 次模拟才能得到保证绝对误差小于 0.5 的模拟结果。

2. 已知相对误差

在给定相对误差 γ,即在给定置信区间的半区间长与其点估计值的比值的情况下,我们假设当模拟次数 n 增加时,模拟结果的总体均值及总体方差没有(显著的)变化,则可利用下式估算所研究模型的模拟次数:

$$n_\gamma^*(\gamma) = \min\left\{ i \geq n : \frac{t_{i-1, 1-\frac{\alpha}{2}} \sqrt{\frac{S^2(n)}{i}}}{X(n)} \leq \gamma \right\}$$

其中,$*$ 表示估计值;γ 表示用于已知相对误差的情况。

在利用上式进行估算时,应先进行 n 次模拟,确认 $S^2(n)$ 和 $X(n)$ 变化不大时,将 $S^2(n)$ 与 $X(n)$ 固定,使 i 每增加 1 计算一次半区间长,直至其小于给定的相对误差 γ。这时的 i 值即是满足给定的相对误差的模拟次数的估计值。

【例 10.3】 用计算逼近法计算当例 10.1 所给的模型相对误差给定为 0.15,检验水平为

0.01 时所必须的模拟次数。当相对误差给定为 0.15,检验水平为 0.01 时,例 10.1 所给的系统所必需的模拟次数可先模拟 10 次,将 $S^2(10)$ 及 $X(10)$ 固定,然后按下式进行估算:

$$n_\gamma^*(0.15) = \min\left\{i \geq 10 : \frac{t_{i-1,0.95}\sqrt{\frac{3.172}{i}}}{1.982} \leq 0.15\right\}$$

用 $i = 11, 12, 13, \cdots, 99$ 计算,最后得

$$n_\gamma^*(0.15) = 99$$

这说明需要进行 99 次模拟才能得到保证相对误差小于 0.15 的模拟结果。

计算逼近法是靠计算而不是真正模拟的方法来估计模拟的次数,因此这种方法得出的结果(模拟次数)可能很大,从而造成不必要的浪费,这一点从上述的例题中也可以看出,因此只有在模型不大的情况下采用。与此相比,另一种比较适用的方法是序贯法。

10.3.2 序贯(模拟逼近)法

所谓序贯法是一种利用模拟实验逼近给定精度的办法,因此也可称为模拟逼近法。对于终止型模拟,每增加一次都会提高模拟结果的精度,使其向给定的精度前进一步,所以我们可以每进行一次新模拟后就检验其模拟误差是否小于等于给定的模拟误差,直至到符合要求为止,这就是模拟逼近法的基本原理。其步骤如下:

(1) 给定相对误差 γ。
(2) 先进行 n 次模拟,得到 $x_1, x_2, x_3, \cdots, x_n$。
(3) 令 $n = n$。
(4) 计算 $X(n), S^2(n)$ 及半区间长:

$$\delta(n, \alpha) = t_{n-1, 1-\frac{\alpha}{2}}\sqrt{\frac{S^2(n)}{n}}$$

(5) 判断此时的相对误差是否小于等于给定的相对误差:

$$\frac{\delta(n, \alpha)}{X(n)} \leq \gamma$$

① 若此时的相对误差小于或等于给定的相对误差,则可求得置信区间为

$$I(\alpha, \gamma) = [X(n) - \delta(n, \alpha), X(n) + \delta(n, \alpha)]$$

结束。

② 若此时的相对误差没有小于等于给定的相对误差,则 $n = n+1$,再进行一次模拟,又得到一个新的模拟结果,然后返回到第(4)步继续进行。

利用序贯法得到的实际模拟结果最终满足给定的相对误差,由于每前进一步都要对模型重新模拟一次,这对于模型规模较大,模拟一次的需要时间较长的情况有时是难以做到的。但目前有关模拟结果统计分析的软件十分丰富,而且计算机的计算速度也在不断的提高,这都给使用序贯法提供了好的条件。

【例 10.4】 利用序贯法寻找当例 10.1 所给的模型相对误差给定为 0.15,检验水平为 0.01 时所必需的模拟次数。按上述序贯法的步骤,我们先进行 $n = 10$ 次的模拟,然后每多进行一次模拟就重新统计其置信区间的半区间长,并判断其相对误差是否小于等于 0.15。这样一直做下去,直到 $n = 68$ 次时,满足了给定的要求。

与应用计算逼近法相比较,序贯法需要的模拟次数减少了许多,这一点对于规模较大的模型可能是很重要的。但是读者只要认真地分析一下序贯法的计算过程,就会发现这是一个十分繁杂的计算,不利用计算机高级语言程序是无法进行的;如果所研究的模型的模拟时间又很长的话,这就更增加了序贯法的难度。这也是模拟输出结果分析问题一直没有能得到全面解决的原因之一。

有关模拟输出结果分析的内容十分广泛,许多又涉及到一些复杂的统计理论,比如关于稳态型模型仿真结果的分析,方差缩减技术,模拟模型的确认,验证与评价等等都是十分重要的问题。相信上面的介绍已经起到了入门的作用,在此基础上,对于具有较强概率与数理统计知识的读者来讲,进一步学习和研究这些问题应该不会有太大的困难。

本 章 习 题

1. 影响模拟输出结果的因素主要有哪些?
2. 终止型模拟有哪些特点?
3. 稳态型模拟有哪些特点?
4. 序贯法与计算逼近法各有哪些优缺点?

附　　录

附录1　自由度为 ν 的 t 分布临界值 $t_{\nu,\gamma}$

附表1　自由度为 ν 的 t 分布临界点值 $t_{\nu,\gamma}$

ν	γ															
	0.600 0	0.700 0	0.800 0	0.900 0	0.933 3	0.950 0	0.960 0	0.667	0.975 0	0.980 0	0.983 3	0.875 0	0.990 0	0.991 7	0.993 8	0.995 0
1	0.325	0.727	1.376	3.078	4.702	6.314	7.916	9.524	12.706	15.895	19.043	25.452	31.821	38.342	51.334	63.657
2	0.289	0.617	1.061	1.886	2.456	2.920	3.320	3.679	4.303	4.849	5.334	6.205	6.965	7.665	8.897	9.925
3	0.277	0.584	0.978	1.638	2.045	2.353	2.605	2.823	3.182	3.482	3.738	4.177	4.541	4.864	5.408	5.841
4	0.271	0.569	0.941	1.533	1.879	2.132	2.333	2.502	2.776	2.999	3.184	3.495	3.747	3.966	4.325	4.604
5	0.267	0.559	0.920	1.476	1.790	2.015	2.191	2.337	2.571	2.757	2.910	3.163	3.365	3.538	3.818	4.032
6	0.265	0.553	0.906	1.440	1.735	1.943	2.104	2.237	2.447	2.612	2.748	2.969	3.143	3.291	3.528	3.707
7	0.263	0.549	0.896	1.415	1.698	1.895	2.046	2.170	2.365	2.517	2.640	2.841	2.998	3.130	3.341	3.499
8	0.262	0.546	0.889	1.397	1.670	1.860	2.004	2.122	2.306	2.449	2.565	2.752	2.896	3.018	3.211	3.355
9	0.261	0.543	0.883	1.383	1.650	1.833	1.973	2.086	2.262	2.398	2.508	2.685	2.821	2.936	3.116	3.250
10	0.260	0.542	0.879	1.372	1.634	1.812	1.948	2.058	2.228	2.359	2.465	2.634	2.764	2.872	3.043	3.169
11	0.260	0.540	0.876	1.363	1.621	1.796	1.928	2.036	2.201	2.328	2.430	2.593	2.718	2.822	2.985	3.106
12	0.259	0.539	0.873	1.356	1.610	1.782	1.912	2.017	2.179	2.303	2.402	2.560	2.681	2.782	2.939	3.055
13	0.259	0.538	0.870	1.350	1.601	1.771	1.899	2.002	2.160	2.282	2.379	2.533	2.650	2.748	2.900	3.012
14	0.258	0.537	0.868	1.345	1.593	1.761	1.887	1.989	2.145	2.264	2.359	2.510	2.624	2.720	2.868	2.977
15	0.258	0.536	0.866	1.341	1.587	1.753	1.878	1.978	2.131	2.249	2.342	2.490	2.602	2.696	2.841	2.947
16	0.258	0.535	0.865	1.337	1.581	1.746	1.869	1.968	2.120	2.235	2.327	2.473	2.583	2.675	2.817	2.921
17	0.257	0.534	0.863	1.333	1.576	1.740	1.862	1.960	2.110	2.224	2.315	2.458	2.567	2.657	2.796	2.898
18	0.257	0.534	0.862	1.330	1.572	1.734	1.855	1.953	2.101	2.214	2.303	2.445	2.552	2.641	2.778	2.878
19	0.257	0.533	0.861	1.328	1.568	1.729	1.850	1.946	2.093	2.205	2.293	2.433	2.539	2.627	2.762	2.861
20	0.257	0.533	0.860	1.325	1.564	1.725	1.844	1.940	2.086	2.197	2.285	2.423	2.528	2.614	2.748	2.845
21	0.257	0.532	0.859	1.323	1.561	1.721	1.840	1.935	2.080	2.189	2.277	2.414	2.518	2.603	2.735	2.831
22	0.256	0.532	0.858	1.321	1.558	1.717	1.835	1.930	2.074	2.183	2.269	2.405	2.508	2.593	2.724	2.819
23	0.256	0.532	0.858	1.319	1.556	1.714	1.832	1.926	2.069	2.177	2.263	2.398	2.500	2.584	2.713	2.807
24	0.256	0.531	0.857	1.318	1.553	1.711	1.828	1.922	2.064	2.172	2.257	2.391	2.492	2.575	2.704	2.797

续附表1

ν	γ															
	0.600 0	0.700 0	0.800 0	0.900 0	0.933 3	0.950 0	0.960 0	0.667	0.975 0	0.980 0	0.983 3	0.875 0	0.990 0	0.991 7	0.993 8	0.995 0
25	0.256	0.531	0.856	1.316	1.551	1.708	1.825	1.918	2.060	2.167	2.251	2.385	2.485	2.568	2.695	2.787
26	0.256	0.531	0.856	1.315	1.549	1.706	1.822	1.915	2.056	2.162	2.246	2.379	2.479	2.561	2.687	2.779
27	0.256	0.531	0.855	1.314	1.547	1.703	1.819	1.912	2.052	2.158	2.242	2.373	2.473	2.554	2.680	2.771
28	0.256	0.530	0.855	1.313	1.546	1.701	1.817	1.909	2.048	2.154	2.237	2.368	2.467	2.548	2.673	2.763
29	0.256	0.530	0.854	1.311	1.544	1.699	1.814	1.906	2.045	2.150	2.233	2.364	2.462	2.543	2.667	2.756
30	0.256	0.530	0.854	1.310	1.543	1.697	1.812	1.904	2.042	2.147	2.230	2.360	2.457	2.537	2.661	2.750
40	0.255	0.529	0.851	1.303	1.532	1.684	1.796	1.886	2.021	2.123	2.203	2.329	2.423	2.501	2.619	2.704
50	0.255	0.528	0.849	1.299	1.526	1.676	1.787	1.875	2.009	2.109	2.188	2.311	2.403	2.479	2.594	2.678
75	0.254	0.527	0.846	1.293	1.517	1.665	1.775	1.861	1.992	2.090	2.167	2.287	2.377	2.450	2.562	2.643
100	0.254	0.526	0.845	1.290	1.513	1.660	1.769	1.855	1.984	2.081	2.157	2.276	2.364	2.436	2.547	2.626
∞	0.253	0.524	0.842	1.282	1.501	1.645	1.751	1.834	1.960	2.054	2.127	2.241	2.326	2.395	2.501	2.576

附录2 自由度为 ν 的 χ^2 分布临界值 $\chi^2_{\nu,\gamma}$

附表2 自由度为 ν 的 χ^2 分布临界值 $\chi^2_{\nu,\gamma}$

ν	γ						
	0.250	0.500	0.750	0.900	0.950	0.975	0.990
1	0.102	0.455	1.323	2.706	3.841	5.024	6.635
2	0.575	1.386	2.773	4.605	5.991	7.378	9.210
3	1.213	2.366	4.108	6.251	7.815	9.348	11.345
4	1.923	3.357	5.385	7.779	9.488	11.143	13.277
5	2.675	4.351	6.626	9.236	11.070	12.833	15.086
6	3.455	5.348	7.841	10.645	12.592	14.449	16.812
7	4.255	6.346	9.037	12.017	14.067	16.013	18.475
8	5.071	7.344	10.219	13.362	15.507	17.535	20.090
9	5.899	8.343	11.389	14.684	16.919	19.023	21.666
10	6.737	9.342	12.549	15.987	18.307	20.483	23.209
11	7.584	10.341	13.701	17.275	19.675	21.920	24.725
12	8.438	11.340	14.845	18.549	21.026	23.337	26.217
13	9.299	12.340	15.984	19.812	22.362	24.736	27.688
14	10.165	13.339	17.117	21.064	23.685	26.119	29.141
15	11.037	14.339	18.245	22.307	24.996	27.488	30.578
16	11.912	15.338	19.369	23.542	26.296	28.845	32.000
17	12.792	16.338	20.489	24.769	27.587	30.191	33.409
18	13.675	17.338	21.605	25.989	28.869	31.526	34.805
19	14.562	18.338	22.718	27.204	30.144	32.852	36.191
20	15.452	19.337	23.828	28.412	31.410	34.170	37.566
21	16.344	20.337	24.935	29.615	32.671	35.479	38.932
22	17.240	21.337	26.039	30.813	33.924	36.781	40.289
23	18.137	22.337	27.141	32.007	35.172	38.076	41.638
24	19.037	23.337	28.241	33.196	36.415	39.364	42.980
25	19.939	24.337	29.339	34.382	37.652	40.646	44.314
26	20.843	25.336	30.433	35.563	38.885	41.923	45.642
27	21.749	26.336	31.528	36.741	40.113	43.195	46.963
28	22.657	27.336	32.620	37.916	41.337	44.461	48.278
29	23.567	28.336	33.711	39.087	42.557	45.722	49.588

续附表2

ν	γ						
	0.250	0.500	0.750	0.900	0.950	0.975	0.990
30	24.478	29.336	34.800	40.256	43.773	46.979	50.892
40	33.660	39.335	45.616	51.805	55.758	59.342	63.691
50	42.942	49.335	56.334	63.167	67.505	71.420	76.154
75	66.417	74.334	82.858	91.061	96.217	100.839	106.393
100	90.133	99.334	109.141	118.498	124.342	129.561	135.807

附录3 GPSS/Java 标准接口汇总

尽管桌面应用的类库和 Web 应用的类库的结构和组织有所不同,但是它们提供的资源实体类、模块语句、控制语句、标准属性和操作数功能标识符等是完全相同的。也就是说,无论使用桌面应用开发环境还是 Web 应用开发环境,用户在建立模型时,所使用的以上 GPSS/Java 的仿真元素是没有区别的。

1. 资源实体类

(1) 资源实体类。

附表3 资源实体类列表

方法摘要	方法说明
Addr	地址标号类:创建地址标号实体对象
Facility	设备实体类:创建设备实体对象
Function	函数实体类:创建函数实体对象
Matrix	矩阵保存值实体类:创建矩阵保存值实体对象
QTable	队列表实体类:创建队列表实体对象
Queue	排队实体类:创建排队实体对象
Savevalue	保存值实体类:创建保存值实体对象
Storage	存储实体类:创建存储实体对象
Switch	逻辑开关:创建逻辑开关实体对象
Table	表实体类:创建表实体对象
User	用户链实体类:创建用户链实体对象
Variable	变量实体类:创建变量实体对象

(2) 资源实体类构造方法。

附表4 资源实体类构造方法

Addr	Addr( )构造方法;系统命名输出名 LABEn
Facility	Facility( )构造方法;系统自动命名输出名 FACIn
	Facility(String n)构造方法;n—输出名
Function	Function(int flag,int gr,double[ ] x,double[ ] y) 构造方法;系统命名输出名 FUNCn, gr—值对数、x—自变量预定值数组、y—因变量预定值数组
	Function(String n,int flag,int gr,double[ ] x,double[ ] y) 构造方法;n—输出名、gr—值对数、x—自变量预定值数组、y—因变量预定值数组

续附表 4

Matrix	Matrix(int row,int col) 构造方法；系统命名输出名 MATRn,row—矩阵行数、col—矩阵列数,各元素初值为 0
	Matrix(int row,int col,double v) 构造方法；系统命名输出名 MATRn,row—矩阵行数、col—矩阵列数,各元素初值为 v
	Matrix(String s,int row,int col) 构造方法；n—输出名、row—矩阵行数、col—矩阵列数,各元素初值为 0
	Matrix(String s,int row,int col,double v) 构造方法；n—输出名、row—矩阵行数、col—矩阵列数,各元素初值为 v
Queue	Queue() 构造方法；系统命名输出名 QUEUn
	Queue(String n) 构造方法；n—输出名
Savevalue	Savevalue() 构造方法；系统命名输出名 SAVEn
	Savevalue(double v) 构造方法；系统命名输出名 SAVEn,v—保存值初始值
	Savevalue(String n) 构造方法；n—输出名
	Savevalue(String n,double v) 构造方法；n—输出名、v—保存值初始值
Storage	Storage() 构造方法；系统命名输出名 STORn,容量无限大
	Storage(int m) 构造方法；系统命名输出名 STORn,m—容量
	Storage(String n) 构造方法；n—输出名,容量无限大
	Storage(String n,int m) 构造方法；n—输出名、m—容量
Switch	Switch() 构造方法；系统命名输出名 SWITn,初始状态为 RESET
	Switch(int s) 构造方法；系统命名输出名 SWITn,s—用户定义初始状态
	Switch(String n) 构造方法；n—输出名
	Switch(String n,int s) 构造方法；n—输出名、s—用户定义初始状态
Table	Table(double a,double b,int c) 构造方法；系统命名输出名 TABLn,a—下界值、b—间隔值、c—间隔数
	Table(Queue q,double a,double b,int c) 构造方法；系统命名输出名 TABLn,q—队列对象、a—下界值、b—间隔值、c—间隔数
	Table(String n,double a,double b,int c) 构造方法；n—输出名、a—下界值、b—间隔值、c—间隔数
	Table(String n,Queue q,double a,double b,int c) 构造方法；n—输出名、q—队列对象、a—下界值、b—间隔值、c—间隔数
QTtable	Table(Queue q,double a,double b,int c) 构造方法；系统命名输出名 QTABn,q—队列对象、a—下界值、b—间隔值、c—间隔数
	Table(String n,Queue q,double a,double b,int c) 构造方法；n—输出名、q—队列对象、a—下界值、b—间隔值、c—间隔数

续附表 4

User	User( ) 构造方法;系统命名输出名 USERn
	User(String n) 构造方法;n—输出名
Variable	Variable( ) 构造方法;系统命名输出名 VARIBn
	Variable(String n) 构造方法;n—输出名

2. 操作模块

附表 5　操作模块列表

方法摘要
advance(double a) 操作模块:滞留动态实体
advance(double a,double b) 操作模块:滞留动态实体
assemble(int a) 操作模块:装配若干动态实体为一个然后移动
assign(int a,double b) 操作模块:修改动态实体实型参数
assign(int a,int b) 操作模块:修改动态实体整型参数
assignMinus(int a,double b) 操作模块:修改动态实体实型参数(累减)
assignMinus(int a,int b) 操作模块:修改动态实体整型参数(累减)
assignPlus(int a,double b) 操作模块:修改动态实体实型参数(累加)
assignPlus(int a,int b) 操作模块:修改动态实体整型参数(累加)
buffer( ) 操作模块:缓冲动态实体
end( ) 操作模块:结束模型
gate(int x,Object a) 操作模块:打开或关闭门(拒绝模式)
gate(int x,Object a,Addr b) 操作模块:打开或关闭门(转移模式)
gather(int a) 操作模块:聚集若干动态实体以实现同步移动
generate(double a) 操作模块:产生动态实体
generate(double a,double b) 操作模块:产生动态实体
generate(double a,double b,double c) 操作模块:产生动态实体
generate(double a,double b,double c,int d) 操作模块:产生动态实体
generate(double a,double b,double c,int d,int e) 操作模块:产生动态实体
generate(double a,double b,double c,int d,int e,int f,int g) 操作模块:产生动态实体
index(int a,double b) 操作模块:索引动态实体实型参数
index(int a,int b) 操作模块:索引动态实体整型参数
loop(int a,Addr b) 操作模块:使动态实体产生循动流动
mark(int a) 操作模块:标记当前绝对时钟时间
match(Addr a) 操作模块:与指定地址标号的对偶模块相匹配
print(int line,String name,double value) 操作模块:向输出流输出一个实型值
print(String name,double value) 操作模块:向输出流输出一个实型值

续附表5

方法摘要
priority(int a) 操作模块:改变动态实体优先权
select(int x,int a,int b,int c) 操作模块:选择符合指定条件的资源实体
select(int x,int a,int b,int c,Addr f) 操作模块:选择符合指定条件的资源实体
select(int x,int a,int b,int c,double d,int e) 操作模块:选择符合指定条件的资源实体
select(int x,int a,int b,int c,double d,int e,Addr f) 操作模块:选择符合指定条件的资源实体
select(int x,int a,int b,int c,int e) 操作模块:选择符合最大或最小条件的属性
select(int a,int b) 操作模块:根据预定义的选择方法选择符合指定条件的实体的编号
select(int a,int b,Addr c) 操作模块:根据预定义的选择方法选择符合指定条件的实体的编号
split(int a,Addr b) 操作模块:将当前动态实体分裂出若干子动态实体
split(int a,Addr b,int c) 操作模块:将当前动态实体分裂出若干子动态实体
split(int a,Addr b,int c,int d) 操作模块:将当前动态实体分裂出若干子动态实体
split(int a,Addr b,int c,int d,int e) 操作模块:将当前动态实体分裂出若干子动态实体
terminate( ) 操作模块:排除动态实体
terminate(int a) 操作模块:排除动态实体
test(int x,boolean a) 操作模块:逻辑测试门(拒绝模式)
test(int x,boolean a,Addr c) 操作模块:逻辑测试门(转移模式)
test(int x,int a,int b) 操作模块:关系测试门(拒绝模式)
test(int x,int a,int b,Addr c) 操作模块:关系测试门(转移模式)
test(int x,double a,double b) 操作模块:关系测试门(拒绝模式)
test(int x,double a,double b,Addr c) 操作模块:关系测试门(转移模式)
transfer(Addr block) 操作模块:转移动态实体(无条件转移)
transfer(Addr a,Addr b) 操作模块:转移动态实体(BOTH 转移)
transfer(double rate,Addr block) 操作模块:转移动态实体(概率转移)
transfer(double rate,Addr block1,Addr block2) 操作模块:转移动态实体(概率转移).

3. 包装的资源模块

附表6　包装的资源模块列表

方法摘要
depart(Queue q) 资源模块:离开队列,动态实体离开调用此方法的队列(对象)
depart(Queue q,int w) 资源模块:离开队列,动态实体离开调用此方法的队列(对象)
enter(Storage s) 资源模块:占用存储实体
enter(Storage s,int w) 资源模块:占用存储实体
leave(Storage s) 资源模块:释放存储实体
leave(Storage s,int w) 资源模块:释放存储实体

续附表6

	方法摘要
link(User lk)	资源模块:"链入"用户链,动态实体无条件"链入"指定的用户链的"链尾"
link(User lk,int b)	资源模块:"链入"用户链,动态实体按指定规则无条件"链入"指定的用户链
link(User lk,int b,Addr c)	资源模块:"链入"用户链,动态实体"链入"指定的用户链
link(User lk,Addr c)	资源模块:"链入"用户链,动态实体"链入"指定的用户链的"链尾"
logic(Switch sw,int l)	资源模块:设置逻辑开关当前状态
msaveMinus(Matrix m,int row,int col,double v)	资源模块:修改矩阵保存值指定行列的元素值(累减)
msavePlus(Matrix m,int row,int col,double v)	资源模块:修改矩阵保存值指定行列的元素值(累加)
msaveValue(Matrix m,int row,int col,double v)	资源模块:修改矩阵保存值指定行列的元素值
preempt $ (Facility f)	资源模块:抢占设备,动态实体抢占指定的设备(对象)
preempt $ (Facility f,int b)	资源模块:抢占设备,动态实体抢占指定的设备(对象)
preempt $ (Facility f,int b,Addr c)	资源模块:抢占设备,动态实体抢占指定的设备(对象)
preempt $ (Facility f,int b,Addr c,int d)	资源模块:抢占设备,动态实体抢占指定的设备(对象)
preempt $ (Facility f,int b,Addr c,int d,int e)	资源模块:抢占设备,动态实体抢占指定的设备(对象)
queue(Queue q)	资源模块:加入队列,动态实体加入调用此方法的队列(对象)
queue(Queue q,int w)	资源模块:加入队列,动态实体加入调用此方法的队列(对象)
release(Facility f)	资源模块:释放设备,动态实体释放调用此方法的设备(对象)
return $ (Facility f)	资源模块:释放曾抢占的设备,动态实体释放调用此方法的曾抢占的设备(对象)
saveMinus(Savevalue s,double v)	资源模块:修改保存值(累减)
savePlus(Savevalue s,double v)	资源模块:修改保存值(累加)
saveValue(Savevalue s,double v)	资源模块:修改保存值
seize(Facility f)	资源模块:占用设备,动态实体占用调用此方法的设备(对象)
tabulate(Table t,double var)	资源模块:向指定的表实体输入一次统计值
tabulate(Table t,double var,double w)	资源模块:向指定的表实体输入一次统计值
unlink(User lk,Addr b)	资源模块:解链,将1个动态实体从其链头移出指定的用户链
unlink(User lk,Addr b,int c)	资源模块:解链,将若干动态实体从其链头移出指定的用户链
unlink(User lk,Addr b,int c,int d)	资源模块:解链,将若干动态实体移出指定的用户链
unlink(User lk,Addr b,int c,int d,int e)	资源模块:解链,将若干动态实体移出指定的用户链
unlink(User lk,Addr b,int c,int d,int e,Addr f)	资源模块:解链,将若干动态实体移出调用此方法的用户链(对象)

4. 包装的资源实体标准属性

附表7 包装的资源实体标准属性列表

方法摘要	方法说明
double	CA $ (User lk) 用户链标准数值属性,返回用户链的当前平均链长

续附表7

方法摘要	方法说明
int	CC $ (User lk) 用户链标准数值属性,返回用户链的当前动态实体总进入数
	CH $ (User lk) 用户链标准数值属性,返回用户链的当前链长
	CM $ (User lk) 用户链标准数值属性,返回用户链的当前最大链长
boolean	F(Facility f) 设备标准逻辑值属性,若设备忙返回真,否则假
int	F $ (Facility f) 设备标准数值属性,若设备忙返回1,否则返回0
	FC $ (Facility f) 设备标准数值属性,返回当前进入设备的动态实体总数
boolean	FI(Facility f) 设备标准逻辑值属性,若设备正被抢占返回真,否则假
int	FI $ (Facility f) 设备标准数值属性,若设备当前被抢占返回1,否则返回0
double	FN $ (Function fn,double var) 函数标准数值属性,返回函数值
boolean	FNI(Facility f) 设备标准逻辑值属性,若设备当前未被抢占返回真,否则假
int	FNI $ (Facility f) 设备标准数值属性,若设备当前未被抢占返回1,否则返回0
	FNI $ (Function fn,double var) 函数标准数值属性,返回函数值(整型)
boolean	FNU(Facility f) 设备标准逻辑值属性,若设备闲返回真,否则假
int	FNU $ (Facility f) 设备标准数值属性,若设备闲返回1,否则返回0
double	FR $ (Facility f) 设备标准数值属性,返回当前设备的平均利用率
	FT $ (Facility f) 设备标准数值属性,返回当前设备的平均使用时间
int	L $ (Addr a) 地址标准数值属性,返回所在地址模块编号
boolean	LR(Switch sw) 逻辑开关标准逻辑值属性,若逻辑开关当前状态为 RESET 返回真,否则假
int	LR $ (Switch sw) 逻辑开关标准数值属性,若逻辑开关当前状态为 RESET 返回1,否则返回0
boolean	LS(Switch sw) 逻辑开关标准逻辑值属性,若逻辑开关当前状态为 SET 返回真,否则假
int	LS $ (Switch sw) 逻辑开关标准数值属性,若逻辑开关当前状态为 SET 返回1,否则返回0
double	MX $ (Matrix m,int row,int col) 矩阵保存值标准数值属性,返回指定行列元素的当前值
	MXC $ (Matrix m) 矩阵保存值标准数值属性,返回矩阵保存值列数
	MXR $ (Matrix m) 矩阵保存值标准数值属性,返回矩阵保存值行数
int	Q $ (Queue q) 队列标准数值属性,返回队列当前队长
double	QA $ (Queue q) 队列标准数值属性,返回队列当前平均队长
int	QC $ (Queue q) 队列标准数值属性,返回队列当前动态实体进入总数
boolean	QE(Queue q) 队列标准逻辑值属性,若队列空返回真,否则假
int	QM $ (Queue q) 队列标准数值属性,返回队列当前最大队长

续附表7

方法摘要	方法说明	
boolean	QNE(Queue q)	队列标准逻辑值属性,若队列非空返回真,否则假
double	QT $ (Queue q)	队列标准数值属性,返回队列当前平均等待时间
	QX $ (Queue q)	队列标准数值属性,返回队列当前平均等待时间(不计等待时间为0)
int	QZ $ (Queue q)	队列标准数值属性,返回队列当前动态实体(等待时间为0)进入总数
	R $ (Storage s)	存储实体标准数值属性,返回存储实体当前剩余容量
	S $ (Storage s)	存储实体标准数值属性,返回存储实体当前容量
double	SA $ (Storage s)	存储实体标准数值属性,返回存储实体当前平均服务容量
int	SC $ (Storage s)	存储实体标准数值属性,返回存储实体当前进入的动态实体总数
boolean	SE(Storage s)	存储实体标准逻辑值属性,若存储实体当前为空返回真,否则假
int	SE $ (Storage s)	存储实体标准数值属性,若存储实体当前为空返回1,否则为0
boolean	SF(Storage s)	存储实体标准逻辑值属性,若存储实体容量已满返回真,否则假
int	SF $ (Storage s)	存储实体标准数值属性,若存储实体当前容量已满返回1,否则为0
	SM $ (Storage s)	存储实体标准数值属性,返回存储实体当前最大服务容量
boolean	SNE(Storage s)	存储实体标准逻辑值属性 若存储实体当前非空返回真,否则假
int	SNE $ (Storage s)	存储实体标准数值属性,若存储实体当前非空返回1,否则为0
boolean	SNF(Storage s)	存储实体标准逻辑值属性,若存储实体容量未满返回真,否则假
int	SNF $ (Storage s)	存储实体标准数值属性,若存储实体当前容量未满返回1,否则为0
double	SR $ (Storage s)	存储实体标准数值属性,返回存储实体当前平均利用率量
	ST $ (Storage s)	存储实体标准数值属性,存储实体当前平均服务时间
	TB $ (Table t)	表实体标准数值属性,返回表实体的当前平均值
int	TC $ (Table t)	表实体标准数值属性,返回表实体的当前动态实体进入总数
double	TD $ (Table t)	表实体标准数值属性,返回表实体的当前均方差值
	TB $ (QTable qt)	表实体标准数值属性,返回表实体的当前平均值
int	TC $ (QTable qt)	表实体标准数值属性,返回表实体的当前动态实体进入总数
double	TD $ (QTable qt)	表实体标准数值属性,返回表实体的当前均方差值
	X $ (Savevalue s)	保存值标准数值属性,返回保存值对象的当前值
int	XI $ (Savevalue s)	保存值标准数值属性,返回保存值对象的当前值(整型)

5. 全局标准属性

附表8　全局标准属性列表

方法摘要	方法说明	
Addr	A(int n)	标准实体属性,返回指定编号的地址标号实体对象
double	AC $ ( )	标准数值属性,返回当前绝对时钟时间
Addr	AP(int n)	标准实体属性,通过整型参数值间接返回地址标号实体对象

续附表8

方法摘要	方法说明
Facility	F(int n) 标准实体属性,返回指定编号的设备实体对象
Function	FN(int n) 标准实体属性,返回指定编号的函数实体对象
	FNP(int n) 标准实体属性,通过整型参数值间接返回函数实体对象
Facility	FP(int n) 标准实体属性,通过整型参数值间接返回设备实体对象
boolean	IN() 标准逻辑值属性,返回模型是否处于初始化状态
Switch	LG(int n) 标准实体属性,返回指定编号的逻辑开关实体对象
	LGP(int n) 标准实体属性,通过整型参数值间接返回逻辑开关实体对象
double	M1 $ () 标准数值属性,返回动态实体在系统中的驻留时间
int	MB $ (Addr a) 标准数值属性,返回指定 match 模块当前是否处于等待匹配的状态
	MFG $ (Addr a) 标准数值属性,返回具有某标号的匹配链指示器的数值
double	MP $ (int num) 标准数值属性,返回动态实体由 mark 模块至当前调用时的运动时间
Matrix	MX(int n) 标准实体属性,返回指定编号的矩阵保存值实体对象
	MXP(int n) 标准实体属性,通过整型参数值间接返回矩阵保存值实体对象
int	N $ (Addr num) 标准数值属性,返回指定地址标号模块动态实体当前总进入数
	N $ (int num) 标准数值属性,返回指定编号模块动态实体当前总进入数
String	NA(Resource. Addr a) 标准实体属性,返回地址实体输出名
	NA(Facility f) 标准实体属性,返回设备输出名
	NA(Function fn) 标准实体属性,返回函数实体输出名
	NA(Matrix ms) 标准实体属性,返回矩阵保存值输出名
	NA(Queue q) 标准实体属性,返回队列输出名
	NA(Savevalue s) 标准实体属性,返回保存值输出名
	NA(Storage s) 标准实体属性,返回存储器输出名
	NA(Switch l) 标准实体属性,返回逻辑开关输出名
	NA(Table t) 标准实体属性,返回表实体输出名
	NA(QTable qt) 标准实体属性,返回队列表实体输出名
	NA(User u) 标准实体属性,返回用户链输出名
	NA(Addr a) 标准实体属性,返回地址实体输出名
	NA(Facility f) 标准实体属性,返回设备输出名
	NA(Vaiable f) 标准实体属性,返回变量输出名
int	P $ (int num) 标准数值属性,返回动态实体指定编号整型参数值
double	PD $ (int num) 标准数值属性,返回动态实体指定编号实型参数值
int	PR $ () 标准数值属性,返回当前动态实体的优先级

续附表8

方法摘要	方法说明	
Queue	Q(int n) 标准实体属性,返回指定编号的队列实体对象	
	QP(int n) 标准实体属性,通过整型参数值间接返回队列实体对象	
QTable	QT(int n) 标准实体属性,返回指定编号的队列表实体对象	
	QTP(int n) 标准实体属性,通过整型参数值间接返回队列表实体对象	
double	RC $() 标准数值属性,返回当前相对时钟时间	
	RN $(int num) 标准数值属性,使用某随机数发生器产生一个0~1间隔均匀分布随机数	
Storage	S(int n) 标准实体属性,返回指定编号的存储实体对象	
	SP(int n) 标准实体属性,通过整型参数值间接返回存储实体对象	
Table	T(int n) 标准实体属性,返回指定编号的表实体对象	
int	TG $() 标准数值属性,返回模拟控制计数器当前值	
	TM $() 标准数值属性,返回当前动态实体的装配集编号	
Table	TP(int n) 标准实体属性,通过整型参数值间接返回表实体对象	
Variable	V(int n) 标准实体属性,返回指定编号的变量实体对象	
	VP(int n) 标准实体属性,通过整型参数值间接返回变量实体对象	
int	W $(Addr num) 标准数值属性,返回指定地址标号模块动态实体当前滞留总数	
	W $(int num) 标准数值属性,返回指定编号模块动态实体当前滞留总数	
Savevalue	X(int n) 标准实体属性,返回指定编号的保存值实体对象	
	XP(int n) 标准实体属性,通过整型参数值间接返回保存值实体对象	
double	erlang(int r,double x,double s) 标准数值属性,爱尔朗分布随机数函数	
	expntl(int r,double x) 标准数值属性,指数分布随机数函数	
	hyperx(int r,double x,double s) 标准数值属性,HYPER指数分布随机数函数	
	normal(int r,double x,double s) 标准数值属性,正态分布随机数函数	
	triang(int r,double a,double c,double b) 标准数值属性,三角形分布随机数函数	
	uniform(int r,double a,double b) 标准数值属性,均匀分布随机数函数	
int	uniformInt(int r,int i,int n) 标准数值属性,均匀分布随机数函数	

6. 控制语句

附表9 控制语句列表

方法摘要
A(Addr num) 标号控制语句,地址调用方法
blockMax(int a) 系统控制语句,设置系统允许的最多模块数
chainPrint() 模型控制语句,运行时向文件输出流打印当前事件链与未来事件链的状态
chainPrint(double maxtime) 模型控制语句,运行时向文件输出流打印当前事件链与未来事件链的状态

续附表9

方法摘要
chainPrint(double mintime,double maxtime) 模型控制语句,运行时向文件输出流打印当前事件链与未来事件链的状态
clear() 模型控制语句,模型清除
clear(int...args) 模型控制语句,模型清除
clear(Savevalue...args) 模型控制语句,模型清除
dboff() 模块控制语句,行调试方法
dbon() 模块控制语句,行调试方法
debugOff() 系统控制语句,将系统设置为调试模式
fprint() 模型控制语句,向模拟输出文件流打印一空行
errorFound(String meg) 系统控制语句,抛出运行时异常终止模型运行
fprint(int flag) 模型控制语句,向模拟输出文件流打印所选择的标准输出项
fprint(String s) 模型控制语句,向模拟输出文件流打印一行用户定义的字符串
fprintf(String f,Object...args) 模型控制语句,向模拟输出文件流打印用户定义输出格式的数据
intervalMax(int a) 系统控制语句,设置系统 case 标号的最大间隔值
printMeg(String s) 模型控制语句,向模拟输出文件流打印一行用户定义的字符串(调试用)
redefine(Function fn,int gr,double[] x,double[] y) 模型控制语句,重新定义函数样本值
redefine(Matrix m,double v) 模型控制语句,重新定义矩阵保存值初值
redefine(Savevalue s,double v) 模型控制语句,重新定义保存值初值
redefine(Storage s,int a) 模型控制语句,重新定义存储实体容量
redefine(Switch sw,int z) 模型控制语句,重新定义逻辑开关初始状态
redefine(Table t,double a,double b,int c) 模型控制语句,重新定义表参数
redefine(QTable t,double a,double b,int c) 模型控制语句,重新定义队列表参数
reset() 模型控制语句,模型重置
rmult14(int s0,int s1,int s2,int s3) 模型控制语句,重置前四个随机数发生器的种子值
rmult58(int s4,int s5,int s6,int s7) 模型控制语句,重置后四个随机数发生器的种子值
rmultSet(int...args) 模型控制语句,设置随机数发生器种子值
run() 抽象方法
setModel(BlockOp b) 模型控制语句,创建仿真调度对象
simulate() 抽象方法
start(int count) 模型控制语句,调用调度程序,开始模拟
start(int count,int out) 模型控制语句,调用调度程序,开始模拟
start(int count,int out,int chain) 模型控制语句,调用调度程序,开始模拟

7. 辅助操作符及操作数功能标识符

附表10　辅助操作符及操作数功能标识符列表

字段摘要	字段说明
ALL	操作数功能标识符:代表全部摘除的解链模式
BACK	操作数功能标识符:代表从后向前的解链模式
C	定义函数为连续函数
D	定义函数为离散函数
E	辅助操作符:等于关系是否成立
F	辅助操作符:关系或逻辑表达式返回值是否为假
FC $	操作数功能标识符:进入设备的动态实体总数
FIFO	操作数功能标识符:代表先入先出的排队规则
FR $	操作数功能标识符:设备的平均利用率
FT $	操作数功能标识符:设备的平均使用时间
G	辅助操作符:大于关系是否成立
GE	辅助操作符:大于等于关系是否成立
I	辅助操作符:设备当前是否被抢占
L	辅助操作符:小于关系是否成立
LE	辅助操作符:小于等于关系是否成立
LIFO	操作数功能标识符:代表后入先出的排队规则
LR	辅助操作符:逻辑开关的当前状态是否为 RESET
LS	辅助操作符:逻辑开关的当前状态是否为 SET
M	辅助操作符:代表 match 模块当前是否处于等待匹配状态
MAX	辅助操作符:选择一组值中最小的值
MIN	辅助操作符:选择一组值中最大的值
MN	辅助操作符:代表 match 模块当前是否不处于等待匹配状态
N $	操作数功能标识符:代表进入模块的动态实体总数
NE	辅助操作符:不等于关系是否成立
NEW	辅助操作符:表示输出后换行
NI	辅助操作符:设备当前是否未被抢占
NU	辅助操作符:设备当前是否未被占用
P $	操作数功能标识符:代表动态实体整型参数
PD $	操作数功能标识符:代表动态实体实型参数
PR	操作数功能标识符:代表设备抢占采取优先权模式
Q $	操作数功能标识符:队列当前队长
QA $	操作数功能标识符:队列当前平均队长

续附表10

字段摘要	字段说明
QC $	操作数功能标识符:队列当前动态实体进入总数
QM $	操作数功能标识符:队列当前最大队长
QT $	操作数功能标识符:队列当前平均等待时间
QX $	操作数功能标识符:队列当前平均等待时间(不计等待时间为0)
QZ $	操作数功能标识符:队列当前动态实体(等待时间为0)进入总数
R $	操作数功能标识符:存储实体当前剩余容量
RESET	定义逻辑开关的状态为 RESET
REV	定义逻辑开关的当前状态与原状态相反
RM	操作数功能标识符:代表被抢占的动态实体转移至其他模块后,不再试图返回设备
S $	操作数功能标识符:存储实体容量
SA $	操作数功能标识符:存储实体当前平均服务容量
SAME	辅助操作符:表示输出不换行
SC $	操作数功能标识符:存储实体当前动态实体进入总数
SE	辅助操作符:当前是否未有动态实体占用存储实体
SET	定义逻辑开关的状态为 SET
SF	辅助操作符:存储实体当前容量是否已满
SM $	操作数功能标识符:存储实体当前最大服务容量
SNE	辅助操作符:当前是否有动态实体占用存储实体
SNF	辅助操作符:存储实体当前容量是否未满
SR $	操作数功能标识符:存储实体当前利用率
ST $	操作数功能标识符:存储实体当前平均服务时间
T	辅助操作符:关系或逻辑表达式返回值是否为真
TB $	操作数功能标识符:表实体的当前平均值
TC $	操作数功能标识符:表实体的当前动态实体进入总数
TD $	操作数功能标识符:表实体的当前均方差值
U	辅助操作符:设备当前是否被占用
W $	操作数功能标识符:代表当前在模块驻留的动态实体总数
X $	操作数功能标识符:代表保存值

参考文献

[1] 苏兆龙. 排队论基础[M]. 成都:成都科技大学出版社,1998:25-40.
[2] 鲍居武. 系统仿真与 GPSS 教程[M]. 北京:学苑出版社,1993:55-80.
[3] 鲍居武. 新型多用途的计算机仿真语言 SLAM[M]. 北京:学苑出版社,1993:10-14.
[4] 黎志成. 管理系统模拟[M]. 北京:物资出版社,1986:5-18.
[5] 袁伯瑞. 微机 GPSS 及其应用[M]. 北京:清华大学出版社,1987:20-80.
[6] T M O'戴诺凡. GPSS 模拟简述[M]. 侯炳辉,译. 北京:清华大学出版社,1983:3-20.
[7] 方美琪. 计算机模拟[M]. 北京:中国人民大学出版社,1991:60-90.
[8] 郭绍喜. 计算机模拟[M]. 徐州:中国矿业大学出版社,1989:10-56.
[9] 王维平. 离散事件系统建模与仿真[M]. 长沙:国防科技大学出版社,1997:3-34.
[10] 李一智. 系统分析与系统模拟[M]. 长沙:中南工业大学出版社,1997:10-49.
[11] 闵仲求. 计算机模拟技术[M]. 北京:机械工业出版社,1987:2-23.
[12] 冯允成. 离散系统仿真[M]. 北京:机械工业出版社,1998:10-45.
[13] 孙占山. 系统模拟方法与 SIMAN 语言[M]. 大连:大连海事大学出版社,1998:11-38.
[14] 陶云刚. 误差理论与数据分析[M]. 北京:航空工业出版社,1997:23-57.
[15] 蔡建峰. 管理系统模拟[M]. 北京:机械工业出版社,2008:20-49.
[16] 肖人彬. 管理系统模拟[M]. 北京:电子工业出版社,2008:21-33.
[17] 周明. 计算机仿真原理及其应用[M]. 武汉:华中科技大学出版社,2003:20-60.
[18] 任毅. 管理系统仿真与 GPSS/Java[M]. 北京:清华大学出版社,2009:60-150.
[19] 王克宏. Java 技术及其应用[M]. 北京:高等教育出版社,2001:45-69.
[20] 张孝祥. Java 就业培训教程[M]. 北京:清华大学出版社,2005:60-100.
[21] 邹竹彪. JSP 宝典[M]. 北京:电子工业出版社,2007:34-79.
[22] 范柄健. 管理仿真系统 GPSS/C 的进一步研究与开发[D]. 北京:北京工业大学,2002.
[23] 陈凯. 管理仿真决策支持系统 GPSS/C 的研究与开发[D]. 北京:北京工业大学,2001.
[24] 孙健. 离散系统仿真语言 GPSS/JAVA 的研究与开发[D]. 北京:中国矿业大学,2007.
[25] 任毅,孙健. 仿真系统的 GPSS 开发与应用[J]. 系统仿真技术及其应用,2000(2):227.
[26] 任毅,孙健. 基于 web 架构的 GPSS/JAVA 的研究与开发[J]. 系统仿真技术及其应用,2008(10)82-87.
[27] 纪慧生,任毅. 面向对象技术与仿真系统 GPSS/C++的研究与开发[J]. 系统仿真技术及其应用,2002(4):235.
[28] 李杰,李艳. 商业优化案例——基于管理系统模拟方法与 GPSS 语言[M]. 北京:科学出版社,2016:9-24.
[29] 秦天保,周向阳. 实用系统仿真建模与分析——使用 Flexsim[M]. 北京:清华大学出版社,2015:36-41.
[30] 胡斌,胡晓琳. 管理系统模拟[M]. 北京:科学出版社,2017:35-50.